W0336388

Kohlhammer

Vera Moser/Detlef Horster (Hrsg.)

Ethik der Behindertenpädagogik

Menschenrechte,
Menschenwürde,
Behinderung

Eine Grundlegung

Verlag W. Kohlhammer

Umschlag: Gestaltungskonzept Peter Horlacher
Gesamtherstellung:
W. Kohlhammer Druckerei GmbH + Co. KG, Stuttgart
Printed in Germany

ISBN 978-3-17-021298-5

Inhaltsverzeichnis

Vorwort

„Ziel der Erziehung ist und bleibt letztlich – wie auch immer begründet oder verbrämt – die Ein- und Anpassung der nachwachsenden Generation in das gesellschaftlich sanktionierte Normen- und Rollengefüge – bzw. positiver ausgedrückt: die Vermittlung von individuellen Bedürfnissen und gesellschaftlichen Anforderungen, vom Glückanspruch des Individuums und den materiellen und sozialen Gegebenheiten. In der Heilpädagogik wird dieses Problem noch verschärft durch die reduzierten Lebensbedingungen behinderter Menschen sowie ihr reduziertes Leistungsvermögen, zur gesellschaftlichen Reproduktion beizutragen. Dieser Widerspruch kann nun aber nicht einfach in einer Formel aufgelöst werden – so wie es in der Heilpädagogik mit dem selbstverständlich gewordenen Leitziel: ‚Selbstverwirklichung in sozialer Eingliederung' geschieht." (Jakobs 1997, 175)

Diese Formulierung Hajo Jakobs' verweist auf die zentralen Fragen, die eine Ethik[1] der Behindertenpädagogik gegenwärtig zu beantworten hat: Inwiefern lassen sich subjektive Bedürfnisse und gesellschaftliche Erwartungen miteinander in Beziehung setzen? Und wie sind menschliche *Beziehungsverhältnisse* zueinander zu beschreiben? Sind sie machtvolle Beziehungen, in denen jeder um seine Anerkennung und Integrität kämpft, wie es Axel Honneth ausbuchstabiert hat (vgl. Moser in diesem Band)? Oder sollten wir uns um das Etablieren *fürsorgerischer Haltungen* bemühen, die eine feministische philosophische Perspektive nahelegt, in der es um eine Care-Ethik, eine Ethik der Sorge geht, in der das Mitfühlen von besonderer Bedeutung ist? Und in der Verhältnisse zwischen den Menschen per se als asymmetrische angenommen werden (vgl. hierzu Conradi und Horsters ersten Beitrag in diesem Band)?

Und wer ist überhaupt dieser *Andere*, mein Gegenüber? Muss der Andere für eine Ethik der Behindertenpädagogik anthropologisch bestimmt werden oder ist der Weg der *Anthropologie* eine Sackgasse, weil hier immer schon Festschreibungen über Wesensmerkmale und Eigenschaften eines Menschen vorgenommen werden, die entweder unvollständig, fragwürdig oder gar sinnlos sind (vgl. hierzu die Beiträge um den Personbegriff in diesem Band von Quante und Schweikard sowie

1 Der Begriff Ethik wird unterschiedlich verwendet und es ist eine Unsitte, dass in Büchern zur Ethik am Anfang nie geklärt wird, welche Begriffsbestimmung man verwendet. Verschiedentlich gebraucht man die Begriffe Moral und Ethik identisch, was daher rührt, dass das alt-griechische ‚ethos' in der Übersetzung Gewohnheit und Sitte bedeutet. Der Lateiner übersetzte mit ‚mos/moris', woher der Begriff der Moral kommt, der übersetzt ebenfalls Gewohnheit, Sitte oder Brauch bedeutet. In Abgrenzung von der Antike nimmt Kant in der *Grundlegung zur Metaphysik der Sitten* eine Zweiteilung vor (vgl. AB V). Viele sind ihm gefolgt, wenn sie die Ethik nun als Frage nach dem guten und gelungenen Leben und die Moral als Frage nach den allgemeinen Regeln der Handlungskoordinierung ansprechen. Ethik ist demnach auf das Individuum bezogen. Mit Moral hingegen bezeichnet man die Regeln, die zwischen mindestens zwei Personen gelten. Die dritte Weise der Begriffsverwendung bedeutet, dass mit Ethik die akademische Moralphilosophie gemeint ist. Dieser dritten Version folgen wir hier.

die Beiträge zur Anthropologie und Menschenwürde von Bohlken, Zirfas und Schaber)?

Und welche Aufgaben der Behindertenpädagogik hinzukommen, ist eine weitere Frage. Übernimmt sie die Rolle des Katalysators, des Übersetzers, des *Stellvertreters*? Dann setzt sie sich dem Vorwurf der Fremdbestimmung, des Paternalismus, der Verfügung über den anderen aus, wie Hans-Uwe Rösner pointiert formuliert hat:

> „Die Heilpädagogik muss sich damit auseinandersetzen, dass sie mit einer bestimmten Art und Weise der Enthüllung des Anderen zusammenfällt. Von ihrem Beginn an ist sie von einer unüberwindbaren Allergie vor dem Anderen ergriffen. Sie will sich nicht eingestehen, dass diejenigen, denen man helfen möchte, nicht nur befreit, sondern durch den eigenen Diskurs stets auf eine Identität festgelegt werden. Insofern sollte die doppelte und paradoxe Aufgabe der Heilpädagogik darin bestehen, sich kritischer als bisher in der Funktion als machtvolles Medium zur Konstruktion von Behindertsein zu reflektieren und zugleich behinderte Menschen im Kampf gegen festlegende Identitätszuschreibungen zu unterstützen." (Rösner 2002, 23)

Daraus leitet sich für die Ethik einer Behindertenpädagogik die Forderung ab, gesellschaftliche Prozesse mit zu reflektieren, die Menschen mit Behinderungen bestimmte Identitäten und Orte in der historischen Entwicklung zugeschrieben haben (vgl. dazu die Einleitung).

Und wie steht es dann um Fragen der *Gleichheit* und der *Gerechtigkeit*? In welcher Hinsicht sind die Menschen überhaupt gleich und welche Merkmale müssen Beziehungen und Verhältnisse erfüllen, um als gerecht beschrieben zu werden (vgl. hierzu Bielefeldt und Liesen u. a. in diesem Band)?

Damit sind bereits die wesentlichen Felder eingekreist, die dieses Buch als Grundlage für eine Ethik der Behindertenpädagogik zur Diskussion stellt und die es nicht erlauben, alles unter einer einzigen Thematik abzuhandeln. Vielmehr zeigen die unterschiedlichen Texte eben auch die unterschiedlichen Perspektiven auf, die für eine Ethik der Behindertenpädagogik aus unserer Sicht unverzichtbar sind.

Neben diesen eher systematischen Fragen stehen aber auch ganz praktische im Vordergrund, wenn es um den Umgang mit Pränataler Diagnostik oder mit Syndromen des Verlustes kognitiver Kompetenzen geht, die eine ethische Verortung behindertenpädagogischen Handelns vor dem Hintergrund der oben angesprochenen Themen zweifelsfrei erforderlich machen (vgl. Horster *Angewandte Ethik* in diesem Band).

Literatur

Jakobs, H. (1997): Heilpädagogik zwischen Anthropologie und Ethik. Eine Grundlagenreflexion aus kritisch-theoretischer Sicht. Bern.

Rösner, H.-U. (2002): Jenseits normalisierender Anerkennung. Frankfurt am Main.

1 Einleitung: Ethische Argumentationen der Behindertenpädagogik – eine Bestandsaufnahme

Vera Moser & Detlef Horster

1.1 Die Thematisierung ethischer Problemlagen in der Behindertenpädagogik in ihrer historischen Entwicklung

Die ethische Grundlegung der Behindertenpädagogik ist fast so alt wie das Fach selbst – dies soll anhand eines eher kursorischen Überblicks verdeutlicht werden.

Zunächst lässt sich feststellen, dass die erste wissenschaftliche Beschäftigung mit Phänomenen, die heute unter dem Etikett ‚Behinderung' firmieren, aus einem Interesse an methodischen Fragen im Kontext des Perfektibilisierungskonzepts der Aufklärung entstanden sind (vgl. Moser 1995; Tenorth 2006): Die Experimente des Taubstummenlehrers Jean Itard, gegründet auf den Vorstellungen des Sensualismus, sind hierfür geradezu symbolisch. In diesem Kontext war bis zu den Schriften Georgens' und Deinhardts Heilpädagogik nahezu eine naturwissenschaftlich-experimentelle Frage. Dennoch waren dort bereits ethische Fragen eingelassen, wie die, an welchem Ort solche Fördermaßnahmen durchgeführt werden sollten – nicht nur Georgens und Deinhardt sprachen sich bereits Mitte des 19. Jahrhunderts für eine integrative Pädagogik aus, auch die sog. ‚Verallgemeinerungsbewegung' im Bereich der Taubstummenpädagogik forderte eine integrative Beschulung sog. ‚taubstummer' Kinder in den damaligen Volksschulen (vgl. auch Moser 1995). In diesem Sinne waren die ersten ethischen Fragestellungen im Bereich der Behindertenpädagogik eher mit *Fragen des pädagogischen Settings* und des *gesellschaftlichen Umgangs mit Behinderung* befasst – Georgens und Deinhardt beispielsweise hielten die Behandlung behinderter Personen für eine immanent gesellschaftlich relevante Aufgabe, auch wenn die hier angeführten Argumente der sozialen wie biologischen ‚Entartung' durchaus ambivalent waren, wie Rösner (2002) anmerkt. ‚Entartung' bezeichnete das Zusammenspiel von sozialen Faktoren und deren Auswirkungen auf die Konstitution, das Temperament, die Sinne, den Charakter sowie die geistigen und moralischen Anlagen.

Durch den Einfluss des Protestantismus und im Speziellen des Pietismus traten um die Mitte des 19. Jahrhunderts verstärkt *moralische Fragen mit Blick auf das*

Subjekt auf den Plan. So beklagte der Begründer der Inneren Mission, Johann Heinrich Wichern,

> „wie groß der Verfall des kirchlichen und christlichen Lebens überall und auch unter uns geworden ist. Ursachen davon sind nicht die Einwanderungen reicher oder armer Flüchtlinge in unsere Stadt [...]. Die Ursache des Verfalls liegt tiefer; der Ueberdruß an Gottes Wort hatte Reich und Arm erfüllt, der Glaube war gewichen" (Wichern 1845, 3 f.).

Mit der Thematik des Glaubensverfalls und schließlich der allgemeinen Verwahrlosung in Folge des Industrialisierungsprozesses wurde Behinderung wieder in die alttestamentarische Tradition der Strafe Gottes eingefügt und im – durchaus auch weltlichen – Paradigma der Selbstverschuldung ventiliert. Von hier aus sahen die in der zweiten Hälfte des 19. Jahrhunderts gegründeten christlichen Wohlfahrtsverbände (über ihre Legitimierung innerhalb des Subsidiaritätsprinzips hinaus) auch eine geeignete Strategie zur Sicherung des eigenen Machtanspruches angesichts eines allgemeinen Säkularisierungsprozesses. Das Argument war hier aber vor allem auch die Übernahme von pflegerischen Aufgaben für die sog. ‚Unheilbaren', die aus den Psychiatrien in öffentlicher Trägerschaft ausgegliedert wurden.

Unter dieser Entwicklung konnten die kirchlichen Verbände Institutionen der Behindertenhilfe mit ethischen Fragestellungen verbinden:

> „Die religiöse Überhöhung der Behinderten bildet auch eine moralische Grundlage für ihre Anstaltsversorgung. Wird das gesellschaftliche Leben eines Behinderten auf ein gottgefälliges, stilles Dulden beschränkt, so kann dies am besten in einer Anstalt organisiert und gesichert werden" (Fandrey 1990, 101).

Es ging einerseits um Nächstenliebe im Bereich der Anstaltspflege, zugleich aber auch um Aussonderung im Kontext anwachsender sozialdarwinistischer Argumente ab dem ausgehenden 19. Jahrhundert: „Die Armen bräuchten sich nur ordentlich zusammenzureißen und nicht mehr so viel zu trinken, dann blieben sie nicht mehr arm und hätten keine behinderten Kinder" (ebd.). Nicht nur die Gesellschaft sollte durch Anstaltsverwahrung entlastet werden, auch war die Frage des Verhinderns von Fortpflanzung durch strenge Geschlechtertrennung wie auch durch den Einsatz von Sterilisationen unhinterfragte soziale Praxis. Dass der Sozialdarwinismus dabei auch im Zentrum der Gesellschaft verankert war, zeigt das folgende Beispiel:

> „Der Industrielle Friedrich Alfred Krupp finanziert im Jahr 1900 eine wissenschaftliche Preisaufgabe mit dem Thema ‚Was lernen wir aus den Principien der Descendenztheorie [Abstammungslehre] in bezug auf die innenpolitische Entwicklung der Völker?'. Den ersten Preis unter allen Teilnehmern erhält der Arzt Wilhelm Schallmayer für seinen Aufsatz ‚Vererbung und Auslese im Lebenslauf der Völker', der Heiratsverbote, Zwangsasylierung und Sterilisierung von ‚genetisch minderwertigen' Menschen empfiehlt" (ebd., 104).

Die moralische Erziehung des Individuums, die, wie beschrieben, im Bereich der Verwahrlosung insbesondere von Johann Heinrich Wichern vorangetrieben wurde und im ausgehenden 19. Jahrhundert mit sozialdarwinistischen Argumenten angereichert wurde, entwickelte sich weiter innerhalb eines psychiatrisch ausgerichteten Konzepts der Kinderfehlerlehre, insbesondere in den Arbeiten von Strümpell,

Koch, Trüper. Koch definierte in seinem 1891 erschienenen Buch „Die Psychopathischen Minderwertigkeiten“:

> „Unter dem Ausdruck psychopathologische Minderwertigkeiten fasse ich alle, sei es angeborenen, sei es erworbenen, den Menschen in seinem Personenleben beeinflussenden psychischen Regelwidrigkeiten zusammen, welche auch in schlimmen Fällen noch keine Geisteskrankheiten darstellen, welche aber die damit beschwerten Personen auch im günstigsten Falle nicht als im Vollbesitze geistiger Normalität und Leistungsfähigkeit stehend erscheinen lassen" (Koch 1891, 1).

Auf diese Weise erhielt die moralische Erziehung zentral auch Einzug in die Hilfsschulpädagogik des ausgehenden 19. und beginnenden 20. Jahrhunderts. Die Hilfsschule als Institution, die für einen starken Professionalisierungsschub der Behindertenpädagogik insgesamt sorgte (vgl. auch Ellger-Rüttgardt 2008), entwickelte als eine Perspektive auf Behinderung am Konzept der Hilfsschulbedürftigkeit systematisch die Fragen der Besonderheit, der Gefährdung der Gesellschaft, der individuellen Verwahrlosung. „Die Lehre von den schwachsinnigen, halbidiotischen, nicht normalen Kindern diente der Begründung einer notwendigen Spezialisierung der Lehrer innerhalb des allgemeinen Schulwesens“ (Möckel 1976, 55). Pointierter:

> „Ganz im Sinne erbbiologischer Überzeugungen interpretierten viele Hilfsschullehrer die Zugehörigkeit ihrer Schüler zu den armen Volksschichten nicht etwa als Auswirkung sozialer Ursachen, sondern argumentierten genau umgekehrt, indem sie eine mangelhafte geistige Veranlagung für soziales Elend verantwortlich machten" (Ellger-Rüttgardt 2008, 138).

Als Dienst an der Gesellschaft wurden insbesondere die Argumente der individuellen Brauchbarmachung und der Entlastung der Volksschule vom 1898 gegründeten Verband der Hilfsschullehrer Deutschlands herausgestellt (vgl. Ellger-Rüttgardt 2008). Diese Thematiken standen im Gegensatz zu speziellen Methoden weiterhin im Vordergrund der professionellen Orientierung (vgl. Tenorth 2006). Insofern generierten Professionstugenden wie Geduld und Rücksichtnahme auf das kleinschrittige Lernen primäre Professionsmerkmale.

Die im letzten Drittel des 19. Jahrhunderts ausgearbeitete Konzeption des sog. ‚moralischen Schwachsinns‘ (‚moral insanity‘) im Kontext einer psychiatrisch orientierten Lehre diente der Heilpädagogik schließlich insgesamt als Vorbild, *Behinderung aus pädagogischer Perspektive zu einem Moralproblem auszulegen* (vgl. auch Moser 1998): Bruchlos bis in das Werk Paul Moors hinein war der gemeinsame kleinste Nenner der vielfältigen Erscheinungen, die heute unter dem Begriff ‚Behinderung‘ subsumiert werden, eine sog. ‚Seelenschwäche‘, die durch unzureichende Denktätigkeit, unzureichende Eindrücke aus der Umwelt durch Sinnesbeeinträchtigungen bzw. durch unzureichende Willensbildung aufgrund von Verwahrlosung entstanden sei (vgl. auch Moser 2009, 2010). Bei Paul Moor wird dies noch Mitte der 1960er Jahre im Anschluss an Hanselmann als Mangel an ‚innerem‘ und/oder ‚äußerem Halt‘ beschrieben. Die Tradition der Schweizer Heilpädagogik hat an dieser Thematisierung einer *besonderen Beziehungsgestal-*

tung mit den Moor-Schülern Haeberlin und Kobi bis in die Gegenwart festgehalten.

Die bis in die Nachkriegsära anhaltende unklare Positionierung der Heilpädagogik zwischen christlich-wohltätiger Tradition einerseits und medizinisch-psychiatrischen Bezügen andererseits zeigte sich paradigmatisch bereits bei der Besetzung der ersten heilpädagogischen Professur in deutschsprachigen Ländern, nämlich 1931 in der Schweiz durch Heinrich Hanselmann an der Universität Zürich: Es blieb in der Diskussion um die Einrichtung dieser Professur unklar, ob sie an der Medizinischen oder Philosophischen Fakultät angesiedelt sein sollte (vgl. Hoyningen-Süess 1992; Wolfisberg 2002).

Insofern blieben als dominante ethische Orientierungen *Nächstenliebe*, aber auch die *Sicherung normativer Erwartungen* (vgl. auch Schumann & Lob-Hüdepohl 2007). Die Frage der sozialen Exklusion blieb bis in die späten 1960er Jahre ungestellt; der Prozess der Verbesonderung spielte auch in den Nachkriegsjahren keine Rolle – trotz der mehr als 150 000 sog. ‚Krankenmorde' in den Psychiatrien und den mehr als 400 000 Sterilisationen unter dem NS-Regime (vgl. Klee 1986; Ellger-Rüttgardt 2008). Vielmehr verstärkte sich in der Argumentation der *Paternalismus* – der besondere Schutz für Personen mit Behinderung sollte durch weitere Sonderbehandlung in exkludierenden Strukturen gewährleistet werden (vgl. hierzu die Argumente des Verbandes für Sonderschulen in der Bundesrepublik zur Neuordnung des Sonderschulwesens 1955; in: Ellger-Rüttgardt 2008, 300 f.).

Erst mit der Debatte um Chancengleichheit in den 1970er Jahren setzt eine neue ethische Problemstellung innerhalb der Behindertenpädagogik ein, nämlich die Frage nach sozialem Ausschluss durch Sonderbehandlungen. Mit neuem soziologischem Instrumentarium wurde der Zusammenhang von sozialer Lage und Behinderung – hier in erster Linie Lernbehinderung – beschrieben (vgl. paradigmatisch dazu Begemann 1969) und von hier aus die Elternbewegung für die Integration von Kindern und Jugendlichen in Kindergärten und Schulen ab Mitte der 1970er Jahre argumentativ unterstützt. Zugleich entwickelte sich aus der Studentenbewegung die ‚Krüppelbewegung', die für ein *selbstbestimmtes Leben* in allen Dimensionen eintrat.

Zu einem signifikanten disziplinären Schub ethischer Argumentationen kam es aber erst in den ausgehenden 1980er Jahren in der Auseinandersetzung um die Thesen des australischen Bioethikers Peter Singer, der den Personenstatus behinderter Menschen in Frage stellte und damit eine Welle politischer Empörung heraufbeschwor (zur Argumentation Singers vgl. in diesem Band Quante & Schweikard; Horster 2002). Etliche Autoren/innen innerhalb der Behindertenpädagogik bemühten sich um neue ethische Positionierungen entlang der nunmehr systematischen Bearbeitung der Fragen um das Lebens- und Bildungsrecht behinderter Kinder (z. B. Antor & Bleidick), um soziale und gesellschaftliche Integration (z. B. Rödler, Feuser), um das Verhältnis von Gleichheit und Differenz (z. B. Reiser, Prengel) sowie um das Verhältnis von Selbstbestimmung und Stellvertretung (z. B. Stinkes, Dederich, Jakobs; vgl. hierzu auch ausführlich Moser in diesem Band). Dederich und Schnell beschreiben analog dazu als aktuelle Themenfelder einer ethischen Reflexion der Behindertenpädagogik die folgenden: Menschenwürde einschließlich der Klärung anthropologischer Fragestellungen, Fürsorge, Gerechtigkeit, Anerkennung und Stellvertretung (Dederich & Schnell 2009). Einen Versuch, diese Themenfelder in einer ethischen Reflexion zusammenzubinden, unternahm zuletzt Mechthild Hetzel (2007). Machttheoretische Perspektiven waren dabei eher seltener anzutreffen, einen solchen Zugang verfolgten insbesondere Wolfgang Jantzen und Hans-Uwe Rösner, der forderte, „dass der Kampf behinderter Menschen um Anerkennung ihrer persönlichen Integrität auf der Ebene symbolisch verankerter kultureller Normen geführt werden muss; dort wo herabwürdigende Distinktionspraktiken zwischen Behinderten und Nichtbehinderten wirksam sind“ (Rösner 2002, 26). Weiterhin entwickelten sich aus den politischen Forderungen der ‚Krüppelbewegung‘ in den 1990er Jahren auch pädagogische Konzeptualisierungen des Selbstbestimmungstheorems (vgl. z.B. Waldschmidt 1999; Rock 2001; zusammenfassend Weber 2010). Doch über einen breiten Diskurs hinaus im Sinne normativer Orientierungsvorgaben sind hier differenzierte Ausarbeitungen hinsichtlich professioneller Handlungsdilemmata nur in Ansätzen ausgeführt worden (vgl. Rock 2001). Insofern ist hier der soziologischen Einschätzung Uwe Krähnkes zuzustimmen, wenn er schreibt:

> „Die semantischen Kämpfe um öffentliche Deutungshoheit, in denen mit der Selbstbestimmungsidee operiert wird, zetteln nicht nur Debatten an und polarisieren die Meinungsbildung. Sie tragen auch dazu bei, dass normative Grenzen symbolisch attackiert werden, welche das Selbstbild des Okzidents mitprägen. Solche mithilfe der Selbstbestimmungsrhetorik in Frage gestellten Demarkationslinien der Moderne sind die biopolitische Grenze zwischen Leben und Tod (Diskurs über Abtreibung und Sterbehilfe); die medizindiagnostische Grenze zwischen Gesundheit und Krankheit (Diskurs über Behinderung); die moralisch-juridische Grenze zwischen geschützter Privatsphäre und staatlicher Überwachung (Diskurs über Datenschutz); die Gender-Grenze (Feminismus-Diskurs); die anthropozentrische Grenze (Tierrechtsdiskurs); die Grenze zwischen ethnischer Eigenständigkeit und staatlicher Souveränität (Völkerrechtsdiskurs). Somit könnte man eine latente Funktion der Selbstbestimmungsrhetorik darin sehen, dass sie den sozio-kulturellen Wandel mit vorantreibt“ (Krähnke 2007, 189).

Selbstbestimmung ist, so der Autor, damit zu einer „zentralen Chiffre der Moderne“ geworden und nicht nur ein primäres Problem einer spezifischen behindertenpädagogischen Ethik.

Der beschriebene neue Schub ethischer Grundlegungen des Faches Behindertenpädagogik in den 1990er Jahren entbehrte allerdings oftmals einer expliziten Anbindung an aktuelle philosophische Diskurse und platzierte das Phänomen ‚Behinderung‘ zudem eher generalistisch als Problem eines allgemeinen entsolidarisierenden Individualisierungsprozesses (Speck; Dederich): So fordert Speck beispielsweise eine notwendige ökologische Perspektive ein, sie sei „auf den aktuell gewordenen Wert des Überlebens durch mehr Verständigung und gegenseitige Ergänzung anstelle bisher bestimmender Werte der aversiven Selbstdurchsetzung partialisierter Systeminteressen gerichtet“ (Speck 2003, 21). Weiterhin wird Behinderung als Herausforderung für eine besondere Beziehungsgestaltung gesehen, aufgrund der ethischen Einsicht in einen nicht-verfügbaren (aber auch nicht erkennbaren) Anderen (Dederich, Haeberlin, Stinkes). Dieses Postulat mag aus der Perspektive der Nicht-Verfügung natürlich richtig sein, aber aus der Perspektive der Anerkennung von Bedürfnissen ist es höchst problematisch (vgl. Moser in diesem Band). Darüber hinaus fehlte es an einer expliziten systematischen professionstheoretischen Weiterentwicklung, zu der der vorliegende Band nun allerdings beiträgt.

1.2 Ethische Diskussionen in der Gegenwart

Die skizzierten neu entbrannten Diskussionen innerhalb des Faches Behindertenpädagogik enthalten Themenstellungen, die in einer neuen systematischen Anthologie berücksichtigt werden müssen. Dazu zählen neuere grundlegende ethische Überlegungen, insbesondere mit Blick auf

- eine vorwiegend auch dekonstruktivistisch formulierte Auseinandersetzung mit dem Behinderungsbegriff,
- eine Bestandsaufnahme der Moralphilosophie und der Angewandten Ethik,
- eine aktuelle, interdisziplinäre Anthropologie,
- eine zeitgemäße philosophische Bestimmung des Personbegriffes,
- sozialphilosophische und sozialpsychologische Bestimmungen des Anerkennungsverhältnisses,
- Studien über Exklusions- und Stigmatisierungsprozesse,
- neuere Thematisierungen der Menschenwürde und der Menschenrechte in aktuellen rechtsphilosophischen Debatten
- sowie neuere gerechtigkeitsphilosophische Konzepte, einschließlich der Berücksichtigung von Care-Ethiken.

Eine neue Debatte über Begriffe und Probleme der Behindertenpädagogik kann nur belebt werden und fruchtbar sein, wenn die skizzierten eingetretenen Pfade verlassen werden. Dies ist möglich, indem wir im vorliegenden interdisziplinär angelegten Setting Autoren/innen zu Wort kommen lassen, die die Ethikdiskussion in der Behindertenpädagogik auf einer rationalen Basis führen. Weltanschaulichen und religiösen Hintergründen wird in den Beiträgen eine Absage erteilt. Durch die interdisziplinäre Anlage kommen nicht nur Behindertenpädagogen/innen, sondern auch Philosophen/innen zu Wort. Dadurch wird eine nicht nur spezifisch behindertenpädagogisch orientierte, sondern eine allgemeine und grundsätzliche Thematisierung der für die Behindertenpädagogik zentralen Problemfelder vorgenommen. Dies ist für die Orientierung der in der Profession arbeitenden Menschen sinnvoller als das ‚Klein-Klein' der Spezifik von konkreten Fällen, zu denen man eine Gebrauchsanweisung sucht. Diese allgemeinere Ausrichtung erlaubt es, sich ein Hintergrundwissen zu verschaffen, das in vielen Situationen des Alltags orientierend wirksam werden kann und das zu selbständigen und reflektierten Entscheidungen führt.

Nun wird das sofort einleuchten, doch ist auch die philosophische Basis für die Reflexion der in der Behindertenpädagogik auftretenden Fragen und Probleme nicht einheitlich, und das schon seit langem nicht. Noch bis ins späte Mittelalter hatte das moralische Handeln einen für alle gleichermaßen verbindlichen und sicheren Bezugspunkt und eine unangezweifelte Basis, diese waren Gott und die Offenbarung. Es gab ein alle Stände umfassendes Richtigkeitserlebnis. Der einfache Bauer und Leibeigene konnte ebenso wie der Fürst und König für alltägliche moralische Entscheidungen in der Bibel, die ihm vom Geistlichen ausgelegt wurde, Handlungsanweisungen finden. In der Neuzeit, als die gesellschaftlich integrierende Kraft der Religion allmählich zu schwinden begann, entstanden folgerichtig die uns heute bekannten und geläufigen normativen Ethiken: der Kontraktualismus (Hobbes und Hume), der Utilitarismus (Bentham, Mill und Sidgewick), Emotivismus oder Sensualismus (Shaftesbury, Hutcheson, Reid, Hume und Adam Smith) und die Sollensethik (Kant). Damit sind nur die wichtigsten normativen Theorien genannt, auf die sich noch heute die Philosophen beziehen (vgl. Horster 2009, 13–72). Alasdair MacIntyre konstatiert sehr richtig, dass sich nach der Entstehung dieser Theorien in der Neuzeit jeder Einzelne von uns frei zu entscheiden hat, „mit wem wir moralisch verbunden sein und durch welche Ziele, Regeln und Tugenden wir uns leiten lassen wollen“ (MacIntyre 1984, 245).

In der Meta-Ethik ist die Lage nicht anders. Dort unterscheiden wir grob die Realisten und die Nonrealisten, wobei es derzeit, nachdem der Realismus wieder an Bedeutung und Attraktivität gewonnen hat, weitere Differenzierungen innerhalb dieser Richtung gibt: Naturalismus, Supernaturalismus und Nonrealismus, um nur einige zu nennen. Und auch innerhalb dieser Untergruppen gibt es wieder Differenzierungen, wie beispielsweise nonreduktiver, reduktiver und schwacher Naturalismus. Damit sollte klar sein, dass die Beiträge sich nicht auf eine einheitliche und unbestrittene moralphilosophische Basis beziehen können.

Bisher ging es nur um die moralischen Normen und nicht um Werte. Es gibt aber auch kulturell unterschiedliche Werte, auf die eine Haltung in der Behindertenpädagogik, wie wir an den historischen Ausführungen gesehen haben, aufgebaut werden kann. Habermas unterscheidet zwischen Werten und Normen. Werte sind für ihn kulturelle Werte, wie z. B. eine bestimmte lokale Heiratszeremonie. Normen hingegen gelten universell, wie etwa die Pflicht, Grausamkeit gegenüber anderen Menschen zu unterlassen (vgl. Habermas 2002, 296). Es gibt allerdings auch einen Zusammenhang von Werten und Normen, der in dem Beitrag *Was ist Moral?* im vorliegenden Band dargestellt wird.

Um noch präziser aufzuzeigen, was moralische Normen sind, müssen weitere Unterscheidungen vorgenommen werden, die jedoch nicht immer eindeutig zu treffen sind. Dementsprechend unübersichtlich gestaltet sich die Ausgangslage, die wir vorfinden. Doch versuchen wir eine Differenzierung: Zunächst haben wir moralische Normen von den Werten unterschieden. Weiterhin müssen wir sie vom Recht und von rechtlichen Normen unterscheiden, was heutzutage in Urteilsbegründungen zum Ausdruck kommt, beispielsweise wenn Menschen beim Protest gegen Atommülltransporte das geltende Recht verletzt haben und vom Richter zu hören bekommen, dass er moralisch zwar ganz auf der Seite der Angeklagten stünde, sie aber trotzdem verurteilen müsse. Die Unterscheidung von Recht und Moral ist ein altes Thema. Da in diesem Band eine Abhandlung über die Gerechtigkeit zu finden ist, die dem Bereich der Moral zugeordnet wird, wollen wir diese Unterscheidung an folgender Anekdote zum Verhältnis von Recht und Gerechtigkeit verdeutlichen:

> „‚Zu seiner Zeit als Richter am Supreme Court nahm Holmes auf seinem Weg zum Gerichtshof den jungen Learned Hand' – der später Dworkins Lehrer wurde –, in seinem Wagen mit. Hand stieg, an seinem Fahrtziel angelangt, aus, winkte und rief munter hinter dem weiterfahrenden Auto her: ‚Sorgen Sie für Gerechtigkeit, Richter Holmes.' Holmes ließ den Fahrer den Wagen stoppen und zum überraschten Hand zurückkehren, um sich mit den Worten aus dem Fenster zu lehnen: ‚That's not my job.' Anschließend kehrte der Wagen wieder um und beförderte Holmes zu seiner Arbeit, die angeblich nicht darin bestand, für Gerechtigkeit zu sorgen.' Dworkin will mit dieser Geschichte eine Frage veranschaulichen, die ihn ein Leben lang beschäftigt: Welchen Einfluss dürfen, ja sollen und müssen die moralischen Überzeugungen eines Richters auf dessen Rechtsprechung haben" (Habermas 2008, 66).

Andererseits hat das Recht eine Verbindung zur Moral, denn man muss konstatieren, dass Rechtsnormen solche sind, die unsere wichtigen moralischen Regeln absichern (vgl. Bayertz 2004, 260). Als Beispiel: Ein wichtiges moralisches Gebot ist, dass wir menschliches Leben schützen sollen. Das wird strafrechtlich beispielsweise mit dem § 211 und dem § 212 StGB abgesichert.

Wir haben die komplexe und unübersichtliche Ausgangslage sowohl in der Behindertenpädagogik wie in der Philosophie nicht deshalb skizziert, um eine „neue Unübersichtlichkeit" (Habermas 1985) zu präsentieren, sondern um klar zu machen, dass wir uns natürlich die Frage stellen mussten, wie wir vorgehen, wenn wir mit diesem Buch der Diskussion neue Impulse geben wollen. Außerdem sollte das Buch nicht überkomplex werden, sondern sollte denjenigen, die es angeht, eine Orientierung bieten. Dazu war es zuallererst nötig, in der Behindertenpädagogik, der Erziehungswissenschaft und der Philosophie ausgewiesene Fachleute auf ihren Gebieten zu suchen und zu finden. Deren Qualifikation sollte überdies darin bestehen, dass sie in der Lage sind, ihren Gegenstand in verständlicher, rational-logischer Argumentation darzustellen, den jede/r Leser/in problemlos erfassen kann. Zur Nachvollziehbarkeit gehört auch, dass die Argumente klar und zugespitzt vorgebracht werden. Erst dann sind die Darstellungen kritisierbar. Kritik und Kritikfähigkeit ist ein Kennzeichen von Wissenschaft. Wir hoffen damit, die Diskussion über die Ethik in der Behindertenpädagogik neu eröffnet zu haben.

Literatur

Bayertz, K. (2004): Warum überhaupt moralisch sein? München.
Begemann, E. (1969): Die Bildungsfähigkeit der Hilfsschüler. Sozio-kulturelle Benachteiligung und unterrichtliche Förderung. Hannover.
Dederich, M. & Schnell, M.W. (2009): Ethische Grundlagen der Behindertenpädagogik: Konstitution und Systematik. In: Dederich, M. & Jantzen, W. (Hrsg.): Behinderung und Anerkennung, Stuttgart, 59–83.
Fandrey, W. (1990): Krüppel, Idioten, Irre. Zur Sozialgeschichte behinderter Menschen in Deutschland. Stuttgart.
Georgens, J.D. & Deinhardt, H. (1861/63): Die Heilpädagogik, mit besonderer Berücksichtigung der Idiotie und der Idiotenanstalten. Leipzig.
Habermas, J. (1985): Die Neue Unübersichtlichkeit. Kleine politische Schriften V. Frankfurt am Main.
Habermas, J. (2002): Werte und Normen. Ein Kommentar zu Hilary Putnams Kantischem Pragmatismus. In: Raters, M.-L. & Willaschek, M. (Hrsg.): Hilary Putnam und die Tradition des Pragmatismus, Frankfurt am Main, 280–305.
Habermas, J. (2008): Ach, Europa. Kleine politische Schriften XI. Frankfurt am Main.
Haeberlin, U. (2005): Grundlagen der Heilpädagogik. Bern.
Hetzel, M. (2007): Provokation des Ethischen. Diskurse über Behinderung und ihre Kritik. Heidelberg.
Horster, D. (2002): Peter Singers Argumentationslogik. In: Schweizerische Zeitschrift für Heilpädagogik, 8, 22–27.
Horster, D. (2009): Ethik. Stuttgart.
Hoyningen-Süess, U. (1992): Heilpädagogik als Wissenschaft. Heinrich Hanselmanns Theorie der Sonderpädagogik. Luzern.
Jakobs, H. (1997): Heilpädagogik zwischen Anthropologie und Ethik. Eine Grundlagenreflexion aus kritisch-theoretischer Sicht. Bern.
Klee, E. (1986): ‚Euthanasie' im NS-Staat. Die ‚Vernichtung lebensunwerten Lebens'. Frankfurt am Main.
Koch, J.L.A. (1891): Die Psychopathischen Minderwertigkeiten. Ravensburg.
Krähnke, U. (2007): „Selbstbestimmung". Zur gesellschaftlichen Konstruktion einer normativen Leitidee. Weilerswist.
MacIntyre, A. (1984): Geschichte der Ethik im Überblick. Vom Zeitalter Homers bis zum 20. Jahrhundert. Meisenheim.
Möckel, A. (1976): Die besondere Grund- und Hauptschule. Von der Hilfsschule zum Kooperativen Schulzentrum. Rheinstetten.
Moor, P. (1965): Heilpädagogik. Ein pädagogisches Lehrbuch. Bern.
Moser, V. (1998): Die wissenschaftliche Grundlegung der Heilpädagogik in der ersten Hälfte des 20. Jahrhunderts. In: Heilpädagogische Forschung, 24 (2), 75–83.
Moser, V. (2009): Die Geschichte der Behindertenpädagogik. In: Moser, V. (Hrsg.): Enzyklopädie Erziehungswissenschaften Online (EEO). Fachgebiet Behinderten- und Integrationspädagogik. Weinheim. Online im Internet: www.erzwissonline.de: DOI 10 3262/EEO11 090 016 [aufgerufen am 15.04.2011].
Moser, V. (2010): Perfektibilität – Verbesonderung – Förderung – Teilhabe/Inklusion. Eine Paradigmengeschichte der Behindertenpädagogik. In: Nóbik, A. & Pukánszky, B. (Hrsg.): Normalität, Abnormalität und Devianz. Gesellschaftliche Konstruktionsprozesse und ihre Umwälzungen in der Moderne, Frankfurt am Main, 75–86.

Rock, K. (2001): Sonderpädagogische Professionalität unter der Leitidee der Selbstbestimmung. Bad Heilbrunn.

Rösner, H.-U. (2002): Jenseits normalisierender Anerkennung. Frankfurt am Main.

Schumann, M. & Lob-Hüdepohl, A. (2007): Ethik der Heilpädagogik. In: Lob-Hüdepohl, A. & Lesch, W. (Hrsg.): Ethik Sozialer Arbeit, Paderborn, 208–234.

Speck, O. (2003): System Heilpädagogik. Eine ökologisch-reflexive Grundlegung (5. Auflage). München.

Tenorth, H.-E. (2006): Bildsamkeit und Behinderung – Anspruch, Wirksamkeit und Selbstdestruktion einer Idee. In: Raphael, L. & Tenorth, H.-E. (Hrsg.): Ideen als gesellschaftliche Gestaltungskraft im Europa der Neuzeit. München, 497–520.

Waldschmidt, A. (1999): Selbstbestimmung als Konstruktion. Opladen.

Weber, E. (2010): Selbstbestimmung. In: Moser, V. (Hrsg.): Enzyklopädie Erziehungswissenschaften Online (EEO). Fachgebiet Behinderten- und Integrationspädagogik. Weinheim. Online im Internet: www.erzwissonline.de: DOI 10 3262/EEO11 100 032 [aufgerufen am 15. 04. 2011].

Wichern, J. H. (1845): Festbüchlein des Rauhen Hauses in Horn. Hamburg.

Wolfisberg, C. (2002): Heilpädagogik und Eugenik. Zur Geschichte der Heilpädagogik in der deutschsprachigen Schweiz (1800–1950). Zürich.

2 Was ist Moral?

Detlef Horster

2.1 Moral und Behinderung

Ulrich Bleidick geht in dem Kapitel „Ethische Aspekte menschlichen Behindertseins“ seines Buches *Behinderung als pädagogische Aufgabe* davon aus, dass der Rationalität in der Ethik Grenzen gesetzt seien. Der barmherzige Samariter habe ohne philosophische Reflexionen gewusst, was er zu tun hatte (vgl. Bleidick 1999, 136). Orientierung in moralischen Fragen bei Menschen mit einer Behinderung wird in der christlichen Anthropologie durch die Auffassung von der Gottesebenbildlichkeit aller Menschen gegeben (vgl. Bleidick 1999, 141; 1983, 446). Bleidick stimmt einer solchen Betrachtungsweise zu, indem er schreibt: „Ein nicht voraussetzungsfreies normatives Denken ist keine Schwäche gewisser Richtungen der weltanschaulich gebundenen und ideologisch vorgefaßten Pädagogik“ (Bleidick 1983, 442). Das bedeutet, dass es als eine Stärke angesehen wird. Auch andere bekannte Behindertenpädagogen, deren Bücher als Standardliteratur in der Ausbildung gelten, wie Otto Speck (vgl. Speck 1996, 166) und Emil Kobi (vgl. Kobi 1993, 307 f.), vertreten einen vergleichbaren Standpunkt. Die Gottesebenbildlichkeit gilt als verallgemeinerndes Prinzip, so dass allen Menschen ohne Unterschied Würde zukomme. „Wenn das Grundgesetz der Bundesrepublik Deutschland in Artikel 1, Absatz 1 sagt: ‚Die Würde des Menschen ist unantastbar‘, dann meint es, dass die Würde als unantastbar gelten soll“ (Bleidick 1999, 140). Diese redundante Einsicht werde allmählich durch den „postmodernen Zeitgeist einer Individualisierung moralischer Entscheidungen“ aufgeweicht (Bleidick 1999, 143). Der Zeitgeist habe offenbar auch das höchste deutsche Gericht erfasst, denn nach dem Urteil des Bundesverfassungsgerichts vom 28. Mai 1993 gilt der Schwangerschaftsabbruch „für die ganze Dauer der Schwangerschaft als Unrecht [...] und [ist] demgemäß rechtlich verboten“, nicht aber strafbar, wenn er in den ersten drei Schwangerschaftsmonaten von einem Arzt auf Verlangen der schwangeren Frau vorgenommen wird. Bleidick kommentiert das mit den Worten: „Die Doppelmoral wird vom Gesetzgeber aus höheren legitimatorischen Gründen in Kauf genommen“ (Bleidick 1999, 143).

Prüfen wir, von letzterer angefangen, die Einlassungen Bleidicks einmal genauer. Abgesehen davon, dass es sich bei der Bundesverfassungsgerichtsentscheidung um eine rechtliche Regelung handelt, die man sorgfältig von einer moralischen unterscheiden muss, ist eine solche Regelung nichts Ungewöhnliches. Es ist oft so, dass im Recht etwas verboten ist und dennoch nicht strafbar. Beispielsweise werden bei Verkehrsunfällen fahrlässige Sachbeschädigungen begangen. Sachbeschädigung ist zwar rechtlich unzulässig, wird aber bei einem Verkehrsunfall nicht bestraft. Insofern kann man nicht behaupten, dass das Bundesverfassungsgericht neuerlich vom postmodernen Zeitgeist erfasst worden sei.

Weiterhin: Die Klarheit in Bezug auf den Art. 1, Abs. 1 des Grundgesetzes, die Bleidick konstatiert, ist vom Gesetzgeber ausdrücklich nicht gewollt worden. Die ‚Würde des Menschen' war eine Kompromissformel der Verfassungsgeber, um die unterschiedlichen kulturellen Strömungen, die sowohl im Parlamentarischen Rat wie auch in der Gesellschaft vorhanden sind, unter einem Dach vereinigen zu können. Darum ist der Begriff ganz im Gegensatz zu Bleidicks Auffassung bewusst nicht präzisiert worden (vgl. Deutscher Bundestag/Bundesarchiv 1993, 67).

Der barmherzige Samariter handelt nicht moralisch, sondern mehr als moralisch. Darum sprechen wir in der Philosophie in Anlehnung an die lateinische Formulierung in der Vulgatafassung der Bibel von Supererogation. In Lukas 10, 35 heißt es dort: „Curam illius habe, et quodcumque supererogaveris ego cum rediero reddam tibi." Daher stammt der philosophische Begriff der Supererogation, der bei uns alltagssprachlich Nächstenliebe heißt. Man kann die lateinische Fassung folgendermaßen übersetzen: „Sorge für ihn, und wenn du deine Pflicht in einem Übermaß erfüllen wirst, werde ich es dir bezahlen, wenn ich zurückkomme." Der barmherzige Samariter erfüllt seine moralische Pflicht demnach in einem Übermaß, er handelt mehr als moralisch.

Ich will im nächsten Schritt die Frage, was Moral ist und was sie in Bezug auf Menschen mit einer Behinderung bedeutet, systematisch beantworten.

2.2 Was ist Moral?

Gehen wir zur Beantwortung der Frage, was Moral ist, von Werten aus, denn die moralischen Pflichten leiten sich aus ihnen ab: Ein hoher Wert ist beispielsweise das menschliche Leben oder unsere Gesundheit bzw. körperliche und geistige Unversehrtheit. Wir haben entsprechend moralische Normen, Regeln oder Pflichten, die diese Werte realisieren sollen. Da gibt es das moralische Verbot, dass man nicht töten soll, bzw. das moralische Gebot, dass wir Leben schützen sollen. Da gibt es das Verbot, Menschen zu quälen oder zu foltern. Ein anderer hoher Wert ist die wechselseitige Anerkennung und Achtung. Daraus ergibt sich die Pflicht des rücksichtsvollen Umgangs miteinander oder die Pflicht, ein einmal gegebenes Versprechen zu halten. Wenn wir einige dieser unbestrittenen moralischen Regeln ansehen und miteinander vergleichen, können wir deren Kerngehalt ermitteln und folgende Moraldefinition vornehmen: Moral ist die Gesamtheit der Regeln, die zur Realisierung der Werte oder zum Wohl der Menschen beiträgt, bzw. man kann auch sagen, dass die moralischen Regeln, wenn sie angewendet werden, die Menschen, die vom Handeln anderer betroffen sind, schützen sollen. Das bedeutet – vor allem, wenn wir die letztgenannte Pflicht, das Halten von Versprechen, ins Auge fassen –, dass es durchaus sein kann, dass man manchmal zu Handlungen verpflichtet ist, die nicht im eigenen Interesse liegen, ja, die zuweilen unserem Eigeninteresse zuwiderlaufen und zu deren Einhaltung man sich bei freier Wahlmöglichkeit nicht ohne Weiteres verpflichten würde (vgl. Schaber 2003, 20).

2.3 Wie kann man moralische Regeln erkennen?

Wir erkennen sie intuitiv. An die Stelle der Wahrnehmung und Beobachtung, mit deren Hilfe wir empirische Fakten erkennen, tritt für das Erkennen der moralischen Tatsachen die Intuition. Das bedeutet für moralisches Wissen Folgendes: Wir wissen, dass man Babys nicht quälen oder Menschen nicht foltern soll, dass man das einfach nicht tut. Das ist selbstevident und jedem intuitiv klar. Insofern hat Ruth Anna Putnam Recht, wenn sie sagt: „Was ist, was könnte irreduzibler sein als mein Wissen angesichts eines bedürftigen Menschen, daß ich verpflichtet bin, diesem Menschen zu helfen? [...] Sich zu fragen, ob es ein solches Gesetz gibt, wäre schon ein Gedanke zuviel“ (Putnam 2002, 243). Zwar würde auch ich sagen, dass es selbstevident ist, dass man andere Menschen nicht quälen darf oder ihnen in Not helfen muss, doch wenn wir Gründe dafür nennen sollen, dann sagen wir, weil es schlecht für einen Menschen ist, weil es ihn schädigt und erniedrigt oder weil es einfach richtig ist, jemandem in Not zu helfen und zu seinem Wohl beizutragen. Jonathan Dancy macht mit einem einfachen Beispiel klar, was gemeint ist. Wenn man über die Straße gehen will und schaut links und rechts, ob ein Auto kommt, dann schaut man ganz intuitiv, fertig. Wenn ich aber gefragt werde, warum ich das tue, kann ich als Antwort geben, weil ich nicht überfahren werden will, weil ich gesund bleiben will, weil ich lange leben will (vgl. Dancy 1993, 416). Das alles spricht für die Möglichkeit intuitiver Erkenntnis.

Doch genauso, wie man sich bei Beobachtungen irren kann, kann man sich auch bei intuitiver Wahrnehmung irren. Dem beugt man dadurch vor, dass man das Kohärenzkriterium einführt (vgl. Schaber 1997, 111 ff.). Jede einzelne Beobachtung oder Intuition muss mit bestimmten moralischen Überzeugungen, die wir unbestritten haben, kompatibel sein. Nehmen wir ein Beispiel: Der Frankfurter Polizeivizepräsident Wolfgang Daschner hatte einen Kommissar angewiesen, dem Angeklagten Gäfgen Folter anzudrohen, so dass er dadurch, unter Druck gesetzt, den Aufenthaltsort seines Entführungsopfers preisgeben sollte. Würde jemand in diesem Fall die Überzeugung bestreiten, dass es schlecht sei, andere Menschen zu schädigen, dann müsse er um des Kohärenzkriteriums willen weitergehend die These vertreten, dass es moralisch gut sei, andere Personen zu bedrohen. Das aber wäre absurd.

Moralische Intuitionen sind nicht aus anderen Sätzen abgeleitet. Sie können zwar wie die wissenschaftliche Beobachtung theoriegeleitet sein und so wie die die Wissenschaftler orientierenden Theorien Einfluss auf das Ergebnis haben. Doch ebenso wie die Beobachtungen Theorien bestätigen oder widerlegen, können das auch Intuitionen. Jede empirische Forschung ist theoriegeleitet, denn das ist die Funktion einer Theorie, dass sie für den empirischen Forscher orientierend wirkt (vgl. Horster 2010, 158 f.). Beobachtungen mögen zwar theorie- oder wertgeleitet sein, doch es sind und bleiben Beobachtungen. Mit Intuitionen verhält es sich ebenso. Auch sie können durch eine Moraltheorie geleitet sein, dennoch handelt es sich um Intuitionen.

2.4 Die moralische Gemeinschaft, in der wir leben

Wodurch zeichnet sich nun die moralische Gemeinschaft aus und wann ist man ihr Mitglied? Jeder, der der moralischen Gemeinschaft angehört, hat Rechte und Pflichten. Die eben genannten moralischen Pflichten sind nur die Vorderseite der Medaille, auf der wir auf der Rückseite die Rechte sehen. Jeder ist nur zu soviel verpflichtet, wie er umgekehrt erwarten kann. Man ist zu nichts darüber hinaus verpflichtet, nicht zu den von Bleidick eingebrachten supererogatorischen Leistungen, also nicht zu Leistungen, die über das ‚Gesollte' hinausgehen, und das ‚Gesollte' ist das Reziproke von dem, was man erwarten kann. Man kann also andererseits nur das verlangen, wozu man umgekehrt verpflichtet ist. Man ist moralisch und rechtlich zur Hilfeleistung verpflichtet, wenn z. B. jemand, der mit seinem Auto verunglückt ist, im Straßengraben liegt und Hilfe braucht. Man hat aber auch ein moralisches Recht auf Hilfeleistung, wenn man selbst in dieser hilflosen Situation ist.

2.5 Die moralische Gemeinschaft und Menschen mit einer Behinderung

Dieses reziproke Verhältnis ist unproblematisch. Problematisch hingegen ist es, wenn Menschen ihre moralischen Pflichten nicht erfüllen können oder wenn Menschen aufgrund ihrer Behinderung gar keine Pflichten haben können. Der Mensch, der auf einen Rollstuhl angewiesen ist, kann nicht allein auf einer einsamen Landstraße jemandem aus dem Straßengraben helfen. Da behinderte Menschen keine oder nur in begrenztem Rahmen moralische Pflichten erfüllen können, ist die Ausgewogenheit von moralischen Rechten und Pflichten in ihren Fällen nicht gegeben. Da diese Reziprozität aber gegeben sein muss, wenn man einen Menschen als Mitglied der moralischen Gemeinschaft bezeichnen will, entsteht die Frage, ob Menschen Mitglieder sein können, wenn sie der moralischen Reziprozität nicht genügen, obwohl sie Gesellschaftsmitglieder sind. Haben sie möglicherweise einen anderen Status als andere Menschen, wenn wir auf die moralische Gemeinschaft blicken?

Der Tübinger Philosoph Otfried Höffe bringt folgendes Argument ins Spiel: „Ein Großteil der Behinderungen [resultiert aus] jenen Risiken, die mit unserer Zivilisationsform zusammenhängen. Da wir deren Vorteile kollektiv in Anspruch nehmen, sind auch die Nachteile kollektiv zu tragen“ (Höffe 1996, 212). Die moderne Gesellschaft ist eine Risikogesellschaft. „Früher konnte man davon ausgehen, daß die riskant Handelnden selbst die Betroffenen sind, oder daß es sich mehr oder weniger um ein gruppenspezifisches Phänomen handelt, etwa [...] um Seefahrer oder Pilzsammler“ (Luhmann, 2008, 352). Wer sich in Gefahr begab oder sie erzeugte, trug das Risiko; die anderen nicht. Das ist heute anders. Gefahren werden unter Umständen von anderen erzeugt und kommen häufig für die Betroffenen von außen. Daneben steht auch heute selbstverständlich wie früher noch das Risiko, das man selbst erzeugt und auch selbst tragen muss: Wer ein Flugzeug besteigt, trägt das Risiko abzustürzen. „Wer kein Flugzeug besteigt, kann nicht abstürzen“ (Luhmann, 2008, 350). Nichtflieger haben in dieser Hinsicht keine Risikobereitschaft. Für sie kommt die Gefahr, dass sie von herumfliegenden Flugzeugtrümmern verletzt oder getötet werden, von außen (vgl. Luhmann, 2008, 350). Die Risiken erzeugen in diesen Fällen die anderen, die Gefahren trägt man selbst. „Was für den einen ein Risiko ist, ist für den anderen eine Gefahr. Der Raucher mag seinen Krebs riskieren, aber für andere ist er eine Gefahr“ (Luhmann 2008, 351). Mit dieser Differenzierung von Risiko und Gefahr entstehen völlig neuartige moralische Probleme. Diese Einsicht brachte neue Gebiete für die Moral hervor, wie z. B. die Umwelt-Ethik. Im Bereich der Ökologie erzeugen wir Risiken, die für andere und vor allem für nachfolgende Generationen eine Gefahr bedeuten, ohne dass sie die Risiken erzeugt haben. Die Höffesche Lösung nun bewegt sich im Rahmen einer Moral der Reziprozität: Wenn man die Vorteile der risikoreichen Zivilisation in Anspruch nimmt, muss man auf der anderen Seite deren Risiken mittragen, auch wenn man sie an der konkreten Stelle nicht selbst erzeugt hat. Man genießt die Vorteile, darum muss man auch für die Nachteile einstehen, und zwar kollektiv. Es handelt sich dabei um eine Art Solidarhaftung. Darum gehören Menschen mit Behinderungen zur moralischen Gemeinschaft, die eine Solidargemeinschaft ist. Die Solidarhaftung basiert auf dem Konzept der Wechselseitigkeit, das die Basis für den Höffeschen Gedanken ist. Wir erzeugen das Zivilisationsrisiko kollektiv und müssen auch kollektiv für die aus der Zivilisation entstehenden Gefahren einstehen. Die Risikogesellschaft ist notwendigerweise eine Solidargemeinschaft.

Ein weiterer Gesichtspunkt der Wechselseitigkeit darf nicht unberücksichtigt bleiben: Für die Pflichterfüllung in einer moralischen Gemeinschaft gilt der Grundsatz „ultra posse nemo obligatur“, niemand ist zu mehr verpflichtet, als er zu leisten in der Lage ist. Dieser Grundsatz ist nicht nur auf Menschen mit einer Behinderung anzuwenden, sondern er gilt generell, z. B. muss derjenige, der nicht so viel Geld hat, nicht so viel für die Armutsbekämpfung geben wie der Reiche. Fraglich und umstritten ist in der Philosophie, wie weit jemand seinen Lebensstandard einschränken muss, um Bedürftigen helfen zu können (vgl. Mieth 2007, 12).

2.6 Supererogation

Es gibt eine weitere Antwort auf die Frage, ob Menschen mit einer Behinderung zur moralischen Gemeinschaft gehören. Bevor wir die Frage stellen, was die oben bereits erwähnte Supererogation für Menschen mit Behinderung bedeutet, muss geklärt werden, was Supererogation eigentlich ist. Es ist vielleicht nicht ganz unwichtig, sich das Gleichnis im Wortlaut der Einheitsübersetzung der Bibel zu vergegenwärtigen:

> „Ein Mann ging von Jerusalem nach Jericho hinab und wurde von Räubern überfallen. Sie plünderten ihn aus und schlugen ihn nieder; dann gingen sie weg und ließen ihn halbtot liegen. Zufällig kam ein Priester denselben Weg herab; er sah ihn und ging weiter. Auch ein Levit kam zu der Stelle; er sah ihn und ging weiter. Dann kam ein Mann aus Samarien, der auf der Reise war. Als er ihn sah, hatte er Mitleid, ging zu ihm hin, goß Öl und Wein auf seine Wunden und verband sie. Dann hob er ihn auf sein Reittier, brachte ihn zu einer Herberge und sorgte für ihn. Am andern Morgen holte er zwei Denare hervor, gab sie dem Wirt und sagte: Sorge für ihn, und wenn du mehr für ihn brauchst, werde ich es dir bezahlen, wenn ich wiederkomme" (Lukas 10, 30–35).

Der Samariter hat zunächst seine moralische Pflicht erfüllt, die jeder andere in einer vergleichbaren Situation auch hätte, die aber der Priester und der Levit nicht erfüllt haben. Der Samariter hat dem Verletzten geholfen. Im umgekehrten Falle hätte der Mann aus Samarien ein moralisches Recht, das Gleiche von anderen Mitgliedern der moralischen Gemeinschaft zu fordern. Der Wirt hat ebenfalls die moralische Pflicht, sich weiter um den Verletzten zu kümmern. Beide, der Samariter und der Wirt, tun aber etwas über ihre moralische Pflicht Hinausgehendes. Das Entscheidende bei der Pflichterfüllung im Übermaß ist, dass die andere Seite der Medaille dabei leer bleibt. Auf ihr ist kein moralisches Recht verzeichnet, das beide einfordern könnten. Man kann, wenn man in dieselbe Situation gerät, nicht verlangen, dass ein anderes Mitglied der moralischen Gemeinschaft genauso handelt. Man kann die moralischen Pflichten, die ein jeder hat, in einem Übermaß erfüllen, ohne dass sie zu solchen Pflichten werden, die die Mitglieder der moralischen Gemeinschaft sich wechselseitig schulden. Diese supererogatorische Situation beginnt im Samaritergleichnis erst am anderen Morgen, als der Mann aus Samarien zwei Denare aus der Tasche holt und sagt, dass er das Übermaß an Pflichterfüllung bezahlen werde.

In der Philosophie gibt es zwei unterschiedliche Auslegungen des Begriffs der Supererogation:

1. Supererogation wird als ein unzumutbares Maß an Pflichterfüllung gesehen (Mutter-Teresa-Modell).
2. Mit Supererogation wird eine Handlung umschrieben, deren Ausführung wir loben, deren Unterlassung wir aber nicht tadeln, z.B. Geldspenden für die Hungernden dieser Welt (vgl. Mieth, 2007, 8).

Soweit die Debatte um die Supererogation in der Philosophie zu überblicken ist, begann James O. Urmson sie 1958 mit seinem Aufsatz „Saints and Heroes“ (Heyd 2007, 1, 5). Sowohl Heilige wie Helden sind Menschen, die ihre moralische Pflicht in einem Übermaß erfüllen, die in Situationen handeln, die andere meiden würden (Urmson 1958, 202). Es sind Handlungen, die über die Pflichten hinausgehen, die vom moralischen Standpunkt aus gesehen für alle in der moralischen Gemeinschaft gelten und die er „basic rules“ oder „simple rules“ nennt (Urmson 1958, 211). Als Helden können wir beispielsweise jemanden ansehen, der eine explodierende Handgranate unter Einsatz seines eigenen Lebens wegwirft, um damit das Leben anderer zu retten (vgl. Heyd 2007, 1; Urmson 1958, 202 f.), oder einen Arzt, der sich unter Ansteckungsgefahr in einem von Seuchen heimgesuchten Gebiet um Patienten kümmert (vgl. Urmson 1958, 201). Als eine in Urmsons Sinne Heilige wäre heute Mutter Teresa zu bezeichnen, die ihr eigenes Leben aufgibt, um anderen zu helfen (vgl. Urmson 1958, 199). Der Unterschied zwischen Heiligen und Helden ist der, dass man als Helden jemanden bezeichnet, der in einer Situation über seine moralischen Pflichten hinausgeht, und als Heiligen jemanden, der sein ganzes Leben lang karitativ handelt, sich dies zur Lebenseinstellung und -aufgabe gemacht hat. Heilige wie Helden erfüllen ihre Pflicht jedenfalls auf die eine oder andere Weise in einem Übermaß. Anderen zu helfen oder deren Leben zu retten, ist zwar eine moralische Pflicht, zu deren Erfüllung es jedoch nicht gehört, dabei sein eigenes Leben aufs Spiel zu setzen. Einig sind sich alle von David Heyd vorgestellten Philosophen darin, dass die supererogatorischen Handlungen weit jenseits der Pflichterfüllung liegen (vgl. Heyd 2007, 19; Urmson 1958, 201). Urmson bezeichnet sie mehrmals phantasievoll als „higher flights of morality“ (Urmson 1958, 211, 215).

> „A line must be drawn between what we can expect and demand from others and what we can merely hope for and receive with gratitude when we get it; duty falls on one side of this line, and other acts with moral value on the other, and rightly so“ (Urmson 1958, 213).

Auf die letztgenannte Seite fallen beide oben genannten Klassifikationen der Nächstenliebe, die man ganz allgemein für die verschiedenen Auffassungen, die in der Moralphilosophie zur Supererogation vertreten werden, vornehmen kann. Beide Auslegungen bezeichnen eine Handlung, die über das Maß der Pflichten hinausgeht, welches ein Mitglied der moralischen Gemeinschaft hat. Nach der zweiten Auslegung loben wir als Mitglieder der moralischen Gemeinschaft eine solche Handlung, doch wir tadeln nicht deren Unterlassung.

Jedenfalls wird mit dem Nächstenliebegebot über die in der moralischen Gemeinschaft geforderte Wechselseitigkeit hinausgegangen. Damit wäre die Frage beantwortet, ob Menschen mit einer Behinderung Mitglieder der moralischen Gemeinschaft sind. Sie sind es und müssen nicht unbedingt dem Gebot der Wechselseitigkeit genügen. Ihnen kann darüber hinaus moralisches Verhalten von Seiten ihres Gegenübers durch die Nächstenliebe zuteil werden, muss es aber nicht, da supererogatorische Handlungen über die moralischen Pflichten eines moralisch handelnden Menschen hinausgehen. So ist es jedenfalls in der moralischen Gemeinschaft, der alle als Gesellschaftsmitglieder angehören.

Literatur

Bibel (1980): Altes und Neues Testament. Einheitsübersetzung. Freiburg.

Bleidick, U. (1978): Pädagogik der Behinderten. Grundzüge einer Theorie der Erziehung behinderter Kinder und Jugendlicher (3. Auflage). Berlin.

Bleidick, U. (1999): Behinderung als pädagogische Aufgabe. Behinderungsbegriff und behindertenpädagogische Theorie. Stuttgart.

Dancy, J. (1993): Intuitionism. In: Singer, P. (Hrsg.): A Companion to Ethics. Oxford u. a., 411–419.

Deutscher Bundestag/Bundesarchiv (Hrsg.) (1993): Der Parlamentarische Rat 1948–1949 – Akten und Protokolle. Band 5/1. Boppard.

Heyd, D. (2002, erweitert 2006): Supererogation. In: Zalta, E. N. (Hrsg.): The Internet Encyclopedia of Philosophy, Stanford. Online im Internet: URL: http://plato.stanford.edu/entries/supererogation [aufgerufen am 18. 11. 2007].

Höffe, O. (1996): Vernunft und Recht. Bausteine zu einem interkulturellen Rechtsdiskurs. Frankfurt am Main.

Horster, D. (2010): Erklären und Verstehen. In: Horster, D. & Jantzen, W. (Hrsg.): Wissenschaftstheorie. Stuttgart, 157–161.

Luhmann, N. (2008): Die Moral der Gesellschaft, herausgegeben von Detlef Horster. Frankfurt am Main.

Kobi, E. (1993): Grundfragen der Heilpädagogik (5. Auflage). Bern.

Mieth, C. (2007): Projekt: Positive Pflichten. Unveröffentlichtes Diskussionspapier. Hannover.

Putnam, R. A. (2002): Moralische Objektivität und Putnams Philosophie. In: Raters, M.-L. & Willaschek, M. (Hrsg.): Hilary Putnam und die Tradition des Pragmatismus. Frankfurt am Main, 225–244.

Schaber, P. (1997): Moralischer Realismus. Freiburg, München.

Schaber, P. (2003): Die andere Moral der ethischen Subjektivisten. In: Schaber, P. & Hüntelmann, R. (Hrsg.): Grundlagen der Ethik. Normativität und Objektivität. Frankfurt am Main, 9–24.

Speck, O. (1996): System Heilpädagogik (3. Auflage). München, Basel.

Urmson, J. O. (1958): Saints and Heroes. In: Melden, A. I. (Hrsg.): Essays in Moral Philosophy. Seattle, 198–216.

3 Angewandte Ethik

Detlef Horster

3.1 Probleme und Bereiche der angewandten Ethik

Neuerdings müssen wir moralische Entscheidungen auf Gebieten treffen, die uns vor einigen Jahren oder Jahrzehnten noch völlig unbekannt waren: Embryonenforschung, Invitrofertilisation, Genpatentierung, Sterbehilfe, Pränataldiagnostik, Präimplantationsdiagnostik, Bestattungskultur, und bedingt durch die zunehmende Globalisierung: das Problem der Armut in der Welt und der Umgang mit Menschen aus anderen Kulturen, die bei uns leben. Es ist nicht möglich, allein „aufgrund von konventionellen Annahmen oder traditionellen Moralvorstellungen zu tragfähigen ethischen Lösungen dieser neuen und sehr komplexen Probleme zu kommen" (Kruip & Winkler 2010, 16).

Gemeinhin wird die angewandte Ethik nach Bereichen eingeteilt. So fallen beispielsweise Embryonenforschung, Invitrofertilisation, Pränatal- und Präimplantationsdiagnostik sowie Sterbehilfe in den Bereich der Medizinethik, während das Problem der Genpatentierung in den Bereich der Genethik fällt. Zum Bereich der politischen Ethik gehören die Probleme der Armut in der Welt und der Umgang mit Menschen aus anderen Kulturen oder der Umgang mit Menschen mit Behinderung.

So können Probleme in der Behindertenpädagogik in den Bereich der Medizinethik fallen wie die Pränatal- und Präimplantationsdiagnostik, die Abtreibungsproblematik oder die Sterbehilfe. Sie können aber auch in den Bereich der politischen Ethik fallen. Nehmen wir die Frage danach, was eine gerechte Gesellschaft ist: Muss benachteiligten Menschen ihr Nachteil ausgeglichen werden, damit sie mit nicht benachteiligten Menschen gleichgestellt werden? Ist das gerecht? Diese beiden Fragen werden von Liesen u. a. im vorliegenden Band erörtert.

Alle moralischen Fragen in der Behindertenpädagogik können in einer säkularen Gesellschaft „jedoch nicht – wie von der Mehrzahl der Lehrbücher [in der Behindertenpädagogik] präferiert – im Stil vorgegebener weltanschaulicher Perspektiven und den Mitteln vorgegebener Überzeugungsrhetorik [beantwortet] werden, welche selbstbewusst mit Zustimmung rechnet" (Hoyningen-Süess & Widmer 2003, 219). Nur eine rationale, in der Sache informierte und alle in einer solchen Gesellschaft lebenden Menschen überzeugende Argumentation ist angebracht.

3.2 Präimplantationsdiagnostik (PID)

Nehmen wir die Entscheidung des Bundesgerichtshofs (BGH) zur Präimplantationsdiagnostik vom 6. Juli 2010 (5 StR 386/09) als einen typischen Fall der angewandten Ethik in der Behindertenpädagogik, der dem Bereich der Medizinethik zuzuordnen ist. Was sind die Fragestellungen, was sind die Probleme? Die Pressestelle des BGH schrieb in ihrer Mitteilung Nr. 137/2010, dass sich drei Paare an den angeklagten Berliner Arzt mit der Bitte der extrakorporalen Befruchtung wandten. Auf Wunsch der Patienten führte er eine Präimplantationsdiagnostik durch, um Zellen ohne genetischen Defekt identifizieren zu können.

> „In allen Fällen wies einer der Partner genetische Belastungen auf. Aufgrund dessen bestand die Gefahr, dass auch die erzeugten Embryonen genetisch belastet sein würden, was einen Abort, eine Totgeburt, ein Versterben des Neugeborenen nach der Geburt oder die Geburt eines schwerkranken Kindes hochwahrscheinlich machte" (Pressestelle des BGH/Mitteilung Nr. 137/2010).

Der Senat des BGH entschied, dass dieses Vorgehen nicht gegen das Embryonenschutzgesetz verstoße. Ausdrücklich weist das Gericht darauf hin,

> „dass Gegenstand seiner Entscheidung nur die Untersuchung von Zellen auf schwerwiegende genetische Schäden zur Verminderung der genannten Gefahren im Rahmen der PID sei. Einer unbegrenzten Selektion von Embryonen anhand genetischer Merkmale, etwa die Auswahl von Embryonen, um die Geburt einer ‚Wunschtochter' oder eines ‚Wunschsohnes' herbeizuführen, wäre damit nicht der Weg geöffnet" (Pressestelle des BGH/Mitteilung Nr. 137/2010).

Nun hat der BGH eine rechtliche Entscheidung getroffen, die die Frage beantwortet, ob der Angeklagte gegen geltendes Recht verstoßen hat. Nur das haben Richter zu entscheiden. Es hat Fälle gegeben, wie z. B. 1983 bei der dreitägigen Blockade des US-Militärstützpunktes Mutlangen gegen die Aufstellung amerikanischer Mittelstreckenraketen, dass Richter in der mündlichen Verhandlung sagten, dass sie unter moralischen Gesichtspunkten die Angeklagten verstehen könnten, sie aber dennoch verurteilen müssten, weil sie gegen geltendes Recht verstoßen hätten. Wir müssen also die rechtliche von der moralischen Bewertung unterscheiden. Um das tun zu können, haben wir die moralische Definition zugrunde zu legen, die ich bereits im vorhergehenden Beitrag gegeben habe: Moral ist die Gesamtheit der Regeln, die zum Wohl der Menschen beiträgt, bzw. man kann auch sagen, dass die moralischen Regeln, wenn sie angewendet werden, die Menschen, die vom Handeln anderer betroffen sind, schützen sollen. Was ist bei der PID schutzwürdig? Lassen wir einmal die Frage beiseite, ob sich die Eltern unter allen Umständen ihren Kinderwunsch erfüllen sollten. Es gibt durchaus die Auffassung, dass man auf die Elternschaft verzichten sollte, wenn sie mit einem hohen Risiko behaftet ist. Diese Auffassung vertreten zwei Mitglieder des Nationalen Ethikrates (vgl. Nationaler Ethikrat 2003, 105). Dies ist durchaus diskussionswürdig. Doch will ich hier vor dem Hintergrund der Moraldefinition fragen, wer bei der PID betroffen ist, wen man verletzen könnte und wer vor der Verletzung geschützt werden muss.

Da ist zum einen das Risiko für die Frau. Es könnte sein, dass es trotz allen Aufwandes nicht zu einer Schwangerschaft kommt. Das ist selbst bei mehrfachen Behandlungszyklen bei 30 bis 40 % der extrakorporalen Befruchtungen der Fall. In einer Stellungnahme schreiben die Mitglieder des Nationalen Ethikrats, dass dann eine Psychotherapie indiziert sein könnte (vgl. ebd., 32). Auch eine spontane Fehlgeburt ist häufiger als bei einer Regelschwangerschaft. Außerdem kann bei einer Kontroll-Pränataldiagnose eine unerwünschte Chromosomenveränderung festgestellt werden, so dass ein erlaubter Schwangerschaftsabbruch vorgenommen werden kann. Dies alles ist in hohem Maße psychisch belastend für die Frau. Die genannten Risiken beziehen sich zudem auf den Embryo, dessen Leben schützenswert ist. Wenn ich hier diese Risiken benenne, ist zu sehen, dass eine moralische Entscheidung auf einer gesicherten Informationsbasis getroffen werden muss. Eine Fülle von Sachinformationen ist Voraussetzung für die Möglichkeit, eine moralische Entscheidung treffen zu können. Zum moralischen Wissen gehört demnach immer auch das epistemische.

Angefügt werden muss noch, dass die Frage der Diskussion bedarf, was mit den bei der PID aussortierten Embryonen geschieht. Auch der Embryo ist „Träger des ethisch und verfassungsrechtlichen begründeten Grundrechts auf Leben" (vgl. Nationaler Ethikrat 2003, 76). Müssen die aussortierten Embryonen darum erhalten bleiben? Was soll in dem Fall mit ihnen geschehen?

Der Nationale Ethikrat weist noch auf ein weiteres Problem im Zusammenhang mit der PID hin, wenn er Folgendes ausführt:

> „Es spricht einiges dafür, dass pränatale Diagnosemöglichkeiten die gesellschaftliche Akzeptanz von Menschen mit Behinderungen insgesamt negativ beeinflussen und weiterer Diskriminierung Vorschub leisten. Festzustellen ist, dass die unbestrittene Verbesserung der Lebensbedingungen behinderter Menschen zeitlich parallel mit dem Bestreben nach einer Ausweitung selektiver Verfügbarkeit vor der Geburt erfolgt. Die Möglichkeit, behindertes Leben vorgeburtlich zu beenden, könnte sich negativ auf die Bemühungen auswirken, die Gleichstellung von Menschen mit Behinderungen umfassend zu realisieren" (ebd., 93).

Dies alles sind grundlegende moralische Fragen, die im Rahmen der angewandten Ethik diskutiert werden. Sie sind Gegenstand der akademischen angewandten Ethik. Nun müssen wir unterscheiden zwischen der akademischen und der außerakademischen angewandten Ethik. Was ist der Unterschied?

3.3 Akademische und außerakademische angewandte Ethik

Die angewandte Ethik hat sich an den Universitäten zu einer eigenständigen Subdisziplin der Ethik entwickelt. Zu den genannten Bereichsethiken existieren inzwischen Lehrstühle, wissenschaftliche Gesellschaften und eigene Zeitschriften. Die angewandte Ethik wird darüber hinaus aber auch in Entscheidungsgremien, wie Ethikkommissionen und Politikberatungen, einbezogen. Damit, und das ist der entscheidende Fokus, auf den sich der Blick des Münsteraner Moralphilosophen Kurt Bayertz richtet, geht die angewandte Ethik über die Grenzen der akademischen Ethik hinaus. Sie wird – wie Bayertz formuliert – zu einem „Rädchen im Getriebe der Gesellschaft" und übernimmt damit eine politische Funktion (vgl. Bayertz 2008, 166 f.).

Damit entwickelte sich neben der akademischen angewandten Ethik ein zweiter Typus. In der universitären Moralphilosophie werden hypothetische Fälle, wie Aristoteles' Entführungsfall oder der Depositumsfall von Kant, zur Diskussion gestellt, um mit ihnen normative Theorien zu exemplifizieren und zu prüfen (vgl. ebd., 172). Dieser Typus der angewandten Ethik ist Teil des akademischen Betriebs und folgt dessen Logik, der zweite ist außerakademischen Mechanismen unterworfen. Zwischen diesen beiden Typen gibt es fünf deutliche Unterschiede (vgl. ebd., 169):

1. Der Handelnde in der außerakademischen angewandten Ethik ist kein akademischer Gelehrter, sondern eine Kommission oder Arbeitsgruppe, die einen Auftrag zu erfüllen hat.
2. Es wird in der Kommission kein neues Wissen konstituiert, sondern es werden praktisch verwertbare Empfehlungen erarbeitet.
3. Es wird kein wissenschaftlicher Text verfasst, sondern eine Empfehlung, die von den betroffenen Akteuren akzeptiert werden kann, oder ein Gutachten, das ausweist, ob ein Vorhaben mit dem geltenden Recht vereinbar ist.
4. Es geht nicht um den Reflexionsprozess eines akademischen Philosophen, sondern der Philosoph gibt in einem interdisziplinären Gremium nur eine Stimme unter vielen ab, wobei nicht selten Kompromisse geschlossen werden.
5. Der Adressat ist ein außerwissenschaftlicher Auftraggeber, der nicht an einer Erweiterung des Wissens interessiert ist, sondern an praktischer Verwertung.

Eine klare Grenze zwischen der akademischen und der außeruniversitären angewandten Ethik ist allerdings nicht zu ziehen. Sie ist ein Hybridunternehmen, ähnlich wie die Rechtswissenschaft und die Medizin (vgl. Bayertz 2008, 168).

In der außeruniversitären angewandten Ethik stehen konkrete Fälle zur Entscheidung an, die gelöst werden müssen. Allerdings sind keine glatten Lösungen zu erwarten. Auch hier muss, wie in der Erkenntnistheorie (vgl. Ammon 2009, 119), das Ideal der absoluten Gewissheit endgültig aufgegeben werden. Der Ethiker hat in der außeruniversitären Praxis vier Momente zu berücksichtigen. Seine Lösungen müssen:

1. angemessen sein, d. h. es sind die realen Verhältnisse und Möglichkeiten zu berücksichtigen;
2. praktikabel sein, d. h. sie dürfen nicht auf technisch unüberwindliche Hindernisse stoßen und müssen im finanzierbaren Rahmen bleiben;
3. nachhaltig sein, d. h. sie müssen zu ihrer Realisierung institutionell abgestützt werden;
4. anschlussfähig sein, d. h. mit bereits bestehenden Normen kompatibel sein (vgl. Bayertz 2008, 174).

Die Behandlung des konkreten Einzelfalles kann darüber hinaus eine Diskussion über die generelle Behandlung eines Problems anstoßen, so wie hier bei der Verhandlung über die Eingriffe des Berliner Arztes. Das BGH-Urteil in diesem Fall hat eine breite Diskussion über die Erlaubnis oder das Verbot des Einsatzes der Präimplantationsdiagnostik angestoßen. Und so war es beispielsweise auch im Jahr 2002 in dem Fall des Frankfurter Polizeivizepräsidenten Daschner. Dieser Fall war Anlass, die Frage, ob man Folter androhen dürfe, um ein Menschenleben zu retten, auf allgemeiner Ebene abzuhandeln.

Bayertz nennt weitere Kriterien, die in der außeruniversitären angewandten Ethik Berücksichtigung finden müssten:

1. Die Einzelfallentscheidung schließt, wenn sie nicht willkürlich sein soll, eine Prinzipienentscheidung mit ein (vgl. Bayertz 2008, 174).
2. Es sind „oftmals komplexe empirische Gesichtspunkte zu berücksichtigen" (ebd., 175). In der Regel ist Expertenwissen erforderlich, das von den Moralphilosophen abgerufen werden muss (ebd., 176). Soweit es in den eigenen Möglichkeiten steht, sollte man sich das Sachwissen zwar selbst aneignen, doch wird das Wissen auf Gebieten, auf denen moralische Entscheidungen getroffen werden sollen, immer komplexer. Darum ist es manchmal klug, sich von Experten Einschätzungen geben zu lassen, die man im Zweifelsfall überprüfen sollte.

Der Ethiker kann nur darüber wachen, dass der Entscheidungsprozess rational vonstatten geht (vgl. ebd., 177) und dass alle vorhandenen Informationen in den Entscheidungsprozess mit einbezogen werden. Entscheiden müssen die Betroffenen selbst.

3.4 Problembehandlung in der außerakademischen angewandten Ethik

Nehmen wir nun wieder die Entscheidung des BGH zur Präimplantationsdiagnostik auf. Der Gesetzgeber könnte gezwungen sein, eine neue rechtliche Regelung zu finden und zu etablieren. Dafür käme eine Politikberatung in Betracht. So könnte von Seiten der Politik eine Kommission eingesetzt werden, die beauftragt ist, eine Stellungnahme darüber abzugeben, unter welchen Bedingungen die PID zugelassen werden dürfte. Eine solche Stellungnahme könnte so aussehen, wie sie der Nationale Ethikrat vorgenommen hat, der sich als ein Gremium der Politikberatung versteht (vgl. Nationaler Ethikrat 2003, 106f.):

1. Nur „Paare, die ein hohes Risiko tragen, ein Kind mit einer schweren und nicht wirksam therapierbaren genetisch bedingten Erkrankung oder Behinderung zu bekommen", dürfen für eine PID zugelassen werden.
2. Nur „Paare, die ein hohes Risiko tragen, eine Chromosomenstörung zu vererben, die dazu führt, dass der Embryo das Stadium der extra-uterinen Lebensfähigkeit nicht erreichen würde", dürfen für eine PID zugelassen werden.
3. In beiden Fällen muss eine angemessene Beratung gewährleistet sein.
4. Die Entscheidung für oder gegen das Kind muss so weit wie möglich von sozialen und ökonomischen Zwängen entlastet werden. „Die Betroffenen haben Anspruch auf Solidarität und Unterstützung durch Staat und Gesellschaft."
5. Die PID darf nur an wenigen lizenzierten Zentren durchgeführt werden, die unter staatlicher Aufsicht stehen.
6. Eine „laufende Evaluation der Praxis" muss vorgenommen werden.

Bei seiner Stellungnahme hat sich der Nationale Ethikrat möglicherweise an der vergleichbaren gesetzlichen Regelung in Frankreich orientiert. Die Praxis in Frankreich sieht bei einer solchen gesetzlichen Regelung folgendermaßen aus:

> „Die Präimplantationsdiagnostik wird in Frankreich in drei speziell dafür zugelassenen Zentren durchgeführt. Zwischen November 1999 und Ende 2000 wurden 260 Anträge auf eine PID gestellt; 127 von ihnen wurden bewilligt. In den meisten Fällen erfolgte die Ablehnung, weil eine PID aus technischen Gründen nicht durchgeführt werden konnte, z.B. weil für eine bestimmte Erkrankung ein Test nicht zur Verfügung stand oder die Paare nicht für eine extrakorporale Befruchtung infrage kamen. Eine Ablehnung aus ethischen oder rechtlichen Gründen ist selten, weil die Paare meistens schon vor der Antragsstellung auf die zu erwartende Entscheidung hingewiesen werden" (Nationaler Ethikrat 2003, 54f.).

Man sieht, dass in der außerakademischen angewandten Ethik zwar auch wie in der akademischen angewandten Ethik die grundlegenden moralischen Probleme gesehen und diskutiert werden, doch führen sie zu einer Stellungnahme, zu einem Gutachten oder zu einer Empfehlung. Das steht ganz im Gegensatz zu einer akademischen Diskussion in der angewandten Ethik, die durchaus ergebnisoffen bleiben kann, was meist auch der Fall ist, so wie in den meisten platonischen

Dialogen. Erinnern wir uns: „Wer von uns beiden nun das bessere gewählt hat, bleibt verborgen [...]“ (Apologie 42 a).

3.5 Ethiktools

In der außerakademischen angewandten Ethik wird in letzter Zeit auch die Anwendung von Ethiktools diskutiert (vgl. dazu Borchers 2009). Es geht bei allen Vorschlägen für den Einsatz von Ethiktools immer um die pragmatische Anwendung moralisch selbstverständlicher Einsichten, damit man einen modus vivendi in Fragen erlangt, die Menschen mehrheitlich betreffen. Der Maßstab ist: Man muss mit der Entscheidung leben können, damit das Handeln nicht sistiert wird. Das ist der Sinn der Ethiktools. Man kann nicht so lange auf die Lösung warten, „bis sich die Philosophen über die letzten Grundlagenfragen geeinigt haben“ (Birnbacher 1993, 10). Davon unabhängig kann man weiterhin an der Metaethik, an moralischen Theorien und an Theorien zur angewandten Ethik arbeiten. Doch daneben muss auf der Basis eines modus vivendi gehandelt werden können.

Man kann den nun darzustellenden Vorschlag selbstverständlich auf andere Gebiete übertragen. Wenn wir die Leitsätze für ein Wohn- und Betreuungskonzept (siehe Anhang) und dessen Umsetzung bewerten sollen, kann man sich folgenden Bewertungskatalog vorstellen:

- Beurteilungskategorie A: „Respekt vor der Autonomie der Bewohner“
  1. Weitestgehende Möglichkeiten und Räume für eine selbständige Lebensgestaltung.
  2. Weitgehende Möglichkeiten und Räume für eine selbständige Lebensgestaltung.
  3. Möglichkeiten und Räume für eine selbständige Lebensgestaltung.
  4. Geringe Möglichkeiten und Räume für eine selbständige Lebensgestaltung.
  5. Keine Möglichkeiten und Räume für eine selbständige Lebensgestaltung.
- Beurteilungskategorie B: „Wohltunregel“
  1. Ansprache und Zuwendung ist in höchstem Maße gewährleistet.
  2. Ansprache und Zuwendung ist in hohem Maße gewährleistet.
  3. Ansprache und Zuwendung ist weitgehend gewährleistet.
  4. Ansprache und Zuwendung ist gewährleistet.
  5. Ansprache und Zuwendung ist kaum oder nicht gewährleistet.
- Beurteilungskategorie C: „Gleichbehandlungsregel“
  1. Bewohnerinnen und Bewohner werden ungeachtet der Art und Ursache ihrer Behinderungen, ihrer Fähigkeiten oder Einschränkungen weitestgehend gleich behandelt.
  2. Bewohnerinnen und Bewohner werden ungeachtet der Art und Ursache ihrer Behinderungen, ihrer Fähigkeiten oder Einschränkungen weitgehend gleich behandelt.

3. Bewohnerinnen und Bewohner werden ungeachtet der Art und Ursache ihrer Behinderungen, ihrer Fähigkeiten oder Einschränkungen gleich behandelt.
4. Bewohnerinnen und Bewohner werden ungeachtet der Art und Ursache ihrer Behinderungen, ihrer Fähigkeiten oder Einschränkungen eingeschränkt gleich behandelt.
5. Bewohnerinnen und Bewohner werden nicht gleich behandelt.

- Beurteilungskategorie D: „Nichtschädigungsregel"
  1. Schädigungen von Bewohnerinnen und Bewohnern werden unbedingt vermieden.
  2. Schädigungen von Bewohnerinnen und Bewohnern werden weitestgehend vermieden.
  3. Schädigungen von Bewohnerinnen und Bewohnern werden weitgehend vermieden.
  4. Schädigungen von Bewohnerinnen und Bewohnern werden möglichst vermieden.
  5. Schädigungen von Bewohnerinnen und Bewohnern werden kaum oder nicht vermieden.

Damit wir sagen können, dass es sich um ein tragbares Konzept handelt, muss insgesamt eine möglichst niedrige Punktzahl erreicht werden. Die niedrigste Punktzahl, die erreicht werden kann, sind vier Punkte. Die höchste Punktzahl, die möglich ist, sind 20 Punkte. In keiner Kategorie dürfen vier oder fünf Punkte erreicht werden und die höchste Punktzahl, die man insgesamt erreicht, sollte 10 sein, damit man von einem tragbaren Wohn- und Betreuungskonzept sprechen kann.

Um es noch einmal zu betonen: Es geht beim Einsatz von Ethiktools nicht um die Weiterentwicklung von Moraltheorien. Man geht von unbestrittenen moralischen Selbstverständlichkeiten aus, das sind der Respekt vor der Autonomie der Bewohner, die Wohltunregel, die Gleichbehandlungsregel und die Nichtschädigungsregel. Diese moralischen Selbstverständlichkeiten werden hier als Bereichskategorien bezeichnet. Es wird dann mit Hilfe eines Bewertungssystems die Frage beantwortet, ob die moralischen Standards optimal eingehalten werden. So kommt man zu einem vielleicht auch nur vorläufigen modus vivendi. Mehr ist aber auch beim Einsatz von Ethiktools in der außerakademischen angewandten Ethik nicht angestrebt.

Literatur

Ammon, S. (2009): Wissen verstehen – Perspektiven einer prozessualen Theorie der Erkenntnis. Weilerswist.

Bayertz, K. (2008): Was ist angewandte Ethik? In: Ach, J. S., Bayertz, K. & Siep, L. (Hrsg.): Grundkurs Ethik. Band 1: Grundlagen. Paderborn, 165–179.

Birnbacher, D. (1993): Welche Ethik ist als Bioethik tauglich? In: Information Philosophie, 21 (5), 4–18.

Borchers, D. (2009): Ethiktools für die Güterabwägung oder: Wie pragmatisch dürfen Ethiker sein. In: Borchers, D. & Luy, J. (Hrsg.): Der ethisch vertretbare Tierversuch. Kriterien und Grenzen. Paderborn, 15–51.

Hoyningen-Süess, U. & Widmer, P. (2003): Auswirkungen der Singer-Debatte. Eine Inhaltsanalyse deutschsprachiger Lehrbücher der 90er Jahre. In: Sonderpädagogik, 33 (4), 211–222.

Kruip, G. & Winkler, K. (2010): Moraltheoretische, entwicklungspsychologische und andragogisch-konzeptionelle Grundlagen ethischen Lernens. In: Gisbertz, H., Kruip, G. & Tolksdorf, M. (Hrsg.): Ethisches Lernen in der allgemeinen Erwachsenenbildung. Bielefeld, 15–55.

Nationaler Ethikrat (2003): Genetische Diagnostik vor oder während der Schwangerschaft. Stellungnahme. Berlin.

Anhang

Annastift
Kompetenz und Nächstenliebe
Leben und Lernen gGmbH

Ein Unternehmen der Diakonischen Dienste Hannover

Leitsätze des Wohn- und Betreuungsbereiches

Der Wohn- und Betreuungsbereich steht in besonderer Weise unter dem Leitbild des Annastiftes. In vorbehaltloser Zuwendung finden Menschen mit schweren Körperbehinderungen Aufnahme - vielfach für ein ganzes Leben.

Unsere Arbeit wird von dem Respekt vor der Würde unserer Bewohnerinnen und Bewohner ungeachtet von Art und Ursache ihrer Behinderungen, ihrer Fähigkeiten oder Einschränkungen getragen.

Wir verstehen uns als Ort zum Leben, der Entwicklungen ermöglicht und Perspektiven eröffnet.

Allgemein und im Einzelfall orientieren wir uns dabei auch an den Vorgaben des Bundessozialhilfegesetzes und des Sozialgesetzbuches IX zur gesellschaftlichen Integration von Menschen mit Behinderung.

Kundenorientierung

Wir wollen, dass Bewohnerinnen und Bewohner, ihre Angehörigen, aber auch die Kostenträger mit unseren Leistungen zufrieden sind. Uns ist jedoch stets bewusst, daß wir niemanden von seiner Behinderung befreien, sondern nur helfen können, sie erträglicher zu machen.

Qualitätszusicherung

Wir sichern den Bewohnerinnen und Bewohnern Wohnen, Pflege, Betreuung und Versorgung auf dem uns möglichen besten Niveau zu.

Hinsichtlich der personellen und baulichen Gegebenheiten sowie der Arbeitsabläufe berücksichtigen wir alle fachlichen und gesetzlichen Vorgaben. Wir überprüfen dies ständig durch das interne Qualitätsmanagement. Dazu kommen regelmäßige Melde- und Berichtspflichten gegenüber Aufsichtsbehörden bzw. deren Kontrollen vor Ort.

Mitarbeiterorientierung

Die Zufriedenheit der Mitarbeiterinnen und Mitarbeiter ist ein wesentliches Element der Qualität unserer Arbeit. Deshalb bieten wir sichere Arbeitsplätze, Möglichkeiten der Fort- und Weiterbildung, psycho-soziale Hilfen durch Praxisberatung und Supervision sowie körperliche Entlastung durch technische Hilfen.

Wir sind offen für alle Innovationen, die geeignet sind, die Integration von Menschen mit Behinderung zu verbessern.

Wirtschaftlichkeit

Wir setzen die uns zur Verfügung stehenden finanziellen Mittel wirtschaftlich ein. Damit tragen wir zur Zukunftssicherung des Bereiches als Wohn- und Arbeitsstätte bei.

4 Was ist Behinderung?

Andreas Kuhn

4.1 Einleitung: Pädagogik – Ethik – Behinderung

Die Frage „Was ist Behinderung?“ irritiert in einem Band zur Grundlegung einer Ethik der Behindertenpädagogik. Wäre nicht zu erwarten, dass die Frage, was denn Behinderung sei, als geklärt vorausgesetzt werden kann, um anschließend an dieses Verständnis, im Kontext ethischer Überlegungen, über den pädagogischen Umgang mit Behinderung zu befinden? Dementgegen soll hier ausgehend von der Fraglichkeit von Behinderung der Versuch unternommen werden, rekonstruktiv herauszuarbeiten, wie sich Behinderung als Problem von Pädagogik und Ethik darstellt und was sich dabei als Behinderung zeigt.

Gehen wir der Frage nach, wie Behinderung zum Problem von Ethik und Pädagogik wird, drängt sich der Zugang über die Heil-, Sonder-, Rehabilitations- oder Behindertenpädagogik[1] gewissermaßen auf. Reklamiert sie doch spätestens seit den 1970er Jahren eine umfassende Zuständigkeit für die Problemstellung Behinderung und begründet damit nicht nur die Notwendigkeit ihrer Spezialisierung innerhalb der Pädagogik, sondern legitimiert sich selbst als gesellschaftliche Praxis der Unterstützung und Hilfe für Ausgeschlossene und Benachteiligte. Die Behindertenpädagogik rekurriert so in ihrer Selbstbegründung an zentraler Stelle auf einen spezifisch gefassten Zusammenhang von Pädagogik, Ethik und Behinderung.

In diesem Zusammenhang stellen sich zwei Fragen, die im Folgenden im Kontext ethischer Überlegungen diskutiert werden sollen: Zum einen nämlich die Frage, ob und inwiefern Behinderung eine pädagogische und ethische Problemstellung darstellt, und ob diese hinreicht, die Behindertenpädagogik zu begründen und zu legitimieren. Zum anderen, ob und inwiefern Behinderung überhaupt eine allgemeine, grundlegende, durchgängige und/oder stabile Problemstellung menschlichen Zusammenlebens darstellt, die nach einer stellvertretenden Bearbeitung verlangt.

---

1 Die Bezeichnungen Heil-, Sonder-, Rehabilitations- und Behindertenpädagogik werden hier synonym verwendet.

4.2 Behinderung und die Ethik der Behindertenpädagogik

Ausgehend davon, dass der selbstverständliche Zusammenhang von Ethik und Erziehung mit dem Zerbrechen des praktischen Zirkels von Sitte und Handeln (Benner 2001) im ausgehenden Mittelalter seine Selbstverständlichkeit verlor (d. h. fraglich wurde), stellt sich die Frage nach der Legitimation pädagogischen Handelns seither nicht nur als grundlegende Frage moderner Pädagogik, sondern als eine, wenn nicht die (Oelkers 1992) grundlegende Frage pädagogischer Ethik (vgl. Zirfas 1999). Und auch für die Behindertenpädagogik stellt sich seither die Frage, wie sie sich als Pädagogik rechtfertigen lasse.

Spätestens seit den 1970er Jahren wird diese Frage innerhalb des Faches entlang des Begriffs der Behinderung verhandelt, der in diesem Zusammenhang, insbesondere vor dem Hintergrund seiner systematischen Einführung im Bundessozialhilfegesetz (BSHG) (1961), zu einem Grundbegriff avanciert. Während Behinderung im Rahmen der Sozialgesetzgebung bis heute einen sozialrechtlichen Tatbestand darstellt, der, im Zusammenhang mit der Feststellung der Erfüllung des Tatbestandes im Rahmen medizinischer Diagnose und amtlicher Anerkennung eines bestimmten Grades der Behinderung (GdB), den Bezug unterschiedlicher Leistungen und die Inanspruchnahme spezifischer Hilfen legitimiert, dient er der Behindertenpädagogik in zweierlei Hinsicht: Einerseits zur Orientierung der unterschiedlichen Fachgebiete an einem gemeinsamen Gegenstand und andererseits zur Legitimation ihrer Spezialisierung innerhalb der Pädagogik (vgl. Bleidick 1974; Jantzen 1974; Arbeitskreis Sonderpädagogik 1976).

Die begrifflichen Fassungen von Behinderung sind dabei keineswegs einheitlich, sondern unterscheiden sich insbesondere mit Blick auf die Frage der Genese von Behinderung (vgl. Lindmeier 1993; Weisser 2009). Dabei setzt im Rahmen der begrifflichen Verständigung eine bis heute anhaltende Kritik an der konstitutiven und legitimatorischen Funktion des Begriffes der Behinderung entlang der Frage ein, inwiefern es sich bei Behinderung um eine pädagogische Problemstellung (Möckel 1973, 1988; Lindmeier 1993; Speck 1996; Eberwein 1995; Moser 2003) handle bzw. inwiefern sich Behinderung als pädagogisches Problem darstellen und begreifen lasse (Bach 1975, 1976, 1985; Möckel 1973). Die unterstellte allgemeinpädagogische Enthaltsamkeit gegenüber dem Problem der Behinderung dient dabei den unterschiedlichen Ansätzen entweder der Legitimation einer eigenständigen speziellen Pädagogik (vgl. Bach 1976; Speck 1996; Bleidick 1974) oder der ganz unterschiedlich vorgetragenen Forderung nach einer ganzen, heilen und/oder eigentlichen Pädagogik, die behinderte Kinder nicht länger ausschließt (vgl. Jantzen 2007; Möckel 1988, 1984; Eberwein 1995).

Vor dem Hintergrund der skizzierten Positionen erfolgt die Selbstverständigung des Faches also in den letzten 40 Jahren grundlegend entlang der Verständigung der Frage „Was ist Behinderung?“ und welche Bedeutung ihr als Grundbegriff der

Behindertenpädagogik beigemessen werden kann (vgl. Lindmeier 1993; Moser 2003; Kuhn 2007, 2011).

Unabhängig von den aufgezeigten Kontroversen ist den unterscheidbaren Positionen gemeinsam, dass sie von einer Vorstellung der Referenzialisierbarkeit von Behinderung am Individuum sowie einer relativen, zeitlichen und räumlichen Kontinuität von Behinderung als Komplex von Schädigung, Beeinträchtigung und sozialer Benachteiligung ausgehen (vgl. Bach 1976, 1985; Speck 1996; Bleidick 1999; Jantzen 1974, 2007). Was sich nicht zuletzt in der durchgängigen Rede von Menschen mit Behinderung bzw. behinderten Menschen in der Fachliteratur zeigt. Das Fach begreift sich, im Kontext seiner Selbstverständigung entlang eines individualisierenden Verständnisses von Behinderung, als eine Pädagogik der Behinderten. Dieses Verständnis von Behinderung setzt sich selbst in der Kritik des Behinderungsbegriffes in alternative Begründungsversuche einer Heilpädagogik bis in die Begründungsversuche einer integrativen Pädagogik fort (vgl. Lindmeier 1993; Dederich 2001; Moser 2003; Hänsel & Schwager 2003; Kuhn 2007, 2011). Und auch der Zugriff auf die Praxis erfolgt in diesem Zusammenhang konsequenterweise vorwiegend über die Problemstellung Behinderung, genauer über die Bearbeitung der Behinderung am Individuum (vgl. Lindmeier 1993; Weisser 2005, 2009).

Neben der Begründung der Notwendigkeit der Behindertenpädagogik rekurriert auch die Darstellung ihrer methodischen, inhaltlichen und institutionellen Spezialisierung innerhalb der Pädagogik grundlegend auf das Problem der Behinderung (vgl. Bleidick 1974, 1999; Speck 1996, Bach 1975). Dabei wird die Möglichkeit der Selbstaufhebung pädagogischer Praxis, im Übergang der Zu-Erziehenden in Selbst- und Mittätigkeit in Welt und Gesellschaft, als zentrales legitimatorisches Konstrukt und einzig mögliche positive Zielbestimmung moderner Pädagogik für die Klientel der Behindertenpädagogik grundlegend in Frage gestellt (vgl. Speck 1996; Antor & Bleidick 2000; Dederich 2001; Dederich & Schnell 2009).

In diesem Zusammenhang gewinnt, mit der Fraglichkeit des Endes pädagogischer Einwirkung und der Perspektive auf eine potentiell lebenslange Anwaltschaft, die Frage der Stellvertretung (advokatorische Ethik) im Spannungsfeld von Heteronomie und Autonomie eine über das allgemeine Problem der Legitimation stellvertretender Entscheidungen im Kontext asymmetrischer Beziehungen, als grundlegender Frage einer modernen pädagogischen Ethik (vgl. Brumlik 1992; Oelkers 1992, Zirfas 1999), hinausgehende, zentrale Bedeutung (vgl. Antor & Bleidick 2000; Dederich 2001, Dederich & Schnell 2009).

Ein individuumsbezogener Behinderungsbegriff dient hier, einerseits in Verbindung mit dem Problem der Autonomie, andererseits mit dem Problem gesellschaftlichen und pädagogischen Ausschlusses sowie historischer und aktueller Gefährdungen und Bedrohungen ‚behinderter Menschen', der Ausweitung des Zuständigkeitsbereichs der Behindertenpädagogik im Sinne einer Schutzfunktion und Anwaltschaft für „behinderte Menschen" (vgl. Antor & Bleidick 2000; Haeberlin 2005; Dederich & Schnell 2009). Die Begründung einer spezifischen Ethik der Behinderten(-pädagogik) und die Verpflichtung der Disziplin sowie der Profession auf eine nicht ausschließlich pädagogisch begründete behindertenpädagogische Haltung und Moral (vgl. Antor & Bleidick 2000; Haeberlin 2005; Gröschke 1993, 2008), folgt so nicht zuletzt der Begründung einer besonderen Verantwortung für ihre Klientel (vgl. Dederich 2001; Dederich & Schnell 2009; zur Kritik einer verantwortungsethischen Aufhebung des Problems der Stellvertretung in asymmetrischen Beziehungen vor dem Hintergrund einer Fassung der Asymmetrie als prinzipiellem und unaufhebbarem Problem zwischenmenschlicher Beziehungen überhaupt vgl. auch den Beitrag *Kampf um Anerkennung aus behindertenpädagogischer Sicht* von Vera Moser in diesem Band).

Im Zentrum dieser ethischen Überlegungen steht der Begriff der Behinderung als zentraler legitimatorischer Begriff des Faches und zwar in seinem individualisierenden Verständnis. Der Zusammenhang von Ethik und Behinderung stellt so eine grundlegende Legitimationsfigur der Behindertenpädagogik dar, die sich bis in ihre Anfänge in Theorie und Praxis rekonstruieren lässt (vgl. Moser 2003). Dabei reklamiert sie eine umfassende Zuständigkeit für Fragen der Behinderung, die sich nicht nur auf den pädagogischen Umgang mit Behinderung beschränken und sich nicht ausschließlich im Rahmen einer pädagogischen Ethik bearbeiten lassen.

In der Betrachtung der Diskussion ethischer Fragen in Beiträgen, die sich explizit der behindertenpädagogischen Ethik widmen (z. B. Gröschke 1993; Antor & Bleidick 2000; Dederich 2000; Jantzen 1994; Jakobs 1997; Dederich & Jantzen 2009; Dederich & Schnell 2009), fällt so auch auf, dass sich diese einerseits nicht auf Überlegungen einer pädagogischen Ethik im engeren Sinne beschränken, ja diese sogar weitestgehend überhaupt nicht explizit entwickeln, sondern sich (insbesondere seit Ende der 1980er Jahre im Kontext der Singer-Debatte) auf moralphilosophische Fragen allgemeiner Art (ethische Begründungsprobleme und -verfahren, advokatorische Ethik, Menschenrechte, Menschenwürde, Lebensrecht, Recht auf Erziehung und Bildung) sowie auf die Diskussion moralischer Annahmen in unterschiedlichen Bereichsethiken (insbesondere Medizin- und Bioethik) konzentrieren. Andererseits erfolgt keine explizite ethische Reflexion und Diskussion unterschiedlicher Vorstellungen von Behinderung in ihrer grundlegenden legitimatorischen Funktion, vielmehr setzt die Ethik der Behindertenpädagogik immer schon ein spezifisches Verständnis von Behinderung voraus.

Entgegen dem sonderpädagogischen Mainstream zählt Dederich die Reflexion des Behinderungsbegriffs explizit zu den Aufgaben einer Ethik der Behindertenpädagogik (Dederich 2001). In diesem Zusammenhang reflektiert er die Ambivalenz des Behinderungsbegriffs: Einerseits trägt die begriffliche Bestimmung zur Hervorbringung und Identifikation von Behinderung und somit zur „Etikettierung, Diskriminierung, Stigmatisierung und Ausgrenzung“ (Dederich 2001, 90) bei. Andererseits aber soll vor dem Hintergrund der Dekategorisierung auf eine begriffliche Bestimmung von Behinderung im Kontext der Selbstbegründung und Legitimation der Behindertenpädagogik verzichtet werden. Dabei kommt Dederich zu dem Schluss, dass:

> „[p]rofessionelle Kompetenz, effizientes Arbeiten sowie Verantwortung von Berufsgruppen, beispielsweise im Bereich der pädagogischen oder therapeutischen Begleitung, der Assistenz, Pflege und Stellvertretung für bestimmte Menschen [...] in einer hochdifferen-

> zierten Gesellschaft [...] eine klare Eingrenzung und (möglichst vorurteilsfreie) Beschreibung des Adressatenkreises notwendig [machen, A.K.]. Eine solche Unterscheidung ist notwendig, um Unterprivilegierung bestimmter Gruppen benennbar zu machen, Solidarität zu ermöglichen, ethische Schutzbereiche zu errichten, ausgleichende Gerechtigkeit zu gewährleisten und den Anspruch auf Hilfe und Ressourcen rechtlich zu sichern und bereitzustellen. Diese Ziele zu erreichen markieren die wichtigste Aufgabe der Behindertenpädagogik, sie bilden den Kern ihres Mandats. Auch deshalb sind klare, das Forschungs- und Lehrgebiet eingrenzende und bestimmende Begrifflichkeiten unverzichtbar" (Dederich 2001, 122).

Der Begriff der Behinderung scheint, zumindest aus der Sicht des Faches selbst, somit unverzichtbar (vgl. Bleidick 1999; Dederich 2009). Dabei zeigt sich hier nochmals prägnant der Zusammenhang einer spezifischen Klientelbeschreibung in direkter Koppelung mit der Reklamation eines besonderen Schutzbedürfnisses bzw. einer besonderen Gefährdung dieser Klientel und der Legitimation der Behindertenpädagogik als Profession und Disziplin in direkter Koppelung an ein umfassendes (nicht ausschließlich pädagogisches) Mandat für diese bestimmte Gruppe von Menschen (vgl. Lindmeier 1993; Moser 2003).

Nachdem sich jedoch entlang der fortgesetzten und nach wie vor anhaltenden Verständigung der Frage „Was ist Behinderung?“, die noch bis in die 1980er Jahren vorwiegend in der Behindertenpädagogik geführt wurde, der Diskurs über Behinderung spätestens seit den 1990er Jahren verselbständigt, verallgemeinert und insbesondere in Form der Disability Studies in der wissenschaftlichen Diskussion inter- und transdisziplinär etabliert hat (vgl. Eberwein & Sasse 1998; Stiftung Deutsches Hygiene-Museum und Deutsche Behindertenhilfe – Aktion Mensch e.V. 2001; Lutz et al. 2003; Hermes 2006; Waldschmidt 2003; Waldschmidt & Schneider 2007), stellen sich, vor dem Hintergrund eines erweiterten und veränderten Verständnisses von Behinderung, mit der Frage, ob und inwiefern die Behindertenpädagogik überhaupt noch eine besondere Zuständigkeit für die Problemstellung Behinderung beanspruchen kann, folgende weitere Fragen: Einerseits erneut, wenn auch in veränderter Art und Weise, die Frage, ob sich entlang der Problemstellung Behinderung überhaupt eine Behindertenpädagogik als pädagogische Theorie und Praxis begründen lässt (vgl. Lindmeier 1993; Moser 2001, 2003; Kuhn 2007, 2011). Andererseits, und nur dieser Frage soll im Weiteren nachgegangen werden, wie sich Behinderung als eigenständige Problemstellung in Wissenschaft und Gesellschaft darstellt.

Während die Verständigung über Behinderung in der Behindertenpädagogik in erster Linie handlungs- und anwendungsbezogen, mit Blick auf die Entwicklung eines allgemeinen Behinderungsbegriffs erfolgte, als dessen Referent eben ‚der Behinderte‘ fungierte und so die gegenständliche Kontinuität von Behinderung gewährleistete, verzichten neuere Überlegungen auf die Vorstellung einer gegenständlichen Kontinuität von Behinderung und deren Referenzialisierung am Individuum (vgl. Lindmeier 1993; Weisser 2005, 2009). Vielmehr bilden Situationen und Verhältnisse die zentrale Referenz der Beschreibung von und der Verständigung über Behinderung. Behinderung zeigt sich in diesem Sinne immer nur im

Verhältnis historisch und situativ jeweils konkreter Erwartungen und Fähigkeiten (vgl. Lindmeier 1993; Weisser 2005, 2009).

Vor dem Hintergrund der Entkoppelung des Zusammenhangs von Behinderung und Individuum, wie er die Selbstverständigung der Behindertenpädagogik spätestens seit den 1970er Jahren bestimmt, wird die Selbstbegründung der Behindertenpädagogik, entlang einer spezifischen Klientelbeschreibung sowie deren Koppelung an bestimmte ethische Frage- und Problemstellungen, grundlegend verunsichert, da der Behindertenpädagogik mit dem Verlust der gegenständlichen Kontinuität von Behinderung gewissermaßen der ‚behinderte Mensch' als Gegenstand abhanden kommt (vgl. Kuhn 2011).

Die Frage der Behinderung erübrigt sich jedoch nicht einfach mit dem Fraglichwerden der Legitimation der Behindertenpädagogik. Vielmehr stellt sich die Verallgemeinerung von Behinderung als die andere Seite der Verunsicherung der Behindertenpädagogik in ihrer Zuständigkeit für Fragen der Behinderung dar. Und in diesem Sinne stellt sich die Frage, wie sich Behinderung in unterschiedlichen Zusammenhängen und Verhältnissen konstituiert, was sich dabei als Behinderung zeigt und wie dabei mit Behinderung umgegangen wird, und zwar in ganz unterschiedlichen gesellschaftlichen Teilbereichen. Gerade daher kann die Fragestellung auch nicht mehr stellvertretend von der Behindertenpädagogik bearbeitet werden.[2]

In Zusammenhang mit dem skizzierten veränderten Verständnis von Behinderung stellt sich also insbesondere die Frage, inwiefern eine Ethik der Behinderten(-pädagogik) noch ausreicht, um die moralischen und ethischen Probleme – einerseits des Zusammenhangs von Pädagogik und Behinderung, andererseits des Zusammenhangs von Behinderung und Gesellschaft – zu reflektieren und zu bearbeiten. Vor diesem Hintergrund folgen im Weiteren einige Reflexionen zur Frage des Verhältnisses von Ethik, Pädagogik und Behinderung im Rahmen einer pädagogischen Ethik und anschließend zur Frage des Verhältnisses von Behinderung, Ethik und Gesellschaft.

4.3 Behinderung und pädagogische Ethik

Ausgehend von der Annahme, dass sich Behinderung nur im Kontext historisch und situativ jeweils konkreter Anforderungen und Erwartungen begreifen lässt, sollen hier einleitend einige Überlegungen zur Verständigung über eine Grundstruktur pädagogischen Denkens und Handelns erfolgen (vgl. Benner 2001). Diese dienen insofern als Folie der Verständigung über das Verhältnis von Pädagogik,

2 Wie sich aktuell nicht zuletzt in der Diskussion um die UN-Behindertenrechtskonvention zeigt, die sich nicht auf den Bereich der Behindertenpädagogik beschränkt und ihrem Selbstverständnis nach auch gerade nicht beschränken kann.

Ethik und Behinderung, als dass sie die pädagogischen Anforderungen und Erwartungen markieren, vor deren Hintergrund sich Behinderung als pädagogische Problemstellung konstituiert (und beschreiben lässt), und die gleichzeitig den Rahmen eines pädagogischen Umgangs mit Behinderung darstellen. Was dabei vor dem Hintergrund der Frage nach der Normativität von Behinderung in den Blick gerät, ist die Normativität moderner Pädagogik selbst, die sich im pädagogischen Gebrauch der Unterscheidung von Behinderung/Nicht-Behinderung in der pädagogischen Konstitution von Behinderung in unterschiedlicher Art und Weise darstellt.

Die bereits erwähnte Schwierigkeit, dass sich eine moderne Pädagogik in der Verständigung der Bedingungen ihrer Möglichkeit nicht mehr auf wie auch immer verbürgte absolute Geltungsansprüche oder Gewissheiten beziehen kann, aus denen sich pädagogisches Denken und Handeln ableiten ließe, sondern von der Notwendigkeit einer fortgesetzten Selbst-Verständigung der Bedingungen ihrer Möglichkeit ausgeht, verweist dabei in einem zweifachen Sinne auf das Verhältnis von Pädagogik und Ethik. Einerseits auf die Unterscheidung von Pädagogik und Ethik in dem Sinne, dass sich Pädagogik nicht mehr aus dem praktischen Zirkel von Sitte und Handeln begründen lässt. Andererseits auf die daraus folgende Normativität jeglicher Begründung und Legitimation pädagogischen Denkens und Handelns als pädagogische Problemstellung in dem Sinne, dass jegliche Pädagogik in ihrer Begründung Geltungsansprüche reklamiert und dabei immer auf deren Anerkennung in Pädagogik und Gesellschaft verwiesen bleibt (vgl. Benner 2001) – was wiederum von einer pädagogischen Ethik mit Blick auf ein modernes Verhältnis von Pädagogik und Ethik zu reflektieren wäre (vgl. Oelkers 1992; Zirfas 1999; zur Schwierigkeit der Begründung und Legitimation moderner Pädagogik im Verhältnis von Anthropologie und Ethik vgl. den Beitrag von Zirfas in diesem Band).

Die grundlegende Frage moderner Pädagogik, wie pädagogische Praxis, angesichts der Ungleichheit der Menschen und der Unbekanntheit ihrer Bestimmung und Zukunft, Übergänge in eine selbsttätige Hervorbringung der individuellen Bestimmung und eine mittätige Gestaltung von Welt und Gesellschaft für alle Menschen vorbereiten, unterstützen und ermöglichen kann (vgl. Benner 2001), nimmt ihren Ausgang also selbst nicht zuletzt von einem problematisch gewordenen Verhältnis von Ethik und Pädagogik. Gerade deshalb ist eine Reflexion und Begründung ihrer grundlegenden Voraussetzungen und Annahmen im Rahmen einer pädagogischen Ethik erforderlich (vgl. Zirfas 1999).

In unterschiedlichen, in der Behindertenpädagogik wenig rezipierten, Arbeiten von Zirfas findet sich eine Reflexion von Behinderung im Kontext einer pädagogischen Ethik (Zirfas 1999, 1998, 2004; vgl. auch Lindmeier 2004; Moser 2003). In Zirfas' Überlegungen erweist sich die unhintergehbare Asymmetrie im pädagogischen Verhältnis als grundlegendes Problem der Legitimation einer modernen Pädagogik (vgl. Oelkers 1992; Brumlik 1992; Zirfas 1999).

Die grundlegende Frage einer pädagogischen Ethik lautet dabei, „ob und wie sich das pädagogische Machtverhältnis rechtfertigen läßt“ (ebd., 201). Sie wird von

Zirfas dahingehend beantwortet, dass sich Pädagogik – vor dem Hintergrund der Dialektik von Anfang und Ende der Erziehung (vgl. Benner 2001) – „nur als Programm der Antizipation von moralischer Symmetrie und damit innerhalb einer Theorie der korrektiven Gerechtigkeit begründen" lässt. „Insofern steht sie aber andererseits ständig in der Gefahr des Paternalismus" (Zirfas 1999, 203). Die Idee der korrektiven Gerechtigkeit reguliert in diesem Sinne die unhintergehbare Spannung von faktischer Asymmetrie und geforderter Symmetrie im pädagogischen Verhältnis, indem sie auf die Notwendigkeit der Schaffung von Bedingungen verweist, unter denen sich Freiheit und Gleichheit für alle Menschen realisieren können (vgl. Zirfas 1996).

Interessanterweise entwickelt nun Zirfas das unaufhebbare Spannungsverhältnis von Symmetrie und Asymmetrie, indem er die Pädagogik am Beispiel der Diskussion von Behinderung mit ihren eigenen Grenzen konfrontiert.[3] In diesem Zusammenhang entwickelt Zirfas das Problem einer pädagogisch unreflektierten Übernahme eines außerpädagogisch bestimmten Behinderungsbegriffs.

> „Deutlich wird, daß die Definition von Behinderung im Zusammenhang mit ‚Schädigung', ‚Beeinträchtigung' und ‚Minderung' von Funktionen – wie umfänglich, schwer und langfristig diese auch immer definiert sind – (Sander 1990), unweigerlich ein Bezug zum Gesunden, Erfolgreichen und Leistungsfähigen ergibt, der den Adressaten der Erziehung als ethische ‚Nicht-Person' beschreibt und tendenziell auf einen pädagogischen Paternalismus zu steuert. Erziehung über diese anthropologischen Kriterien zu definieren, impliziert von vorne herein eine asymmetrische Basis des pädagogischen Umgangs. [...] Aus der Sicht einer symmetrischen Ethik der Anerkennung ist diese anthropologische Norm allerdings höchst fragwürdig" (Zirfas 1999, 210).

Der Ausgang von einem außerpädagogisch bestimmten Begriff von Behinderung, in Verbindung mit einer verkürzten Vorstellung der Bildsamkeit des Menschen als anthropologischer Eigenschaft, wie ihn Zirfas exemplarisch in Bleidicks „Pädagogik der Behinderten" (Bleidick 1974) erkennt und kritisiert, erweist sich hier als pädagogisch und ethisch problematisch. Der prinzipielle Ausgang von Asymmetrie, vor dem Hintergrund einer potentiell dauerhaften Stellvertretung im Sinne der Unmöglichkeit der Antizipation einer symmetrischen Beziehung, wie er einer sonderpädagogischen Ethik zugrunde liegt, wird dabei grundlegend in Frage gestellt. Dementgegen erfolgt eine Verschiebung zugunsten einer Ethik der reziproken und symmetrischen Anerkennung, entlang der Ideen der Freiheit und Gleichheit im Rahmen einer Theorie der Gerechtigkeit, die Zirfas im Weiteren zu einer pädagogischen Transformation und Bestimmung von Behinderung veranlasst:

> „Sinnvoller erscheint es, Behinderungen über die ‚außergewöhnlichen Bedingungen', die geschaffen werden müssen, um die Würde und das Glück des Behinderten zu gewährleisten, zu definieren (Schönberger 1990). D.h. Behinderung wird nicht als physischer, psychischer oder sozialer Mangel, wenn man so will medizinisch-anthropologisch, sondern über die physischen, psychischen und sozialen Umweltbedingungen bestimmt mit dem Zusatz, daß diese Umwelt eine außergewöhnliche zu sein habe, d.h. sie wird normativ

3 Zum exemplarischen Charakter von Behinderung in der Selbstverständigung der Sonderpädagogik vgl. Kuhn 2011.

bestimmt. Die Thematik der Behinderung wird so statt auf die Norm des Gesunden auf die ethischen Ideen von Freiheit und Gleichheit bezogen" (Zirfas 1999, 210).

Behinderung erscheint hier nicht mehr in einer personal abgesicherten, gegenständlichen Kontinuität, sondern mit Blick auf „die (pädagogische) Kultur mangelhafter Bildungmaßnahmen" (Zirfas 2004, 52) selbst als pädagogisch konstituierte und hervorgebrachte. Die Bearbeitung der Behinderung am Individuum erweist sich in diesem Sinne selbst als Schädigung der Bildsamkeit. Indem Bildsamkeit einem Menschen zu- oder abgesprochen oder auch als durch Behinderung bestimmte gedacht wird und damit die Zu-Erziehenden nicht als an der pädagogischen Interaktion und der Hervorbringung ihrer Bestimmung Mitwirkende anerkannt werden (vgl. Benner 2001; Zirfas 1999), wird darüber hinaus die Möglichkeit und Notwendigkeit der Gestaltung pädagogischer Praxis sowie die fortgesetzte Verständigung der Bedingungen ihrer Möglichkeit selbst unzulässig verkürzt (vgl. Mollenhauer 1998; Tenorth 2006; Kuhn 2011).

Dementgegen wäre, ausgehend von den Ideen der Gleichheit und Freiheit, Behinderung als pädagogisch bestimmte zu begreifen und über die methodische, inhaltliche und institutionelle Gestaltung pädagogischer Praxis sowie die gegenstandstheoretische Verständigung der Bedingungen ihrer Möglichkeit mit Blick auf die „pädagogischen Anforderungen und Erwartungen" (Zirfas 2004, 60) zu bearbeiten. Und zwar dahingehend, dass tatsächlich alle Menschen an Erziehung und Bildung „als Bedingung der Möglichkeit der Selbstbestimmung unter Gleichen" (Zirfas 1999, 211) teilhaben können.

Die pädagogische Voraussetzung und Unterstellung einer unbestimmten Bildsamkeit als pädagogischer Relationskategorie erweist sich dabei als Bedingung der Möglichkeit, Behinderung überhaupt als pädagogische zu begreifen und zu bestimmen, d. h., eben nicht als Problem eines wie auch immer gedachten Zusammenhanges von Schädigung, Beeinträchtigung und sozialer Benachteiligung oder dessen Auswirkung auf die pädagogische Praxis, sondern als pädagogisch bestimmtes Problem der technologischen Gestaltung pädagogischer Praxis sowie der gegenstandstheoretischen Verständigung der Pädagogik.

Die Überlegungen von Zirfas verweisen hier auf das grundlegende Problem einer behindertenpädagogischen Ethik, wie es Dederich (2001; s. o.) in der Ambivalenz des Behinderungsbegriffs entwickelt: Nämlich, dass die Begründung einer advokatorischen Ethik, die sich entlang von Wohlwollen, Mitleid, Fürsorge und Verantwortung für den Anderen begründet, nicht nur entweder im Rahmen einer Tugendethik verbleibt, oder aber auf die unsichere Voraussetzung moralischer Gefühle verwiesen bleibt (Zirfas 1998, 1999), sondern zugleich die gegenständliche Kontinuität von Behinderung, die es erst ermöglicht, den Anderen als Behinderten zu identifizieren, immer schon voraussetzt.

Gleichzeitig eröffnen Zirfas' Überlegungen jedoch durch die Bearbeitung des Spannungsverhältnisses von Symmetrie und Asymmetrie entlang einer Theorie der Selbstachtung sowie einer Theorie der Gerechtigkeit, die vor allem auf die Gestaltung der (institutionellen) Bedingungen der Möglichkeit reziproker symmetrischer Anerkennungsverhältnisse fokussiert (Zirfas 1999), eine Perspektive auf ein verändertes Verständnis von Behinderung, das über die Perspektive einer Ethik der Behindertenpädagogik hinausweist (zu Reflexionen unterschiedlicher Konzeptionen von Gerechtigkeit vgl. den Beitrag von Liesen et al. in diesem Band).

Während die Bearbeitung von Behinderung am Individuum in diesem Zusammenhang selbst als pädagogisch und ethisch fragwürdig erscheint, lässt sich Behinderung dennoch weiter bearbeiten, indem sie als pädagogisch konstituierte, auf die konkrete Gestaltung pädagogischer Praxis sowie auf die Verständigung der Bedingungen ihrer Möglichkeit bezogen wird und sich ethisch eben vor dem Hintergrund einer historisch und situativ jeweils konkreten Gestaltung, mit Blick auf die Bedingungen der Möglichkeit von Selbstachtung und Gerechtigkeit, thematisieren lässt. Die pädagogische Konstitution von Behinderung lässt sich so vor dem Hintergrund der Forderung der Gleichheit als Gleichbehandlung Gleicher und Ungleichbehandlung Ungleicher (vgl. Zirfas 1999) im Kontext pädagogischer Bearbeitung und Hervorbringung von Ungleichheit, mit Blick auf die technologische Gestaltung pädagogischer Praxis sowie die Verständigung der Bedingungen ihrer Möglichkeit, als Ungerechtigkeit thematisieren: Einerseits im Rahmen der Nicht-Berücksichtigung von Ungleichheit als Verschiedenheit, andererseits im Ausgang von Behinderung als außerpädagogisch bestimmter Form von Ungleichheit.

In diesem Sinne hätte eine pädagogische Bearbeitung der Problemstellung Behinderung – ausgehend von der Frage einer pädagogischen Transformation vor- und außerpädagogisch bestimmter Formen der Ungleichheit sowie einer Reflexion unerwünschter individualisierter Ungleichheitsfolgen der Selbstbegründung und praktischen Gestaltung der Pädagogik – Behinderung konsequent als pädagogische zu begreifen. Das würde bedeuten, sie auf die historische Verständigung der Bedingungen der Möglichkeit pädagogischer Theorie und Praxis zu beziehen und zu fragen, was unter diesen Bedingungen historisch und situativ als Behinderung erscheint: Also einerseits zu prüfen, wie es im Rahmen pädagogisch konkret gestalteter Anforderungen dazu kommt, dass Behinderung mit der Gestaltung pädagogischer Übergänge in der Aktualisierung von Bildsamkeit aufgehoben wird und damit nicht nur pädagogische Anfänge ermöglicht sondern konkrete Perspektiven auf das Ende von Erziehung eröffnet werden. Andererseits, zu rekonstruieren, wie es dazu kommt, dass entgegen der pädagogischen Erwartung Bildsamkeit nicht aktualisiert werden kann, bis dahin, dass entgegen dem Anspruch moderner Pädagogik Bildsamkeit selbst beschädigt wird, indem sie einem Menschen zu- oder abgesprochen wird.

Behinderung erscheint in diesem Zusammenhang nicht als Problem der Anerkennung auf der individuellen Ebene, sondern als Problem der pädagogischen Gestaltung der Bedingungen ihrer Möglichkeit in dem Sinne, dass es „in einer Ethik der Anerkennung nicht nur subjektiv darum geht, dem Anderen in seiner Selbstachtung gerecht zu werden, sondern auch darum, objektive Bedingungen zu gestalten, die die Selbstachtung für alle möglich machen“ (Zirfas 1999, 351).

Vor dem Hintergrund der Auseinandersetzung mit Zirfas' Überlegungen kommt Lindmeier so auch zu der nach wie vor aktuellen Forderung nach der

„Erarbeitung eines ethischen Paradigmas der korrektiven Gerechtigkeit und der sozialen Partizipation anstelle eines anthropologischen Paradigmas der Behinderung“ (Lindmeier 2004, 55). In diesem Zusammenhang wäre die Legitimation der (Behinderten-)Pädagogik entlang der Stellvertretungsproblematik (und damit insbesondere die Reklamation einer potentiell lebenslangen Anwaltschaft und besonderen Verantwortung für ‚behinderte Menschen‘), aber auch ihr Anspruch einer umfassenden Zuständigkeit für Fragen der Behinderung, vor dem Hintergrund der pädagogischen und ethischen Fraglichkeit eines individualisierenden Verständnisses von Behinderung grundsätzlich zu verabschieden.[4]

Und spätestens hier stellt sich die Frage, wie sich Behinderung als allgemeine Problemstellung menschlichen Zusammenlebens darstellt. Die Pädagogik bleibt nämlich, bezüglich der Frage der Möglichkeit ihres Anfangens und Endens, nicht nur auf die Gestaltung der pädagogischen Bedingungen der Möglichkeit von Selbstachtung und Gerechtigkeit verwiesen, die im Rahmen der gegenstandstheoretischen Selbstverständigung sowie der konkreten Gestaltung pädagogischer Praxis als pädagogisch verfügbare und gestaltbare erscheinen. Vielmehr erweisen sich gerade dann, wenn sich die Pädagogik nicht mehr im Rahmen einer Stellvertretungs- und Schutzfunktion in einer besonderen Verantwortung für ‚behinderte Menschen‘ als Pädagogik der Behinderten begreift, die außerpädagogischen (institutionellen) Bedingungen von Gerechtigkeit und Selbstachtung in weiteren gesellschaftlichen Teilbereichen als pädagogisch unverfügbare, jedoch notwendige Bedingungen der Möglichkeit pädagogischer Übergänge. In diesem Sinne sollen hier abschließend einige Überlegungen zum Verhältnis von Behinderung, Ethik und Gesellschaft erfolgen. Diese fokussieren einerseits auf die Frage, wie Behinderung zwischen und in unterschiedlichen Bereichen einer ausdifferenzierten Gesellschaft thematisiert wird bzw. werden kann und was dabei als Behinderung erscheint. Und andererseits, wie sich Behinderung als ethisches Problem menschlichen Zusammenlebens darstellt und welche Bedeutung einer bereichsspezifischen (pädagogischen, ethischen, ökonomischen, politischen...) Verständigung über Behinderung im Rahmen einer allgemeinen Verständigung zukommen kann.

4.4 Behinderung, Ethik und Gesellschaft

Vor dem Hintergrund der Überlegungen zum Zusammenhang von Pädagogik, Ethik und Behinderung wird deutlich, dass die Pädagogik, insbesondere mit Blick

4 Das bedeutet ausdrücklich nicht, dass sich damit die ethische Reflexion stellvertretender Entscheidungen in asymmetrischen Beziehungen oder gar diese selbst erübrigten, sondern, dass das Problem der Stellvertretung und Asymmetrie in der Pädagogik selbst ein grundlegendes legitimatorisches Problem darstellt, auf das sich keine Begründung einer Pädagogik aufbauen lässt – gerade auch dann nicht, wenn die Asymmetrie als prinzipiell unaufhebbar gedacht wird.

auf die Übergänge des Anfangens und Endens der Pädagogik, auf die Anerkennung von Behinderung als allgemeiner Problemstellung menschlichen Zusammenlebens verwiesen bleibt. Während sich dabei die Frage nach Selbstachtung und Gerechtigkeit als Bedingungen der Möglichkeit reziproker und symmetrischer Anerkennungsverhältnisse als eine übergreifende ethische Problemstellung menschlicher Praxis darstellt, verweist die Frage nach den Bedingungen der Möglichkeit von Selbstachtung und Gerechtigkeit auf die Gestaltung dieser Bedingungen in unterschiedlichen Teilbereichen der Gesellschaft.

Ausgehend von der Annahme, dass sich Behinderung nur in einem Verhältnis zu jeweils spezifischen Anforderungen und Erwartungen im Kontext historisch und situativ konkreter Verhältnisse und Bedingungen (performativ) konstituiert und begreifen lässt, stellt Behinderung zwar eine eigenständige und allgemeine Problemstellung menschlichen Zusammenlebens dar, jedoch lässt sich ein allgemeiner Behinderungsbegriff vor dem Hintergrund der fehlenden gegenständlichen Kontinuität von Behinderung inhaltlich nicht bestimmen. Insofern erscheint die Frage der Stellvertretung dabei nicht nur mit Blick auf eine advokatorische Ethik als problematisch. Vielmehr scheint auch fraglich, inwiefern sich Behinderung mit Blick auf weitere (nicht-pädagogische) Teilbereiche der Gesellschaft überhaupt noch stellvertretend thematisieren und bearbeiten lässt bzw. inwiefern überhaupt noch eine Verständigung über die Problemstellung Behinderung zwischen unterschiedlichen Teilbereichen erfolgen kann und worüber dabei als Behinderung gesprochen wird.

Eine allgemeine Verständigung über Behinderung als eigenständiger Problemstellung, die Anschlussfähigkeit an unterschiedliche gesellschaftliche Teilbereiche beansprucht, erfolgt aktuell, über den bereits erwähnten Bereich der Disability Studies hinaus, insbesondere in der Diskussion der „Internationalen Klassifikation der Funktionsfähigkeit, Behinderung und Gesundheit (ICF)" (DIMDI 2005), sowie in der Diskussion der UN-Konvention über die Rechte von Menschen mit Behinderungen (BRK) (2006), mit Blick auf eine Konkretisierung der allgemeinen Menschenrechte und die Nicht-Diskriminierung behinderter Menschen (vgl. Degener 2009; zum Verhältnis von Behinderung und Menschenrechten vgl. den Beitrag von Bielefeldt in diesem Band).

Während die ICF ein komplexes Modell der funktionalen Gesundheit entwickelt, das sich eignet, Funktionsfähigkeit oder Behinderung in der Interaktion physischer und psychischer Prozesse und Strukturen, Aktivität und Partizipation sowie personbezogener und umweltbezogener Kontextfaktoren als unterschiedener Komponenten zu beschreiben (vgl. DIMDI 2005), verzichtet die BRK „in der Erkenntnis, dass das Verständnis von Behinderung sich ständig weiterentwickelt",[5] auf eine begriffliche Bestimmung von Behinderung (vgl. Degener 2009). Gleichwohl greift die BRK, in Anlehnung an die ICF, auf eine bestimmte Vorstellung von Behinderung zurück. So heißt es in der Präambel weiter, „dass Behinderung aus der Wechselwirkung zwischen Menschen mit Beeinträchtigungen und einstel-

5 Die Übersetzung der BRK folgt hier der Schattenübersetzung des Netzwerk Artikel 3 e.V.

lungs- und umweltbedingten Barrieren entsteht, die sie an der vollen und wirksamen Teilhabe auf der Grundlage der Gleichberechtigung mit anderen an der Gesellschaft hindern."[6]

Vor dem Hintergrund der bisherigen Überlegungen erweisen sich die ICF wie auch die BRK dort als hilfreich und anschlussfähig an die pädagogische Verständigung von Behinderung, wo sie es ermöglichen, die Konstitution von Behinderung im Kontext der konkreten Gestaltung unterschiedlicher Bereiche (insbesondere auch der Erziehung und Bildung) zu reflektieren. Damit wird es möglich, die Bearbeitung und Aufhebung von Behinderung im Rahmen der spezifischen Verfasstheit dieser Bereiche, mit Blick auf die Entwicklung der Bedingungen der Möglichkeit von Gleichheit, Freiheit und Gerechtigkeit, im Rahmen der allgemeinen Menschenrechte zu thematisieren. Gleichzeitig zeigen sich die Grenzen und Schwierigkeiten sowohl der ICF als auch der BRK an den Stellen, wo sie trotz ihrer Fokussierung auf die Kontexte von Behinderung nicht ohne eine Referenzialisierung von Behinderung am Individuum auskommen (vgl. Weisser 2009) und somit Gefahr laufen, in ihrer Bedeutung auf eine immer schon durch Behinderung selbst bestimmte Gruppe von Menschen begrenzt zu werden und so den allgemeinen Anspruch der Entwicklung der Bedingungen der Möglichkeit von Selbstachtung und Gerechtigkeit zu beschädigen (zur Problematik eines verkürzten Verständnisses der BRK als Spezialkonvention für Behinderte und ihrer Bedeutung für eine Revision der Universalität der Menschenrechte vor dem Hintergrund der Erfahrung ‚behinderter Menschen' vgl. den Beitrag von Bielefeldt in diesem Band).

In diesem Sinne wären allgemeine und übergreifende Konzepte von Behinderung vor dem Hintergrund der jeweils spezifischen Konstitution unterschiedlicher gesellschaftlicher Teilbereiche nicht nur auf ihre Anschlussfähigkeit zu prüfen, sondern selbst mit Blick auf die Bedingungen der Möglichkeit einer relativ eigenständigen Gestaltung und Selbstverständigung des jeweiligen Bereichs zu transformieren. In diesem Zusammenhang zeigt sich auch, dass die Entwicklung allgemeiner Konzepte von Behinderung die jeweils bereichsspezifische Thematisierung Reflexion und Bearbeitung von Behinderung nicht ersetzen kann. Vielmehr erweist sich Behinderung gerade vor dem Hintergrund übergreifender Konzepte als in ihrer historisch und situativ konkreten Konstitution, vor dem Hintergrund jeweils (bereichs-)spezifischer Anforderung und Erwartungen zu reflektierende.

Neben einer pädagogischen Reflexion von Behinderung finden sich in diesem Zusammenhang unterschiedliche Arbeiten, die sich mit einer jeweils spezifischen Konstitution von Behinderung in unterschiedlichen Teilbereichen der Gesellschaft befassen,[7] und in diesem Sinne wäre auch das Verhältnis von Ethik und Behinderung selbst zu reflektieren (vgl. Hetzel 2007). Die zentrale Frage wäre dabei

6 Eine ähnliche Formulierung findet sich auch in Artikel 1 der BRK.

7 Exemplarisch seien hier einige Arbeiten jüngeren Datums genannt: Zum Verhältnis von Politik und Behinderung vgl. Maschke 2007, 2008; zum Verhältnis von Sozialstaat und Behinderung vgl. Wansing 2005, 2007; zum Verhältnis von Recht und Behinderung vgl. Welti 2005; zum Verhältnis von Bildung(-ssystem) und Behinderung vgl. Weisser 2005.

gerade nicht lediglich, „ob und in welcher Weise ethische Entwürfe und deren Beschreibungen exklusiv sind, also behinderte, kranke und/oder pflegebedürftige Menschen von Schutz, Achtung und Würde ausschließen" (Dederich & Schnell 2009, 63), sondern, inwiefern sich im Rahmen ethischer Überlegungen (d. h. der Verständigung der Frage nach der Gestaltung eines guten (Zusammen-)Lebens und dessen Ermöglichungsbedingungen) Behinderung als ethische Problemstellung konstituiert und was sich dabei, im Rahmen der spezifischen Verfasstheit ethischer Reflexionen und moralischen Handelns, als Behinderung zeigt.

Und in diesem Sinne wäre eine „Ethik bei Behinderung" oder besser eine Ethik der Behinderung nicht daran zu bemessen, inwiefern sie „nicht-exklusiv" in dem Sinne sei, dass sie „als Anwalt von Schutz, Achtung und Würde behinderter, kranker und/oder pflegebedürftiger Menschen auftreten" (Dederich & Schnell 2009, 63) könne, sondern daran, ob es ihr gelingt, die performative Konstitution von Behinderung als allgemeine Problemstellung menschlichen Zusammenlebens, insbesondere jedoch als Problem ethischer Reflexionen und moralischen Handelns, im Kontext jeweils historisch und situativ spezifischer ethischer und moralischer Anforderungen und Erwartungen selbst zu reflektieren und zu thematisieren.

Vor dem Hintergrund der hier angestellten Überlegungen scheint es notwendig, Behinderung als Problemstellung menschlichen Zusammenlebens derart zu thematisieren, zu reflektieren und zu bearbeiten, dass Behinderung einerseits als allgemeine Problemstellung menschlichen Zusammenlebens in den unterschiedlichen Teilbereichen einer ausdifferenzierten Gesellschaft anerkannt wird und anerkannt werden kann. Andererseits muss gleichzeitig die Thematisierung von Behinderung jedoch in der Art und Weise erfolgen, dass es unterschiedlichen Bereichen gelingt, die Konstitution von Behinderung im Kontext ihrer jeweils eigenen konkreten historischen und situativen Verfasstheit zu reflektieren. Dies setzt voraus, dass sich die unterschiedlichen gesellschaftlichen Teilbereiche in ihrer (relativen) Eigenständigkeit wechselseitig anerkennen (vgl. Benner 2001, Zirfas 2008).

Mit Blick auf die Problemstellung Behinderung hieße das einerseits, dass kein Bereich eine Alleinzuständigkeit für Fragen der Behinderung beansprucht und damit auch für seine jeweils spezifische Form der Reflexion und Bearbeitung von Behinderung keine allgemeine Gültigkeit beanspruchen kann oder sich entlang der stellvertretenden Bearbeitung von Behinderung begründet und legitimiert. Andererseits aber auch, dass sich kein Bereich von der Thematisierung, Reflexion und Bearbeitung von Behinderung im Rahmen seiner spezifischen Verfasstheit zugunsten einer stellvertretenden Bearbeitung von Behinderung entlasten kann, oder aber Behinderung in einer Art und Weise reflektiert, bearbeitet und thematisiert, die sich als nicht anschlussfähig an andere Bereiche erweist. An die Stelle einer stellvertretenden Bearbeitung und Thematisierung von Behinderung müsste in diesem Sinne eine wechselseitige Kritik unterschiedlicher bereichsspezifischer Konzepte von Behinderung treten. Diese müsste zum einen, ausgehend von der Anerkennung einer relativen Eigenständigkeit der Teilbereiche ausdifferenzierter Gesellschaften, die Thematisierung und Bearbeitung von Behinderung, vor dem Hintergrund ihrer jeweils eigenen Problemstellungen, auf ihre Anschlussfähigkeit hin überprüfen. Zum anderen müsste sie, ausgehend von der Anerkennung von Behinderung als allgemeiner Problemstellung menschlichen Zusammenlebens, die Reflexion der Konstitution von Behinderung im Kontext bereichsspezifischer Anforderungen und Erwartungen einfordern.

Die stellvertretende Thematisierung und Bearbeitung von Behinderung verweist so in einem doppelten Sinne auf das Problem der Exklusion: nämlich auf der einen Seite als Exklusivität bereichsspezifischer Strukturen, innerhalb derer sich Behinderung im Kontext spezifischer Anforderungen und Erwartungen konstituiert, dort jedoch nicht bearbeitet und reflektiert wird bzw. werden kann und sie somit eine stellvertretende Bearbeitung überhaupt erst möglich und notwendig macht. Und auf der anderen Seite gleichzeitig auf das Problem der Exklusion durch „stellvertretende Inklusion" (Baecker 1994, 103) selbst, innerhalb derer die Unterscheidung von Behinderung und Nicht-Behinderung zumindest dann am Individuum bearbeitet wird (und somit die gegenständliche Kontinuität von Behinderung erst hervorbringt), wenn es nicht gelingt, Behinderung mit Blick auf die Exklusivität bereichsspezifischer Strukturen und deren Anforderungen und Erwartungen selbst zu thematisieren, zu reflektieren und im Sinne einer Re-Inklusion zu bearbeiten.[8]

Literatur

Antor G. & Bleidick, U. (2000): Behindertenpädagogik als angewandte Ethik. Stuttgart.

Arbeitskreis Sonderpädagogik (1976): Bericht über das Kolloquium zum Begriff der Behinderung. In: Zeitschrift für Heilpädagogik, 27, 393–446.

Baecker, D. (1994): Soziale Hilfe als Funktionssystem der Gesellschaft. In: Zeitschrift für Soziologie, 23, 93–110.

Benner, D. (2001): Allgemeine Pädagogik. Eine systematisch-problemgeschichtliche Einführung in die Grundstruktur pädagogischen Denkens und Handelns. Weinheim und München.

Bach, H. (1975): Allgemeine Sonderpädagogik. In: Bach, H. (Hrsg.): Sonderpädagogik im Grundriß. Berlin, 5–78.

Bach, H. (1976): Der Begriff der Behinderung unter dem Aspekt der Multidimensionalität. In: Zeitschrift für Heilpädagogik, 27, 396–404.

Bach, H. (1985): Grundbegriffe der Behindertenpädagogik. In: Bleidick, U. (Hrsg.): Theorie der Behindertenpädagogik. Berlin, 3–24.

8 Während Baecker seine Überlegungen zum Problem der stellvertretenden Inklusion mit Blick auf den Bereich sozialer Hilfe als sekundärem Funktionssystem der Gesellschaft entwickelt (vgl. Baecker 1994), entwickelt Kraft im Anschluss an Baecker eine Unterscheidung von sozialer Hilfe und Sozialpädagogik mit dem Ziel, die Sozialpädagogik innerhalb der Erziehungswissenschaft zu verorten (Kraft 1999). Moser verortet unter anderem im Anschluss an Baecker die Sonderpädagogik zwischen Schulpädagogik und Sozialpädagogik (vgl. Moser 2003). Zum Problem der Exklusion durch Inklusion im Rahmen sozialstaatlicher Hilfen für ‚behinderte Menschen' vgl. auch Wansing 2005, 2007.

Bleidick, U. (1974): Pädagogik der Behinderten. Grundzüge einer Theorie der Erziehung behinderter Kinder und Jugendlicher. Berlin-Charlottenburg.

Bleidick, U. (1999): Behinderung als pädagogische Aufgabe. Behinderungsbegriff und behindertenpädagogische Theorie. Stuttgart, Berlin, Köln.

Brumlik, M. (1992): Advokatorische Ethik. Zur Legitimation pädagogischer Eingriffe. Bielefeld.

Cloerkes, G. (2007): Soziologie der Behinderten. Eine Einführung. Heidelberg.

Dederich, M. (2000): Behinderung – Medizin – Ethik. Behindertenpädagogische Reflexionen zu Grenzsituationen am Anfang und Ende des Lebens. Bad Heilbrunn.

Dederich, M. (2001): Menschen mit Behinderung zwischen Ausschluss und Anerkennung. Bad Heilbrunn.

Dederich, M. & Jantzen, W. (2009): Behinderung und Anerkennung. Stuttgart.

Dederich, M. & Schnell, M. W. (2009): Ethische Grundlagen der Behindertenpädagogik: Konstitution und Systematik. In: Dederich, M. & Jantzen, W. (Hrsg.): Behinderung und Anerkennung. Stuttgart, 59–83.

Degener, T. (2009): Menschenrechte und Behinderung. In: Dederich, M. & Jantzen, W. (Hrsg.): Behinderung und Anerkennung. Stuttgart, 160–169.

DIMDI – Deutsches Institut für Medizinische Dokumentation und Information (Hrsg.) (2005): Internationale Klassifikation der Funktionsfähigkeit, Behinderung und Gesundheit. Neu-Isenburg.

Eberwein, H. (1995): Zur Kritik des sonderpädagogischen Paradigmas und des Behinderungsbegriffs. Rückwirkungen auf das Selbstverständnis von Sonder- und Integrationspädagogik. In: Zeitschrift für Heilpädagogik, 46, 468–476.

Eberwein, H. & Sasse, A. (1998): Behindert sein oder behindert werden? Interdisziplinäre Analysen zum Behinderungsbegriff. Neuwied, Kriftel, Berlin.

Gröschke, D. (1993): Praktische Ethik der Heilpädagogik. Individual- und sozialethische Reflexionen zu Grundfragen der Behindertenhilfe. Bad Heilbrunn.

Gröschke, D. (2008): Heilpädagogisches Handeln. Eine Pragmatik der Heilpädagogik. Bad Heilbrunn.

Haeberlin, U. (2005): Grundlagen der Heilpädagogik. Einführung in eine wertgeleitete erziehungswissenschaftliche Disziplin. Bern, Stuttgart, Wien.

Hänsel, D. & Schwager, H. J. (2003): Einführung in die sonderpädagogische Schultheorie. Weinheim, Basel, Berlin.

Hermes, G. (2005): Der Wissenschaftsansatz Disability Studies – Neue Erkenntnisgewinne über Behinderung. In: Hermes, G. & Rohrmann, E. (Hrsg.): „Nichts über uns – ohne uns!“ Disability Studies als neuer Ansatz emanzipatorischer uns interdisziplinärer Forschung über Behinderung. Neu Ulm, 15–39.

Hetzel, M. (2007): Provokationen des Ethischen. Diskurse über Behinderung und ihre Kritik. Heidelberg.

Jakobs, H. (1997): Heilpädagogik zwischen Anthropologie und Ethik. Eine Grundlagenreflexion aus kritisch-theoretischer Sicht. Bern, Stuttgart, Wien.

Jantzen, W. (1974): Sozialisation und Behinderung. Gießen.

Jantzen, W. (1994): Das Ganze muss verändert werden. Zum Verhältnis von Behinderung, Ethik und Gewalt. Berlin.

Jantzen, W. (2007): Allgemeine Behindertenpädagogik. Teil 1 Sozialwissenschaftliche Grundlagen. Teil 2 Neurowissenschaftliche Grundlagen, Diagnostik, Pädagogik und Therapie. Berlin.

Kraft, V. (1999): Erziehung im Schnittpunkt von Allgemeiner Pädagogik und Sozialpädagogik. In: Zeitschrift für Pädagogik, 45, 531–547.

Kuhn, A. (2007): Systematik und Geschichte – Zur Entstehung der sonderpädagogischen Problemstellung im Kontext der Anfänge moderner Pädagogik. In: Sonderpädagogische Förderung, 52, 404–424.

Kuhn, A. (2008): Zur Unterscheidung einer Theorie der Behinderung und einer Theorie der Sonderpädagogik als pädagogischer Theorie und Praxis. In: Strasser, U. et al. (Hrsg.): Ästhetisierung der Sonderpädagogik. Bad Heilbrunn, 143–160.

Kuhn, A. (2011): Zum systematischen Verhältnis von Pädagogik und Behinderung. In: Moser, V. (Hrsg.): Enzyklopädie Erziehungswissenschaft Online. Fachgebiet Behinderten- und Integrationspädagogik. Weinheim. Online im Internet: URL: www.erzwissonline.de: DOI 10 3262/EEO11 110 185 [aufgerufen am 31. 05. 2011].

Lindmeier, C. (1993): Behinderung – Phänomen oder Faktum? Bad Heilbrunn.

Lindmeier, C. (1997): Heilpädagogik als konstitutives Moment jeglicher Pädagogik. Andreas Möckel zum 70. Geburtstag. In: Pädagogische Rundschau, 51, 289–306.

Lindmeier, C. (2000): Positionsartikel: Heilpädagogische Professionalität. In: Sonderpädagogik, 30, 166–180.

Lindmeier, C. (2001): Die Legitimation der Heilpädagogik im Spannungsfeld der ethischen und politischen Anerkennung und Verschiedenheit. In: Die neue Sonderschule, 46, 1–18.

Lindmeier, C. (2004): Vom anthropologischen Paradigma des Behindertseins zum ethischen Paradigma der korrektiven Gerechtigkeit. In: Gäch, A. (Hrsg.): Phänomene des Wandels. Wozu Heilpädagogik und Sozialtherapie herausgefordert sind. Luzern, 43–59.

Lutz et al. (Hrsg.) (2003): Der imperfekte Mensch. Metamorphosen von Normalität und Abweichung. Köln.

Maschke, M. (2007): Behinderung als Ungleichheitsphänomen – Herausforderung an Forschung und politische Praxis. In: Waldschmidt, A. & Schneider, W. (Hrsg.): Disability Studies, Kultursoziologie und Soziologie der Behinderung. Erkundungen in einem neuen Forschungsfeld. Bielefeld, 299–320.

Maschke, M. (2008): Behindertenpolitik in der Europäischen Union. Lebenssituation behinderter Menschen und nationale Behindertenpolitik in 15 Mitgliedsstaaten. Wiesbaden.

Möckel, A. (1973): Sonderpädagogik und Allgemeine Pädagogik. In: Zeitschrift für Pädagogik, 19, 1013–1018.

Möckel, A. (1988): Geschichte der Heilpädagogik. Stuttgart.

Mollenhauer, K. (1998): Vergessene Zusammenhänge. Über Kultur und Erziehung. Weinheim und München.

Moser, V. (2003): Konstruktion und Kritik. Sonderpädagogik als Disziplin. Opladen.

Moser, V. (2009): Die Geschichte der Behindertenpädagogik. In: Moser, V. (Hrsg.): Enzyklopädie Erziehungswissenschaft Online. Fachgebiet Behinderten- und Integrationspädagogik. Weinheim. Online im Internet: URL: www.erzwissonline.de: DOI 10 3262/EEO11 090 016 [aufgerufen am 21. 04. 2011].

Oelkers, J. (1992): Pädagogische Ethik. Eine Einführung in Probleme, Paradoxien und Perspektiven. Weinheim und München.

Powell, J. J. W. (2003): Hochbegabt, behindert oder normal? Klassifikationssysteme des sonderpädagogischen Förderbedarfs in Deutschland und den Vereinigten Staaten. In: Cloerkes, G. (Hrsg.): Wie man behindert wird. Texte zur Konstruktion einer sozialen Rolle und zur Lebenswirklichkeit betroffener Menschen. Heidelberg, 103–140.

Powell, J. J. W. (2007): Behinderung in der Schule, behindert durch Schule? Die Institutionalisierung der ‚schulischen Behinderung'. In: Waldschmidt, A. & Schneider, W. (Hrsg.): Disability Studies, Kultursoziologie und Soziologie der Behinderung. Erkundungen in einem neuen Forschungsfeld. Bielefeld, 321–344.

Speck, O. (1996): System Heilpädagogik. Eine ökologisch reflexive Grundlegung (3. Auflage). München, Basel.

Stiftung Deutsches Hygiene-Museum und Deutsche Behindertenhilfe – Aktion Mensch e. V. (Hrsg.) (2001): Der imperfekte Mensch. Vom Recht auf Unvollkommenheit. Ostfildern-Ruit.

Tenorth, H.-E. (2006): Bildsamkeit und Behinderung – Anspruch, Wirksamkeit und Selbstdestruktion einer Idee. In: Raphael, L. & Tenorth, H.-E. (Hrsg.): Ideen als gesellschaftliche Gestaltungskraft im Europa der Neuzeit. Exempel einer neuen Geistesgeschichte, München, 497–520.
Thimm, W. (Hrsg.) (1972): Soziologie der Behinderten. Neuburgweier.
Wagner, S.J. & Powell, J.J.W. (2003): Ethnisch-kulturelle Ungleichheit im deutschen Bildungswesen – Zur Überrepräsentanz von Migrantenjugendlichen an Sonderschulen. In: Cloerkes, G. (Hrsg.): Wie man behindert wird. Texte zur Konstruktion einer sozialen Rolle und zur Lebenswirklichkeit betroffener Menschen. Heidelberg, 183–208.
Waldschmidt, A. (Hrsg.) (2003): Kulturwissenschaftliche Perspektiven der Disability Studies. Tagungsdokumentation. Kassel.
Waldschmidt, A. & Schneider, W. (Hrsg.) (2007): Disability Studies, Kultursoziologie und Soziologie der Behinderung. Erkundungen in einem neuen Forschungsfeld. Bielefeld.
Wansing, G. (2005): Teilhabe an der Gesellschaft. Menschen mit Behinderung zwischen Inklusion und Exklusion. Wiesbaden.
Wansing, G. (2007): Behinderung Inklusions- oder Exklusionsfolge? Zur Konstruktion paradoxer Lebensläufe in der modernen Gesellschaft. In: Waldschmidt, A. & Schneider, W. (Hrsg.): Disability Studies, Kultursoziologie und Soziologie der Behinderung. Erkundungen in einem neuen Forschungsfeld. Bielefeld, 275–297.
Welti, F. (2005): Behinderung und Rehabilitation im sozialen Rechtsstaat. Tübingen.
Weisser, J. (2005): Behinderung, Ungleichheit und Bildung. Eine Theorie der Behinderung. Bielefeld.
Weisser, J. (2009): Behinderung. In: Moser, V. (Hrsg.): Enzyklopädie Erziehungswissenschaft Online. Fachgebiet Behinderten- und Integrationspädagogik. Weinheim. Online im Internet: URL: www.erzwissonline.de: DOI 10 3262/EEO11 090 021 [aufgerufen am 21.04.2011].
WHO – World Health Organisation (1969): WHO Expert Committee on Medical Rehabilitation. Second Report. Genève.
Zirfas, J. (1996): Solidarität und Gerechtigkeit zwischen Generationen. Ein Beitrag zur pädagogischen und zur intergenerationalen Ethik. In: Liebau, E. & Wulf, C. (Hrsg.): Generation. Versuche über die pädagogisch- anthropologische Grundbedingung. Weinheim, 261–279.
Zirfas, J. (1998): Die Normativität des Humanen. Zur Theorie der Behinderung aus der Sicht von pädagogischer Anthropologie und Ethik. In: Eberwein, H. & Sasse, A. (Hrsg.): Behindert sein oder behindert werden? Neuwied, Kriftel, Berlin, 96–119.
Zirfas, J. (1999): Die Lehre der Ethik. Zur moralischen Begründung pädagogischen Denkens und Handelns. Weinheim.
Zirfas, J. (2004): Pädagogik und Anthropologie. Eine Einführung. Stuttgart.
Zirfas, J. (2008): Bildung und Ungerechtigkeit. Eine Einleitung in die pädagogische Problematik von Gleichheit und Ungleichheit. In: Liebau, E. & Zirfas, J. (Hrsg.): Ungerechtigkeit der Bildung – Bildung der Ungerechtigkeit. Opladen, Farmington Hills, 7–41.

5 Anthropologische Grundlagen einer Ethik der Behindertenpädagogik

Eike Bohlken

Der folgende Beitrag befasst sich mit den Fragen, inwieweit eine Ethik der Behindertenpädagogik[1] auf ein anthropologisches Fundament angewiesen ist und wie ein solches gelegt werden kann. Um diese Fragen in angemessener Form beantworten zu können, bedarf es zumindest einer groben Vorverständigung über das Verhältnis der beteiligten Disziplinen: Ethik, Behindertenpädagogik und Anthropologie. Geht man davon aus, dass die Behindertenpädagogik darauf abzielt, Lern-, Begleitungs- und Unterstützungsbeziehungen zu ermöglichen, die am Wohle von Menschen mit Behinderungen orientiert sind, so hat sie es zwangsläufig mit Anthropologie und Ethik zu tun. Als Wissenschaft, der es um das Zusammenleben von Menschen mit und ohne Behinderungen geht und die dabei insbesondere die Verfassung und Bedürfnislagen behinderter Menschen untersucht, ist sie eine Humanwissenschaft, eine Wissenschaft vom Menschen, d. h. selbst anthropologisch (Anthropologie = griech.: „Lehre vom Menschen"). Als Wissenschaft und als soziale Praxis, die die Beziehungen zu Menschen mit Behinderungen (und zum Teil auch dieser untereinander) gut, d. h. zum Wohle aller Beteiligten, begleiten und gestalten will, hat sie eine ethische Dimension; sie muss sich Gedanken darüber machen, was ‚gut' in ihrem Falle heißt, bzw. reflektieren, ob die Maßstäbe, nach denen sie ihr Tun ausrichtet, moralischen Ansprüchen genügen (vgl. hierzu den Beitrag von Detlef Horster *Was ist Moral?*).

5.1 Zur Verhältnisbestimmung von Behindertenpädagogik, Ethik und Anthropologie

5.1.1 Das Verhältnis von Behindertenpädagogik und Ethik

Das Verhältnis von Pädagogik und Ethik kann im Allgemeinen so bestimmt werden, dass es einerseits eine Ethik der Pädagogik, andererseits eine Pädagogik der Ethik (vgl. zum Folgenden Pieper 2003, 139–159)[2] gibt: Eine *Ethik der Pädagogik*

1 Gemäß einem sich abzeichnenden allgemeinen Sprachgebrauch verwende ich den Begriff der ‚Behindertenpädagogik' hier und im Folgenden als umfassende Bezeichnung für die pädagogische Beschäftigung mit behinderten und kranken Menschen auch dort, wo manche Autoren/innen von ‚Heil-' oder ‚Sonderpädagogik' sprechen.

2 Pieper spricht von einer „ethischen Dimension der Pädagogik" und einer „pädagogisch vermittelten Ethik".

unterstellt die Festlegung der pädagogischen Ziele wie die Gestaltung pädagogischen Handelns ethischen Maßstäben. Sie prüft, ob das konkrete Verhalten von Lehrkräften gegenüber ihren Schülern/innen, die allgemeine Schüler-Lehrer-Beziehung und schließlich die pädagogischen Ideale – wie z. B. das einer Vervollkommnung des Menschen – als moralisch gut bezeichnet werden können. So sind wir heute etwa der Auffassung, dass es nicht moralisch gerechtfertigt werden kann, Schüler körperlich zu strafen, dass das Verhältnis zwischen Lehrer und Schüler durch wechselseitige Achtung und Anerkennung geprägt sein sollte und dass der Erwerb oder die Verbesserung von Fähigkeiten dem Ideal der Autonomie bzw. einer Hilfe zur Selbsthilfe untergeordnet sind.

Unter den Titel einer *Pädagogik der Ethik* fallen dagegen Fragen der (Ethik-)Didaktik und der Moralpsychologie. Hier geht es darum, wie und wann man moralische Normen am besten theoretisch vermitteln und in praktischer Hinsicht die Motivation fördern kann, auch ihnen gemäß zu handeln. Man könnte sagen, dass sich in der Pädagogik der Ethik die Moralphilosophie Rat bei der Pädagogik (inklusive der Entwicklungspsychologie) holt, während sich in der Ethik der Pädagogik die Pädagogik an den normativen Maßstäben der Moralphilosophie orientiert – eine Verhältnisbestimmung, die sich von der Pädagogik im Allgemeinen auf die Behindertenpädagogik im Besonderen übertragen lässt. Hier wird es also darum gehen, Theorie und Praxis der Arbeit mit behinderten Menschen nach ethisch begründbaren Maßstäben auszurichten und angesichts eines Nebeneinanders verschiedener ethischer Grundmodelle (Pflichtethik, Diskursethik, Verantwortungsethik, Utilitarismus, Tugendethik, Wertethik, Kontraktualistische Ethik) zu reflektieren und öffentlich darauf aufmerksam zu machen, welche Konsequenzen die Orientierung an ihnen für das Leben von Menschen mit Behinderung und ihr Zusammenleben mit Nicht-Behinderten hat. Eine Ethik der Behindertenpädagogik hat damit auch ein sozialkritisches, anwaltschaftliches (‚advokatorisches') Element, das sich aus der eingeschränkten Artikulationsfähigkeit von Menschen mit schweren Behinderungen ergibt.[3]

5.1.2 Das Verhältnis von Anthropologie und Ethik

Die Verhältnisbestimmung von Anthropologie und Ethik betrifft die Frage, ob man Kenntnisse über die Natur oder das Wesen des Menschen besitzen muss, um eine Moralphilosophie begründen zu können oder um ihre Anwendbarkeit sicherzustellen. Damit geht es zunächst einmal darum, ob moralische Normen so gefasst werden dürfen, dass sie sich nur auf Menschen beziehen, oder ob sie auch andere Lebewesen (Tiere, Pflanzen, falls es sie gibt: außerirdische Lebensformen) oder aber oberhalb der Menschen angesiedelte übersinnliche Wesen (Ahnen,

3 „Ein schwer behinderter Mensch kann seine aus den Grundrechten sich ergebenden Ansprüche auf Achtung seiner Freiheit und Würde nicht selber durchsetzen. Er ist auf die anderen angewiesen" (Speck 2008, 158; vgl. auch Brumlik 1992).

Dämonen, Engel oder Gottheiten) als Adressat oder Gegenstand einbeziehen sollten. Tier- und Umweltethiker werfen der traditionellen abendländischen Ethik eine ungerechte Fixierung auf den Menschen (Anthropozentrik) bzw. auf die menschliche Gattung (Speziesismus) vor (vgl. Ingensiep 2009). Der für die Entwicklung der Anthropologie als philosophischer Disziplin und auch für die Idee der Menschenrechte wichtige Philosoph Immanuel Kant (1724–1804) entwirft seine Moralphilosophie als das Programm einer reinen Vernunftethik (vgl. Höffe 1995, 100–111). In seiner ‚Grundlegung zur Metaphysik der Sitten' wendet er sich gegen eine anthropologische Fundierung der Ethik, weil diese damit auf den Menschen begrenzt werde. Zum einen würden so andere Vernunftwesen (gemäß der christlichen Theologie seiner Zeit: Gott und Engel) zu Unrecht ausgegrenzt, zum anderen laufe die Ethik Gefahr, die Formulierung ihrer Normen zu sehr an den Besonderheiten der menschlichen Natur auszurichten und damit ihren universellen Anspruch zu untergraben. Dies sei auch deshalb der Fall, weil die Anthropologie nur mit Verallgemeinerungen empirischer Beobachtungen arbeiten könne. In seiner ‚Anthropologie in pragmatischer Hinsicht' (1798) konkretisiert Kant dieses Problem: Die Anthropologie leide unter der methodischen Schwierigkeit, dass sie nur mit den Mitteln der Selbstbeobachtung (Introspektion) oder der Beobachtung anderer Menschen arbeiten könne. Beide seien aber zwangsläufig unzuverlässig. In der Selbstbeobachtung gefährde die Eigenliebe – der Wunsch, besser dazustehen, als man ist – die wissenschaftliche Objektivität; in der Beobachtung Anderer könne nur von äußerlichem Verhalten auf das Innenleben der Beobachteten geschlossen werden, zudem werde die Beobachtung leicht verfälscht, sobald die Beobachteten merkten, dass sie beobachtet werden (vgl. Kant 1983 a, 401).

Diese methodischen Schwierigkeiten spielen nicht nur bei der anthropologischen Untersuchung anderer Kulturen und Epochen eine Rolle, die in den Bereich der Ethnologie oder der kulturellen Anthropologie fällt, sondern auch für eine Anthropologie der Behindertenpädagogik. Die zentrale Frage lautet hier, ob die Behindertenpädagogik in ihrer ethischen Dimension spezifische Kenntnisse über Menschen mit Behinderung benötigt und wie man zu einem vorurteilsfreien Bild von diesen gelangt, das auch ihrer Eigenperspektive gerecht wird.

5.1.3 Das Verhältnis von Behindertenpädagogik und Anthropologie

Das Verhältnis von Behindertenpädagogik und Anthropologie ist historisch alles andere als spannungsfrei. Die seit Kant der Anthropologie zugrunde gelegte Frage „Was ist der Mensch?" zielt auf eine Wesensbestimmung, die nicht anders als über die Benennung von charakteristischen Merkmalen zu erreichen ist. Damit wird – absichtlich oder unabsichtlich – eine Art Normaltypus festgelegt, dem Menschen mit schweren Behinderungen oft nicht entsprechen. Sie erscheinen als ‚abweichend' und ‚unnormal', als ‚krank' oder ‚fehlerhaft' – Diagnosen, die bis zu der Frage getrieben worden sind, ob Behinderte überhaupt Menschen sind. So haben etwa der Jurist Karl Lorenz Binding und der Psychiater Alfred Hoche in ihrem Buch ‚Die Freigabe der Vernichtung lebensunwerten Lebens. Ihr Maß und ihre Form' Behinderte als „leere Menschenhülsen", „Ballastexistenzen" oder „Defektmenschen" bezeichnet (Binding & Hoche 1920, 55). Wie insbesondere im Ausdruck der ‚Ballastexistenz' anklingt, können ‚anthropologische' Feststellungen über Menschen mit Behinderung gravierende praktische Konsequenzen haben. Die Bezeichnung als „Ballast" beschreibt behinderte Menschen als eine Last und legt es nahe, sich dieser zu entledigen[4] – ein Programm, das von den Nationalsozialisten durch Zwangssterilisation, Vergasung und Verhungern-Lassen von über 100 000 Erwachsenen und Kindern mit Behinderung umgesetzt worden ist (vgl. Baader 1989, 99; zitiert nach Bleidick 1999, 124).[5]

Auch die ohne jede diskriminierende Absicht formulierte Fragestellung, „wie es um das Menschsein der Behinderten bestellt sei" (Siegenthaler 1993, 14), oder die auf den ersten Blick harmlose Frage, ob Menschen mit Behinderung Personen sind (vgl. hierzu den Artikel von Quante & Schweikhard in diesem Band sowie Bohlken 2007), lassen abschlägige Antworten zu und laufen damit Gefahr, behinderte Menschen auszugrenzen und im Extremfall deren Leben zur Disposition zu stellen. Der Status der Person ist in der Ethik eng mit moralischen Grundrechten verbunden. Wer keine Person ist, besitzt demnach keine oder nur eine eingeschränkte moralische Schutzwürdigkeit.

Eine behindertenpädagogische Anthropologie scheint dagegen schon durch ihre pädagogische Ausrichtung gegen die Gefahr einer Ausgrenzung behinderten Lebens gesichert. Menschen mit Behinderung kommen in ihr immer schon als Schutz- und Hilfebedürftige in den Blick, denen besondere Aufmerksamkeit, Unterstützung und Fürsorge zu widmen sind. Dennoch birgt auch ein solches pädagogisches Verständnis Gefahren einer Diskriminierung, und zwar sowohl in theoretischer wie in praktischer Hinsicht: Schon in theoretischer Perspektive kann auch eine behindertenpädagogische Anthropologie ungewollt dazu beitragen, einen diskriminierenden und stigmatisierenden Blick auf Menschen mit Behinderung zu prägen. Im Vergleich mit der ‚Normalität' nicht behinderter Menschen

4 Diese Sichtweise kann dabei durchaus mit einem ethischen Selbstverständnis einhergehen, das die Tötung im wörtlichen Sinne von ‚Euthanasie' (wörtlich: „gutes Sterben") als von Mitleid motivierte ‚Erlösung' von qualvollem Leid betrachtet (vgl. Binding & Hoche 1920, 5, 18, 19, 37; zitiert nach Bleidick 1999).

5 Die Vernichtung behinderten Lebens durch die Nazis stellt allerdings lediglich den brutalen Höhepunkt einer langen Tradition behindertenfeindlicher Einstellungen dar. In der griechischen Antike beschreibt Platon die Tötung behinderter Kinder als moralisch gebotene Praxis eines idealen Staates, der für die Pädagogik wichtige Philosoph Jean-Jacques Rousseau hat aus seiner Abscheu gegenüber Kindern mit Behinderung keinen Hehl gemacht und die im Anschluss an die Abstammungs- und Evolutionslehre Charles Darwins zu Beginn des 20. Jahrhunderts entwickelte Eugenik war so wirkmächtig, dass sie auch in den USA zu einem Gesetz über Zwangssterilisation führte.

erscheint das Leben von Menschen mit Behinderung oft defizitär und wird nicht in seiner positiven Eigenwertigkeit gesehen. Der von nicht behinderten Anthropologen und Pädagogen aus der objektivierenden Beobachterperspektive der dritten Person auf Menschen mit Behinderungen gerichtete Blick verfehlt deren Selbstwahrnehmung. Im Bereich der praktischen Arbeit mit behinderten Menschen kann es auf dieser Grundlage dazu kommen, dass diese ausschließlich in ihrer Bedürftigkeit gesehen werden. Die durch soziale Arbeit hergestellten Beziehungen drohen dann, Menschen mit Behinderung zum Objekt von Hilfeleistungen zu machen und auch dort, wo es nicht nötig ist, Abhängigkeiten fort- und festzuschreiben, statt auf Selbst- und Eigenständigkeit hinzuwirken. Das *Ausblenden des dem behinderten Menschen möglichen Maßes an Autonomie* kann die offensichtliche Form einer Abschiebung oder gar Internierung in besondere(n) Einrichtungen wie Sonder- oder Behindertenschulen annehmen (vgl. etwa Foucault 1989). Sie kann sich aber auch in subtilerer Art in betreuten Wohngruppen abspielen. Hinzu können unbewältigte Probleme auf Seiten der Pädagogen kommen (Stichwort: Helfersyndrom; vgl. Schmidbauer 1977) sowie Widersprüche struktureller Art. So sind Behindertenpädagogen wie soziale Einrichtungen auch wirtschaftlich auf behinderte Menschen als Klienten angewiesen.

In der behindertenpädagogischen Literatur der letzten Jahrzehnte konzentriert sich die Frage nach den anthropologischen Grundlagen der Behindertenpädagogik meist auf die Frage nach dem ‚Menschenbild'. Dabei werden oft Zweifel gegenüber der Anthropologie im Allgemeinen wie gegenüber einer Anthropologie der Behindertenpädagogik im Besonderen laut: Kann es eine Anthropologie als Wissenschaft geben, die Aussagen über ein Wesen des Menschen trifft und der es dennoch gelingt, Ausgrenzungen und Diskriminierungen von Menschen mit Behinderung zu vermeiden? Meine These lautet, dass dies möglich ist, wenn man sich an dem Konzept einer *integrativen Anthropologie* orientiert, das schon in der Philosophischen Anthropologie Helmuth Plessners der 1920er bis 1960er Jahre angelegt ist. Bevor ich dieses Konzept näher entfalte, möchte ich aber zunächst einen Überblick über einige Grundpositionen einer Anthropologie der Behindertenpädagogik geben, die die bisherige Diskussion maßgeblich geprägt haben.

5.2 Grundpositionen der Anthropologie der Behindertenpädagogik

5.2.1 Urs Haeberlin – kritische Analyse behindertenpädagogischer Menschenbilder

Haeberlin betont das Problem einer negativen Außensicht auf Behinderung „als Abweichung von einer Normalität des Gesunden, Schönen und Starken" (Haeberlin 1985, 13). Er spricht von einer besonderen Anthropologie der Behindertenpädagogik, sieht diese aber letztlich in Einklang mit Methoden und Zielen einer allgemeinen Anthropologie und verwahrt sich dagegen, jene als „spezielle Anthropologie der Behinderten" (ebd., 14) zu entwerfen. Eine behindertenpädagogische Anthropologie müsse ein Menschenbild zugrunde legen, das zwar die Realität und die Bedürfnislagen behinderter Menschen positiv berücksichtige, aber letztlich in gleicher Weise für alle Menschen gelte. Der Umgang mit Schwerbehinderten als den „Extremvarianten menschlichen Seins" könne dabei gewissermaßen als „Prüfstein" (ebd., 21) für die Angemessenheit des eigenen Begriffs von Entwicklung und menschlicher Vervollkommnung dienen. Eine behindertenpädagogische Anthropologie wäre demnach nur so lange akzeptabel, wie sie nicht zu einer Benachteiligung oder Ausgrenzung von Menschen mit Behinderung führt. Damit kommt es zu einer engen Koppelung von Anthropologie und Ethik. Der Mensch mit Behinderung müsse „als ein Du" geachtet werden, „welches grundsätzlich die gleiche Ebene des Menschseins realisiert wie jeder nichtbehinderte Mensch" (ebd., 76), d.h. mit der gleichen Würde und den gleichen Rechten ausgestattet sei. Ziel der Behindertenpädagogik sei es, Menschen mit Behinderung „zur höchstmöglichen Selbständigkeit zu führen" (ebd.).

Die Anthropologie der Behindertenpädagogik soll für Haeberlin bei der Person des Pädagogen bzw. bei der Untersuchung seines ‚Menschenbildes', d.h. seiner Einstellung gegenüber Menschen mit Behinderung, ansetzen. Dabei gehe es einerseits um die *Suche nach den Grundzügen eines anthropologisch wie ethisch angemessenen Menschenbildes*, andererseits um die *Kritik derjenigen Menschenbilder*, die einen negativen Einfluss auf die Beziehung zu Menschen mit Behinderung haben. Pädagogen könnten ihrer Verantwortung nur dann gerecht werden, wenn sie das eigene Menschenbild hinterfragen und sich am Ende eines selbstkritischen Reflexionsprozesses bewusst für ein Menschenbild ‚entscheiden' würden, das nicht an Gruppen- oder Klasseninteressen ausgerichtet sei. Als Teil der Identitätsentwicklung des Behindertenpädagogen stelle die geforderte bewusste „Entscheidung" eine „persönliche Angelegenheit" der Selbstbefragung dar, für die nicht nur das Kriterium der allgemeinen Menschenwürde, sondern auch das eigene „Gefühl", auf dem richtigen Wege zu sein, bedeutsam sei (vgl. ebd., 21). Zielpunkt der Entwicklung seien an ethischen Werten orientierte Behindertenpädagogen, „welche mit der Gelassenheit einer sittlich-religiösen Identität auch den ungewöhnlichsten Kindern gegenübertreten können" (ebd., 77).

5.2.2 Ulrich Bleidick – Vorrang der Perspektive von Menschen mit Behinderung

Bleidick konzipiert seinen Ansatz in bewusster Opposition zu einer auf Rousseau zurückgeführten ‚idealistischen Anthropologie' der Vervollkommnung des Menschen, da diese vom ‚normalen', uneingeschränkt entwicklungsfähigen Kind ausgehe. Demgegenüber fordert er als „erziehungsphilosophische Aufgabe“ eine besondere Anthropologie der Behindertenpädagogik, die die „Ableitung einer behindertenpädagogischen Ethik“ (Bleidick 1999, 131) ermöglichen soll, welche auf der Personalität und der Menschenwürde Behinderter fußt. Im Anschluss an Haeberlin spricht auch Bleidick dabei von einer ‚Entscheidung‘ für die Menschenwürde. Methodisch soll sich die Anthropologie der Behindertenpädagogik des Verfahrens der differentiellen Psychologie bedienen, um auf diese Weise die Eigenwertigkeit und Individualität von Menschen mit Behinderung zu erfassen. Zentraler Richtwert einer solchen Anthropologie sei der *Vorrang der Innenperspektive von Menschen mit Behinderung*, also das, „was der Betroffene selbst über sein Leben aussagt und nicht das, was von anderen über seinen vermeintlichen Lebenswert unterstellt wird“ (ebd., 135).[6] Der „Sündenfall“ einer behindertenpädagogischen Anthropologie“ habe darin bestanden, im Ausgang von den Entfaltungsmöglichkeiten von Menschen ohne Behinderung nach einer „Sinndeutung des Leidens, des Defizits, des kranken und behinderten Menschen“ zu suchen (ebd., 132). Das Problem einer solchen Sinndeutung liege zum einen in der *ungerechtfertigten Gleichsetzung von „Behinderung“ und „Leid“*, die nicht dem Erleben von Menschen mit Behinderung entspreche, zum anderen darin, dass Menschen mit Behinderung aus der Perspektive der Nicht-Behinderten nur indirekt als negative Abweichung von einem als positiv betrachteten Standard in den Blick kämen. Mit Berufung auf die These Plessners, der Mensch sei stets als ‚offene Frage‘, d. h. als nie vollständig erfassbares Wesen zu betrachten, fordert Bleidick „Du sollst dir kein Bild vom Behinderten machen“ (1999, 132; vgl. Bleidick 1984, 431).

5.2.3 Dieter Gröschke – der integrative Begriff des bedürftigen und fähigen Menschen

Im Unterschied zu Haeberlin und Bleidick wendet sich Gröschke kritisch gegen den Begriff des Menschenbilds. Er fragt, „ob die Kategorie ‚Menschenbild‘ überhaupt das angemessene normative Orientierungsmuster“ für die Theorie wie Praxis der Behindertenpädagogik sein könne (Gröschke 2008, 232).[7] Problematisch sei die „vorbegriffliche“ Ausrichtung, die im Teilelement des „Bildes“ deutlich werde. Der wissenschaftliche Anspruch der Behindertenpädagogik mache es notwendig, „vom bloßen Bild zur Begrifflichkeit [...] vorzudringen“ (232). Allerdings könne der gesuchte Begriff vom Menschen nicht in einer einheitlichen Wesensbestimmung gefunden werden, da einer solchen die „anthropologische Differenz“,

6 Von dieser Forderung ausgehend, wendet sich Bleidick auch gegen eine advokatorische Ethik (vgl. Brumlik 1992), da diese beanspruche, an Stelle der Betroffenen zu sprechen. Die Situation von Menschen mit Behinderung sei für Nicht-Behinderte „prinzipiell nicht nachvollziehbar“ (Bleidick 1999, 135).

7 Eine philosophische Auseinandersetzung um die Tragfähigkeit von Menschenbildern in der Anthropologie findet sich bei Thies 2009 und Bohlken 2009.

d. h. die Pluralität verschiedener Menschenbilder, entgegenstehe. Die Tatsache einer Pluralität von Menschenbildern müsse jedoch nicht zu einer Vielzahl von „Sonder-Anthropologie[n]“ führen, sondern mache lediglich eine Zurückhaltung bei der Formulierung anthropologischer Aussagen erforderlich. Trotz der Ablehnung einer umfassenden Wesensbestimmung könnten dennoch einzelne, eher strukturell gefasste „‚anthropologische Fundamentalien‘„ wie „Entwicklungs-, Lern- und Handlungsfähigkeit“ benannt werden (ebd., 235). Gröschke spricht diesbezüglich von „Konturen einer – eher formal als material bestimmten – Fundamentalanthropologie“, die als eine behindertenpädagogische „Minimalanthropologie“ fungieren könne (ebd., 246). Durch ihre formal-strukturelle Einfachheit solle es ihr u. a. möglich sein, „die diversen Menschenbilder [zu] integrieren“ (ebd., 248), die in der Theorie und Praxis der Behindertenpädagogik vertreten werden.

Wie Bleidick geht auch Gröschke davon aus, dass eine behindertenpädagogische Anthropologie bei den Menschen ansetzen müsse, mit denen sie es zu tun hat, also den „Menschen, die ‚behindert‘ genannt werden“ (ebd., 237). Eine diskriminierende Sonderanthropologie könne aber durch die *Forderung einer wechselseitigen (reziproken) Allgemeinheit* vermieden werden: Der Mensch ohne Behinderung, der sich selbst Personalität und Autonomie zuschreibe, müsse dies auch bei Menschen mit Behinderung tun; in der Gegenrichtung müsse er bereit sein, alle Zuschreibungen an Menschen mit Behinderung auch auf sich selbst zu beziehen. Die „Figur des behinderten Menschen“ wird so zur „letzte[n] und entscheidende[n] Prüfinstanz“ (ebd., 234) für die von Nicht-Behinderten entwickelte Anthropologie. Der wechselseitige Vergleich der Situation von Menschen mit und ohne Behinderung führe zum *integrativen Begriff des „bedürftigen und fähigen Menschen“* (vgl. ebd., 247 f.), der stark auf die körperlich-leibliche Verfasstheit zurückgeht. Er könne gleichermaßen auf behinderte wie nicht behinderte Menschen bezogen werden, weil es zwischen ihnen im Hinblick auf die anthropologischen Fundamentalien der Entwicklungs-, Lern- und Handlungsfähigkeit keine kategorialen, sondern lediglich graduelle Unterschiede gebe (vgl. ebd., 250).[8]

5.2.4 Otto Speck – ein integrales Bild von Menschen mit Behinderung

Auch Speck unterstreicht, dass ‚Behinderung‘ ein soziales bzw. diskursabhängiges Phänomen von Normalisierungs- und Ausgrenzungsprozessen ist. Er betont aber zugleich, dass diese diskursive Bestimmung nicht nur im luftleeren Raum stattfinde, sondern dass es organisch-biologische Grundlagen von Behinderungen gebe, die eine Anthropologie der Behindertenpädagogik berücksichtigen müsse. Behin-

8 Im Einzelnen seien bei Menschen mit Behinderung die Stufen einer „geführte[n] (assistierte[n])“, „gerahmte[n]“ und einer „autonome[n]“ Handlungsfähigkeit zu unterscheiden (vgl. Gröschke 2008, 236–37).

derung sei auch als konkrete ‚Schädigung' bzw. Beeinträchtigung eines Organismus bzw. eines Teilsystems oder mehrerer seiner Teilsysteme zu betrachten. Die behindertenpädagogische Anthropologie könne daher nicht unabhängig von der biologischen Ausstattung des Menschen gesehen werden, die für manche Menschen von Geburt an, durch Unfälle oder Krankheiten oder in einer komplexen Verschachtelung von genetischen Voraussetzungen und Umwelteinwirkungen (zu denen auch Sozialsysteme mit ärztlicher und behindertenpädagogischer Hilfe zählen) faktische Hindernisse für ihre Entwicklung beinhalte.

Speck fasst die „Forderung nach einem anthropologisch fundierten Menschenbild" als „Forderung nach einer integralen Anthropologie, die unter Berücksichtigung der Erkenntnisse der Einzelwissenschaften vom Menschen in eine Leitvorstellung vom Menschen einmündet" (Speck 2003, 125). Das Ziel, ein integrales Bild von Menschen mit Behinderung zu entwickeln, ist auf den ersten Blick nicht weit von Gröschkes integrativem Begriff des bedürftigen und fähigen Menschen entfernt, weicht aber in zwei Punkten davon ab: Zum einen teilt Speck nicht die Skepsis gegenüber der Verwendung von Menschenbildern in einer wissenschaftlichen Anthropologie. Zum anderen werden jeweils verschiedene Dinge integriert. Während Gröschke gemäß der Forderung der wechselseitigen Allgemeinheit nach einem umfassenden Begriff für die Pluralität der Bilder von Menschen mit und ohne Behinderung sucht, geht es Speck um die Zusammenführung der Ergebnisse und Perspektiven verschiedener Humanwissenschaften. Die Anthropologie der Behindertenpädagogik müsse „die für sie relevanten Erkenntnisse und Theorien anderer Fächer [...] sichten und sie, soweit sinnvoll, in die eigene Theorieentwicklung auf[...]nehmen" (ebd., 127).

Unter Voraussetzung einer „prinzipielle[n] Bildbarkeit jedes Menschen" (ebd., 159) und mit Rückgriff auf die Pädagogik Kants versteht Speck die Menschheit als Kultur- und Bildungsgemeinschaft.[9] Aus dem Prinzip der Bildbarkeit könne ein „Recht auf Bildung" (ebd.) abgeleitet werden, das auch für Menschen mit Behinderung gelte. Die an diesem Recht orientierte Arbeit und das Zusammenleben mit behinderten Menschen berge die Chance für Einzelne wie für die Gesellschaft insgesamt, „sich in Richtung auf mehr Menschlichkeit voranzubringen" (ebd.). Das Prinzip der Bildbarkeit steht bei Speck in direktem Zusammenhang mit dem Prinzip der Personalität und der Menschenwürde als der Zugehörigkeit aller Menschen zu einer ideellen Gemeinschaft. Die Bezeichnung als *Prinzip* verdeutliche, dass es sich um eine wertbezogene Grundannahme handele, die nicht aus empirischen Beobachtungen abgeleitet werden kann: „Wir halten es für eine universale und axiomatische Grundüberzeugung, d.h. als prinzipiell empirisch nicht überprüfbar, dass jeder Mensch *Mensch* im Sinne der Zugehörigkeit zur menschlichen Gemeinschaft ist, und dass deshalb sein Lebensrecht und sein Recht auf Bildung nicht infragegestellt werden dürfen" (ebd., 159).

9 So heißt es bei Kant: „Der Mensch kann nur Mensch werden durch Erziehung" (1983b, 699).

Im Gegensatz zu Bleidick, der eine Sinndeutung des Leids von Menschen mit Behinderung ablehnt, sieht Speck schließlich ein aufklärerisches und emanzipatorisches Potenzial in der Auseinandersetzung mit dem Phänomen des Leids. Das Leiden von Menschen mit und ohne Behinderung markiere einen existenziellen Teilbereich des menschlichen Lebens, der durch die Bestrebungen einer medizinisch-technischen Perfektionierung des Menschen tabuisiert und zum Verschwinden gebracht zu werden drohe: „Das Leiden steht im Widerspruch zu einer auf technische Perfektion und Bewältigung hin ausgerichteten Welt. [...] Im ganzheitlichen Sinn geht es darum, das Leiden, die ‚miseria humana', als Teil der Wirklichkeit des Menschen zu akzeptieren, nicht zu verdrängen" (ebd., 181). Es erscheine als Grundfigur dessen, was Menschen möglich ist, und gehöre damit notwendig zu einer vollständigen Beschreibung der ‚Conditio humana', der Grundverfassung menschlichen Daseins.

5.3 Probleme und Kritikpunkte

Die im letzten Abschnitt vorgestellten Ansätze einer Anthropologie der Behindertenpädagogik bemühen sich allesamt um eine Klärung der Unterschiede und Gemeinsamkeiten von Menschen mit und ohne Behinderung.[10] Dabei eint sie eine deutliche Skepsis gegenüber einer allgemeinen Wesensbestimmung des Menschen, wie sie sich die philosophische Anthropologie in Nachfolge Kants zum Ziel gesetzt hatte. Stattdessen orientiert sich die Mehrheit der Autoren an einer ‚Minimalanthropologie' (Gröschke) oder gar einer Sonderanthropologie (Bleidick) im Sinne der sog. historischen Anthropologie, die in den 1960er bis 1980er Jahren entwickelt wurde und großen Einfluss auf die pädagogische Anthropologie gewonnen hat.[11] Die historische Anthropologie betont unter dem Stichwort der ‚anthropologischen Differenz' die Bedeutung der historisch-kulturellen Umstände sowie einer Alltagsgeschichte ‚von unten'. Sie verlangt die Dekonstruktion sämtlicher Wesens- oder Naturbestimmungen des Menschen und setzt demgegenüber auf die Beschreibung historisch-kulturell bedingter und daher je besonderer Typen des Menschseins. Themen wie Sexualität, Familie, Krankheit oder Behinderung fänden in verschiedenen Epochen und Kulturen so unterschiedliche Behandlung, dass man sie nicht als anthropologische Konstanten bezeichnen könne. Die Idee eines singulären Wesens des Menschen müsse dementsprechend durch eine Vielzahl von Menschenbildern ersetzt werden.

10 Eine entgegengesetzte anthropologiekritische Position vertritt Hajo Jakobs (vgl. Jakobs 1997).

11 In der französischen Geschichtswissenschaft gab es mit Marc Bloch und Lucien Febvre allerdings bereits Vorläufer in den 1920er bis 1940er Jahren (vgl. Tanner 2009, 147; 2004). In Deutschland sind als Vertreter der historischen Anthropologie in der Pädagogik vor allem Christoph Wulf und Jörg Zirfas zu nennen (vgl. Wulf 2009, 2001; Zirfas 2004).

Einige der Thesen der historischen Anthropologie und der im letzten Abschnitt vorgestellten Ansätze sind jedoch in methodologisch-wissenschaftstheoretischer Hinsicht zu kritisieren.

Der Ansatz Haeberlins ist an entscheidender Stelle subjektivistisch und damit methodisch gesehen unwissenschaftlich. Zwar trifft es zu, dass die Verantwortung der Entscheidung für ein bestimmtes Menschenbild insofern eine individuelle Angelegenheit ist, als sie dem einzelnen Pädagogen von niemandem abgenommen werden kann. Jeder muss selbst für das von ihm vertretene Menschenbild und die konkreten Folgen, die sich aus diesem ergeben, einstehen. Die Rede von einer individuellen oder persönlichen ‚Entscheidung' ist aber insofern unglücklich, als sie den Unterschied zwischen ethischen Einstellungen, die mit intersubjektiv überprüfbaren Argumenten und zum Teil auch mit verifizierbaren deskriptiven Aussagen verteidigt werden können, und subjektiv individuellen Glaubenshaltungen verwischt. Man kann Haeberlin zu Gute halten, dass es ihm – gegen eine rein deskriptive Auffassung der Behindertenpädagogik als exakte, allein mit naturwissenschaftlichen Fakten operierende Disziplin – primär um die Betonung einer normativen Grundsatzorientierung der Behindertenpädagogik geht. Richtig daran ist erstens, dass es nicht nur eine Anthropologie, sondern auch eine Ethik der Behindertenpädagogik gibt, zweitens, dass normative Gesichtspunkte auch in der Anthropologie unvermeidbar sind. Letzteres lässt sich am Begriff des Menschenbildes zeigen: Menschenbilder sind Versuche des Menschen, sich über sein Wesen und seine Stellung in der Welt und zu seinesgleichen klar zu werden. Sofern mit ihnen ein wissenschaftlicher Anspruch verknüpft ist, wird dieser meistens darauf gegründet, dass es sich um wertneutrale Beschreibungen handele. Kritiker verweisen demgegenüber darauf, dass Menschenbilder aus der vorwissenschaftlichen Sphäre des Alltagslebens stammen und oft mit ideologischen Überzeugungen oder anderen unbewussten Werteinstellungen durchsetzt sind. Dieser vorurteilshaften Form von ‚Normativität' kann innerhalb der Anthropologie durch kritische Reflexion begegnet werden. Menschenbilder stellen als Selbstbilder des Menschen aber keine folgenlosen Beobachtungen dar. Sie machen nicht nur Aussagen über die Verfasstheit des Menschen, sondern haben immer auch eine in die Zukunft hineinreichende Orientierungsfunktion. Auch wenn mit ihnen keine Aussagen über ein gutes Leben getroffen werden, sind sie dennoch handlungsleitend. Menschenbilder wirken als Leitbilder und haben damit unvermeidlich auch ein normatives Element. Dies bedeutet aber nicht, wie es auch bei Bleidick anklingt, dass ethische Normen aus der Anthropologie abgeleitet werden könnten.

Auch die Forderung eines Vorrangs der Innenperspektive von Menschen mit Behinderung wirft methodische Probleme und Unklarheiten auf. Zwar trifft es zu, dass Theorien der Behinderung anders aussähen, wenn sie von Menschen mit Behinderung entworfen würden. Diese sind aber, zumindest im Falle schwerer geistiger oder körperlicher Behinderungen, oft nicht in der Lage, selbst Theorien zu entwickeln. Eine schwächere Interpretation der Vorrangthese könnte darin bestehen, die Eigenperspektive von Menschen mit Behinderung *so weit wie möglich* (etwa durch Interviews im Rahmen qualitativer Forschung) in die vorwiegend von

Menschen ohne Behinderung betriebene Anthropologie der Behindertenpädagogik einfließen zu lassen. Dieser Interpretation steht allerdings die Behauptung Bleidicks entgegen, die Lage von Menschen mit schwerer geistiger Behinderung sei „prinzipiell nicht nachvollziehbar" (Bleidick 1999, 135).

Auch die Forderung eines Bilderverbots ist nur in einem eingeschränkten symbolisch-metaphorischen Sinn plausibel. Die strikte Interpretation, sich *gar kein* Bild von Menschen mit Behinderung zu machen, widerspricht der von Bleidick erhobenen Forderung nach einer besonderen behindertenpädagogischen Anthropologie, denn diese kann nicht darauf verzichten, sich Gedanken über Menschen mit Behinderung zu machen und entsprechende ‚Bilder' zu entwickeln. Ist in einem schwächeren Sinne lediglich gemeint, sich nicht der Illusion hinzugeben, man könne eine abschließende begriffliche Bestimmung eines Wesens von Menschen mit Behinderung erreichen, hat das Bilderverbot nur eine vage symbolische oder paradoxe Bedeutung. Seine Befolgung würde es nämlich nahelegen, nicht ein einziges, sondern eine möglichst große Anzahl verschiedener Bilder zu zeichnen. In diesem Sinne ist auch die von Bleidick in Anspruch genommene Formel Plessners von der ‚Offenheit des Menschen' zu verstehen. Plessner fordert keine Einschränkung, sondern eine die geschichtliche Vielfalt menschlicher Lebensformen berücksichtigende Ausdehnung anthropologischer Untersuchungen unter den Perspektiven möglichst vieler Humanwissenschaften (vgl. Plessner 1983 a, 38 f.). Diese Forderung bildet die Grundlage einer *integrativen Anthropologie*, der auch der Ansatz von Speck entspricht.[12] Plessner entwickelt aus ihr heraus in ‚Die Frage nach der Conditio humana' ein Drei-Stufen-Modell der menschlichen Natur, das auch Aufschlüsse über eine behindertenpädagogische Anthropologie ermöglicht (vgl. Plessner 1983 b, 216 f.).

5.4 Plessners Drei-Stufen-Modell der menschlichen Natur und die Figur des homo (in)validus

Auf der ersten Stufe steht die strukturelle Wesensbestimmung des Menschen als ‚exzentrische Positionalität'. Plessner gewinnt sie in seinem ersten 1928 veröffentlichen Hauptwerk ‚Die Stufen des Organischen und der Mensch' aus einem groß angelegten Vergleich der Lebensformen von Pflanze, Tier und Mensch. Während der Mensch mit allen Lebewesen die Gemeinsamkeit habe, im Hinblick auf ein Umfeld positioniert zu sein, markiere es seine Besonderheit gegenüber den Tieren, dass er sich nicht eindeutig im Zentrum dieses Umfeldes befinde. Es sei das

12 Eine neuere, stärker auf die methodologischen Spannungen zwischen den verschiedenen Humanwissenschaften eingehende Version einer integrativen Anthropologie findet sich in Bohlken & Thies 2009, 3–7.

Bewusstsein seines Verhältnisses zu sich selbst, das Bewusstsein, einen psychophysisch verfassten Leib zu haben und frei mit diesem agieren zu können, das den Menschen in einen permanenten Abstand zu sich selbst, in den ‚exzentrischen' Zustand eines Aus-sich-heraus-Seins versetze. Die exzentrische Positionalität hat dabei einen negativen und einen positiven Aspekt: Der negative Aspekt wird von Plessner mit dem Ausdruck der ‚Gebrochenheit' thematisiert. Der unaufhebbare exzentrische Abstand des Menschen zu sich selbst und zu seiner natürlichen wie sozialen Umgebung ist mit einer fortwährenden Unruhe, Unvollkommenheit und Unabgeschlossenheit verbunden. Der positive Aspekt der exzentrischen Positionalität liegt in dem Antrieb und den Fähigkeiten, die aus ihr erwachsen. In theoretischer Hinsicht ermöglicht der Abstand zu sich selbst *Reflexivität* als die Fähigkeit, über sich und andere nachzudenken. In praktischer Hinsicht manifestiert sich die exzentrische Positionalität in der *Freiheit*, sich auf einer höheren Ebene zustimmend oder ablehnend zu den eigenen Trieben und Zielen zu verhalten. Diese Freiheit und der Wunsch, die Gebrochenheit zu überwinden, bilden für Plessner die Grundlagen der Kulturentwicklung. Die strukturelle Wesensbestimmung der ersten Stufe bietet gleichermaßen Platz für die Unvollkommenheit und (psychische wie physische) Gebrochenheit des Menschen wie für das Bestreben einer Vervollkommnung auf dem Wege der Entwicklung kultureller Praktiken, die über Erziehung und Bildung weitergegeben werden – eine Doppelperspektive, die auch gut in Gröschkes Begriff des bedürftigen und fähigen Menschen zum Ausdruck kommt.

Auf der zweiten Stufe des Plessnerschen Modells kommt die exzentrische Positionalität als Geschichtlichkeit des Menschen und seiner Lebensvollzüge in den Blick. Sie manifestiert sich in biologisch-evolutionären (Homo neanderthalensis, Homo sapiens sapiens etc.) wie in kulturell-historischen Grundfiguren des Menschseins – als Vernunftwesen (animal rationale), als politisches Lebewesen (zoon politikon), als das Wesen, welches Werkzeuge gebraucht und ein technisches Verhältnis zur Natur entwickelt (homo faber) oder sich über magische und religiöse Praktiken mit Gottheiten in Verbindung zu wissen glaubt (homo divinans) usw. Die Grundfiguren der zweiten Stufe müssen sich als je eigenständige Realisierungen und Potenziale der exzentrischen Positionalität begreifen lassen; sie können nicht auf andere Figuren zurückgeführt oder reduziert werden und lassen sich nicht in eine hierarchische Ordnung bringen. Ihr geschichtlicher Charakter zeigt sich in ihrer unabschließbaren Vielheit (neue Figuren können entstehen bzw. erkannt oder (re-)konstruiert werden, bekannte können anders aufgefasst werden).

Auf der Ebene der geschichtlichen, aber gleichwohl konstanten Grundfiguren ist Platz für eine besondere Figur, die man mit dem Namen des behinderten Menschen, des *homo (in)validus*, belegen könnte. Sie steht für eine der Gestalten und Ausdrucksmöglichkeiten, die die exzentrische Gebrochenheit, das naturhaft-kulturhaft bestimmte Wesen des Menschen, konkret annehmen kann.[13] Gemäß der

13 Die Rede von einem homo invalidus liefe Gefahr, traditionelle Ausschlüsse von Menschen mit Behinderung als ‚schwach', ‚krank' oder gar ‚verkrüppelt' fortzuschreiben. Um dieser Gefahr zu entgehen, habe ich das eine Form von Defizienz bezeichnende ‚in' in Klammern gesetzt.

engen Verbindung von Bedürftigkeit auf der einen und Begleitung, Assistenz und Hilfe auf der anderen Seite, die die Behindertenpädagogik prägt, wäre als Gegenstück die Figur eines fürsorglichen und helfenden *homo carens* zu entwerfen, wie sie den feministisch inspirierten Modellen einer Care-Ethik zugrunde liegt.

Die unterschiedlichen Sichtweisen und Interpretationen, mit denen die Grundfiguren zu verschiedenen Zeiten und in verschiedenen Kulturen gesehen worden sind und gesehen werden, bilden schließlich den Gegenstand der dritten Stufe. Sie betrifft die spezifischen historisch-kulturellen Ausformungen der Sicht auf und des Umgangs mit kranken und behinderten Menschen wie mit der Bedürftigkeit und Verletzlichkeit aller Menschen. Das Plessnersche Modell ermöglicht es, die Suche nach einem Wesen des Menschen (in der abgeschwächten Form einer lediglich strukturellen Bestimmung) mit der Vielfalt historischer Bilder und Begriffe menschlicher Lebensvollzüge zu vereinen. Damit entkräftet es die Einwände, die von Seiten der historischen Anthropologie gegen die philosophische Anthropologie erhoben worden sind.

Legt man das Plessnersche Drei-Stufen-Modell der Anthropologie der Behindertenpädagogik zugrunde, kommen Menschen mit Behinderung auf der zweiten und dritten Stufe in den Blick. Die Grundfigur des homo (in)validus) verweist auf die notwendige Berücksichtigung des Menschen mit Behinderung als eine von vielen das menschliche Leben ausmachenden Daseins- und Erfahrungsmöglichkeiten, wobei es mit Bleidick eine Gleichsetzung von ‚Behinderung' und ‚Leid' zu vermeiden gilt. Gröschkes Prinzip der wechselseitigen Allgemeinheit erinnert daran, dass *jeder Mensch* verletzlich, anfällig und bedürftig und insofern immer auch ein homo (in)validus ist.

Die Rede vom homo (in)validus soll einerseits daran erinnern, dass der Übergang von Menschen ohne zum Menschen mit Behinderung fließend ist, z. B. durch einen Unfall oder eine Erkrankung; zum anderen weist sie darauf hin, dass auch in der Behinderung das Potenzial einer spezifischen Stärke (Validität) steckt. Vor dem Hintergrund des veränderten Sprachgebrauchs in der Behindertenpädagogik, demzufolge die Rede von ‚Behinderten' oder von ‚behinderten Menschen' als diskriminierend verstanden wird, liegt es nahe, die Figur des homo (in)validus als rückschrittlich zu kritisieren. Ich halte diesen Vorwurf jedoch aus zwei Gründen für unberechtigt: Erstens schafft die Rede vom homo (in)validus angesichts der auf eine anthropotechnische Vervollkommnung des Menschen zielenden Visionen der sog. Trans- und Posthumanisten, die ein Leben ohne Krankheit, Leid und Tod erreichen wollen, einen wichtigen Schutzraum, indem sie einen anthropologischen Hinweis auf die strukturelle Gebrochenheit und Unvollkommenheit des Menschen setzt – eine Unvollkommenheit, die nicht nur negativ (als zu Überwindendes), sondern auch positiv (als Quelle für besondere Erfahrungen und von Bereicherungen im menschlichen Zusammenleben) verstanden werden kann. Zweitens ermöglicht sie es, eine fundamentale Spannung zu verdeutlichen, die die gesamte Theorie und Praxis der Behindertenpädagogik durchzieht, nämlich die zwischen *Autonomie als normativ-ideellem Prinzip* und *Autonomie als tatsächlicher empirisch untersuchbarer*, in unterschiedlichen Graden *aufzuweisender oder* auch *nicht aufzuweisender Fähigkeit.* Damit geht es um das bei Speck und Gröschke angesprochene Auseinanderfallen der apriorischen, rein gedanklichen Grundannahme einer prinzipiellen Personalität und Würde und der Berücksichtigung konkreter organisch-biologischer Schädigungen. Die Entwürfe einer Ethik der Behindertenpädagogik werden von der normativen Werthaltung getragen, dass Menschen mit Behinderungen, unabhängig von der Art und der Schwere der bei ihnen medizinisch feststellbaren Einschränkungen, eine grundsätzliche Zugehörigkeit zu einer Gemeinschaft aller Menschen zugedacht werden muss. Dabei wird bewusst von empirisch beobachtbaren Anzeichen abgesehen. Die Anthropologie der Behindertenpädagogik muss diese ethische Perspektive in ein ganzheitliches Verständnis des Menschen einbeziehen. Als *integrative Anthropologie* hat sie aber auch die medizinisch-psychologische Perspektive einer naturwissenschaftlich-deskriptiv ausgerichteten Analyse organischer Schädigungen und konkreter Fähigkeits-/Unfähigkeitsdiagnosen zu berücksichtigen. Gemäß der normativen Perspektive kommen Menschen mit Behinderung die gleiche Würde und die gleichen Rechte auf Leben und Bildung zu wie nicht behinderten Menschen. Gemäß der deskriptiven Perspektive erweisen sie sich in besonderer Weise als beschädigt, verletzlich und schutzbedürftig.

Für das Verhältnis von Anthropologie und Ethik der Behindertenpädagogik bekräftigt dies, dass die Anthropologie keine moralischen Normen begründen kann. Der Zusammenhang zwischen Anthropologie und Ethik kann insofern als fundierend bezeichnet werden, als die Anthropologie auf Aspekte des Menschseins verweist, von denen eine Ethik der Behindertenpädagogik wissen muss. Diese Fundierung findet aber ihre Grenze in der Begründung moralischer Normen, die nur von der Ethik als Moralphilosophie geleistet werden kann.

Literatur

Bleidick, U. (1999): Behinderung als pädagogische Aufgabe. Behinderungsbegriff und behindertenpädagogische Theorie. Stuttgart.

Bleidick, U. (1984): Pädagogik der Behinderten. Grundzüge einer Theorie der Erziehung behinderter Kinder und Jugendlicher. Berlin.

Binding, K. & Hoche, A. (1920): Die Freigabe der Vernichtung lebensunwerten Lebens. Ihr Maß und ihre Form. Leipzig.

Bohlken, E. (2009): Menschenbilder als anthropologische Bestandteile der Bioethik. Zur Bedeutung der ‚Natur des Menschen' für die Enhancement-Debatte. In: Manz, U. & Schmid, B. (Hrsg.): Bioethik in der Schule. Grundlagen und Gestaltungsformen. Münster, 131–144.

Bohlken, E. (2007): Leiblichkeit, Beziehungsfähigkeit und Personalität. Das Konzept der Autonomie in Beziehung als Ausweg aus der ‚Bewusstseinsfalle'. In: Bohlken, E. & Peetz, S. (Hrsg.): Bildung – Subjekt – Ethik. Bildung und Verantwortung im Zeitalter der Biotechnologie. Darmstadt, 127–148.

Bohlken, E. & Thies, C. (2009) (Hrsg.): Handbuch Anthropologie. Der Mensch zwischen Natur, Kultur und Technik. Stuttgart, Weimar.

Brumlik, M. (1992): Advokatorische Ethik – Zur Legitimation pädagogischer Eingriffe. Bielefeld.
Foucault, M. (1989): Wahnsinn und Gesellschaft [1961] (8. Auflage). Frankfurt am Main.
Gröschke, D. (2008): Heilpädagogisches Handeln. Eine Pragmatik der Heilpädagogik. Bad Heilbrunn.
Haeberlin, U. (1985): Das Menschenbild für die Heilpädagogik. Bern, Stuttgart.
Höffe, O. (1995): Kategorische Rechtsprinzipien. Ein Kontrapunkt der Moderne. Frankfurt am Main.
Jakobs, H. (1997): Heilpädagogik zwischen Anthropologie und Ethik. Eine Grundlagenreflexion aus kritisch-theoretischer Sicht. Bern, Stuttgart, Wien.
Ingensiep, H. W. (2009): Speziesismus. In: Bohlken, E. & Thies, C. (Hrsg.): Handbuch Anthropologie. Der Mensch zwischen Natur, Kultur und Technik. Stuttgart, Weimar, 418–422.
Kant, I. (1983 a): Anthropologie in pragmatischer Hinsicht [1798]. In: Weischedel, W. (Hrsg.): Werke in zehn Bänden (Band 10). Darmstadt, 1–690.
Kant, I. (1983 b): Über Pädagogik [1803]. In: Weischedel, W. (Hrsg.): Werke in zehn Bänden (Band 10). Darmstadt, 695–761.
Pieper, A. (2003): Einführung in die Ethik (5. Auflage). Tübingen, Basel.
Plessner, H. (1983 a): Die Aufgabe der Philosophischen Anthropologie [1937]. In: Dux, G., Marquard, O. & Ströker, E. (Hrsg.): Gesammelte Schriften (Band VIII). Conditio Humana. Frankfurt am Main, 33–51.
Plessner, H. (1983 b): Die Frage nach der Conditio humana [1961]. In: Dux, G., Marquard, O. & Ströker, E. (Hrsg.): Gesammelte Schriften (Band VIII). Frankfurt am Main, 136–217.
Plessner, H. (1981): Die Stufen des Organischen und der Mensch [1928]. In: Dux, G., Marquard, O. & Ströker, E. (Hrsg.): Gesammelte Schriften (Band IV). Frankfurt am Main.
Schmidbauer, W. (1977): Die hilflosen Helfer. Über die seelische Problematik der helfenden Berufe. Reinbek.
Siegenthaler, H. (1993): Menschenbild und Heilpädagogik. Beiträge zur Heilpädagogischen Anthropologie. Luzern.
Speck, O. (2003): System Heilpädagogik. Eine ökologisch reflexive Grundlegung (6. Auflage). München, Basel.
Tanner, J. (2009): Historische Anthropologie. In: Bohlken, E. & Thies, C. (Hrsg.): Handbuch Anthropologie. Der Mensch zwischen Natur, Kultur und Technik. Stuttgart, Weimar, 147–156.
Tanner, J. (2004): Historische Anthropologie. Zur Einführung. Hamburg.
Thies, C. (2009): Menschenbilder und Ethik. In: Kaplow, I. (Hrsg.): Mensch – Bild – Menschenbild. Anthropologie und Ethik in Ost-West-Perspektive. Weilerswist, 21–34.
Wulf, C. (2009): Pädagogische Anthropologie. In: Bohlken, E. & Thies, C. (Hrsg.): Handbuch Anthropologie. Der Mensch zwischen Natur, Kultur und Technik. Stuttgart, Weimar, 190–196.
Wulf, C. (2001): Einführung in die Anthropologie der Erziehung. Weinheim, Basel.
Zirfas, J. (2004): Pädagogik und Anthropologie. Eine Einführung. Stuttgart, Berlin, Köln.

6 Eine Pädagogische Anthropologie der Behinderung – Über Selbstbestimmung, Erziehungsbedürftigkeit und Bildungsfähigkeit

Jörg Zirfas

Einleitung

Der folgende Beitrag versucht zu zeigen, inwieweit es pädagogisch und moralisch sinnvoll sein kann, von pädagogisch-anthropologischen Erkenntnissen auszugehen, ohne dass dies zu einer Sonderanthropologie von Menschen mit Behinderungen führen muss. Dabei geht es um die Frage, welche pädagogischen und ethischen Implikationen sich aus der für die Pädagogische Anthropologie konstitutiven Trias der Selbstbestimmung, Erziehungsbedürftigkeit und Bildungsfähigkeit ergeben. Die Pädagogik erscheint hier als eine Klammer zwischen Anthropologie und Ethik, insofern sie die anthropologischen mit den ethischen Bestimmungen vermittelt.

Wer versucht, dem Thema gerecht zu werden, aus der Sicht der Pädagogischen Anthropologie ethische Zusammenhänge zu einer Theorie und Praxis der Behindertenpädagogik zu (re-)konstruieren, ist von vornherein mit einigen Schwierigkeiten konfrontiert, die vor allem mit der Pluralität der Ansätze in Pädagogischer Anthropologie und Ethik zu tun haben. Diesen Schwierigkeiten soll hier durch eine radikale inhaltliche Komplexitätsreduktion begegnet werden. In diesem Sinne werden hier vier Sachverhalte zur Diskussion gestellt: 1. ein Modell der Pädagogischen Anthropologie, 2. ein anthropologisch-ethischer Begründungsansatz, 3. eine pädagogisch-anthropologische Kritik der Sonderanthropologie und schließlich 4. eine Ethik (der Behindertenpädagogik) aus pädagogisch-anthropologischer Perspektive.

6.1 Was ist Pädagogische Anthropologie?

Der Gegenstand der Pädagogischen Anthropologie ist der Mensch und seine Erziehungs- und Bildungsverhältnisse. Nach Otto Friedrich Bollnow versucht die anthropologische Betrachtungsweise dabei einerseits, den Menschen von der Erziehung und die Erziehung vom Menschen her zu verstehen, und andererseits abzuklären, welche Methodik und Systematik dafür erforderlich ist (vgl. Bollnow 1965). Die Bemühungen um eine im engeren Sinne explizite Pädagogische

Anthropologie begannen im 18. Jahrhundert. In Folge der philosophischen Reflexionen am Anfang des 20. Jahrhunderts wurde sie nach 1945 bis etwa 1975 zu einem zentralen Arbeitsbereich in der Erziehungswissenschaft. Ziel der Lehre vom Menschen zu dieser Zeit war es, die Grundlagen eines pädagogischen Systems zu liefern, das die Erziehungsziele ebenso definiert wie die Erziehungsmittel, die Erziehungsmöglichkeiten und die Erziehungserfolge. Seitdem ist in der Pädagogik unumstritten, dass anthropologische Ideen der Bildsamkeit und Bestimmung des Menschen explizit oder implizit in die pädagogischen Grundlagen, die erzieherischen Mittel und die Bildungsziele mit eingehen (vgl. Wulf 2001).

Neuere Konzepte der Pädagogischen Anthropologie seit den 1980er und 1990er Jahren bestehen nun auf einer kritischen Betrachtung der Menschenbilder der Pädagogik. Dass jede pädagogische Vorstellung ein explizites oder implizites Menschenbild aufweist, erscheint zunächst trivial. Bedeutsamer wird dieser Sachverhalt, wenn man sich bewusst macht, dass mit einem pädagogischen Menschenbild immer auch deskriptive und vor allem normative Vorstellungen damit einhergehen, wie Entwicklungen verlaufen bzw. verlaufen sollen, oder auch, was eine humane Bestimmung ausmacht bzw. ausmachen soll. Pädagogischen Menschenbildern kommen im komplexen pädagogischen Geschehen Deutungs-, Orientierungs- und Legitimierungsfunktionen zu, weil sie Zuschreibungen ermöglichen, Erwartungen strukturieren oder auch erzieherische Maßnahmen legitimieren. Denn pädagogische Menschenbilder sind mit Vorstellungen von wahr und falsch, gut und böse, schön und hässlich, gesund und krank etc. untrennbar verknüpft. Pädagogische Menschenbilder sind einerseits zu der Tiefenstruktur pädagogischen Denkens und Handelns zu rechnen und andererseits von historisch-kulturellen Lebenslagen abhängig (vgl. Liebau 2004). Pädagogische Menschenbilder werden nunmehr unter dem Versuch der Rekonstruktion der Geschichtlichkeit von Perspektiven, Methoden und Inhalten unter dem Einsatz neuer Denkmuster der Ethnologie, Ästhetik, Geschichts-, Literatur- und Kulturwissenschaft analysiert. Und sie werden ob ihrer traditionellen Fixierung auf eine homogenisierende normative Menschenbildpädagogik kategorisch kritisiert. Denn das, was der Mensch ist, werden kann oder sein soll, ist historisch und kulturell variabel, und insofern nie absolut zu bestimmen. Das, was den Menschen ausmacht, findet man nicht hinter, sondern *in* spezifischen historischen, kulturellen und biographischen Ausprägungen; das Eigentliche des Menschen besteht in seinen Variabilitäten und Potentialitäten.

Der Mensch erscheint in diesem pluralen, historischen Ansatz, der die Fraktalität und Negativität der Anthropologie betont, als *homo absconditus*, womit ein Chiasmus von versteckter Sichtbarkeit und sichtbarer Unsichtbarkeit angesprochen wird (vgl. Zirfas 2009). Der Mensch – aber auch etwa ‚Behinderung' – wird in dieser Perspektive zu einer nicht lösbaren Frage, zu einer negativen und heuristischen Kategorie, die die Reflexion über anthropologische Grundphänomene historisch, interkulturell wie transdisziplinär möglich macht. Diese Form Pädagogischer Anthropologie stellt sich nicht mehr die Frage nach *dem* Menschen, sondern die Frage nach den je spezifischen, historisch-apriorischen Dimensionen, die für die Erziehungs- und Bildungsprozesse des Menschen als konstitutiv betrachtet werden müssen. Nunmehr geht man davon aus, dass man ohne die Aspekte der menschlichen Grenzen, der Zeit- und Räumlichkeit, der Körper- und Leiblichkeit, der Kulturalität und Sozialität sowie der Subjektivität und Individualität den Menschen in der Pädagogik nicht zureichend verstehen kann. Diese Kategorien dienen der Pädagogik als Deutungs- und Orientierungshorizonte (vgl. Zirfas 2004).

Die Pädagogische Anthropologie greift in ihren Fragestellungen und Methoden in unterschiedlicher Weise auf die diversen anthropologischen Ansätze natur-, geistes-, sozial- und kulturwissenschaftlicher Provenienz zurück. Ihr kam und kommt es dabei immer auf die Beschreibung von zwei Momenten an: auf die Erziehungsbedürftigkeit (*homo educandus*) und auf die Erziehungsfähigkeit (*homo educabilis*) des Menschen. Denn nur, wenn der Mensch erziehungsbedürftig ist, *muss* er erzogen werden, und nur, wenn er erziehungsfähig ist, *kann* er auch erzogen werden. Oftmals wurden und werden diese beiden Aspekte kondensiert in einem Menschenbild des ‚Mängelwesens' Mensch, das sich durch Erziehung und Bildung zu einem ‚ganzen' Menschen vervollständigen lässt. In der Moderne wird dieses anthropologische Defizitmodell zunehmend problematisch und tendenziell durch ein anthropologisches Aktivitätsmodell abgelöst, das die Entwicklungen und Handlungen des Menschen betont. Der Mensch entwickelt sich nicht zum Menschen, sondern *als* Mensch (vgl. Bleidick 2003). Wie Janusz Korczak, der darauf aufmerksam gemacht hatte, dass sich Kinder nicht erst zu Menschen entwickeln, sondern immer schon welche sind, verweist Bleidick mit seiner Sentenz darauf, dass es nicht bestimmte, als besonders human qualifizierte Kompetenzen der Reflexivität, der Kommunikation oder der Autonomie sind, die den Menschen ausmachen, sondern die Möglichkeiten der Bildung und Veränderung. Diese pädagogisch-anthropologische Perspektive hat ethische Implikationen, denn sie schließt aus, spezifische Defizite und Normabweichungen als nicht-menschlich zu etikettieren.

Daher soll gegenüber der Tradition der anthropologischen Defizitorientierung, in der vor allem der *Erziehungsgedanke* – und somit aktivitätstheoretisch der Pädagoge oder legitimatorisch die Pädagogik – in den Mittelpunkt rückte, hier der *Bildungsgedanke* – und damit aktivitätstheoretisch der Mensch (mit Behinderungen) und legitimatorisch die Individualitätsentwicklung – betont werden. Im Folgenden gelten als pädagogisch-anthropologische Axiome, dass Menschen nicht nur erziehungsbedürftig und -fähig, sondern auch, dass sie bildungsfähig und -bedürftig sind. Hierbei erscheint vor allem der eher ungebräuchliche Begriff Bildungsbedürftigkeit erklärungsbedürftig. Während der Terminus Erziehungsbedürftigkeit darauf abhebt, dass Menschen ohne Erziehung weder ihren individuellen Möglichkeiten noch den kulturellen Erfordernissen gerecht werden können, weist der Begriff Bildungsbedürftigkeit darauf hin, dass Menschen ein gelungenes Selbst- und Weltverhältnis nicht voraussetzen können, sondern selbsttätig entwickeln müssen. Im Argumentationsgang werden vor allem zwei dieser vier Momente hervorgehoben, nämlich, dass Menschen (mit Behinderungen) auf Erziehung angewiesen und selbstbildungsfähig sind.

6.2 Was bedeutet anthropologische Begründung der Behindertenpädagogik?

In der Geschichte der Pädagogik finden sich verschiedene, sich teilweise überschneidende Ansätze der ethischen Legitimierung von Erziehung und Bildung. Man kann Erziehung und Bildung durch Gott, die Gesellschaft, das Mitleid, den Nutzen, die Gerechtigkeit etc. – oder durch eine Anthropologie – moralisch legitimieren (vgl. Zirfas 1999). Wenn von einer anthropologischen Begründung der Behindertenpädagogik die Rede ist, so ist i. d. R. eine Sonderanthropologie gemeint, die von Defiziten und Defekten geprägt ist (vgl. zum Verhältnis der Behindertenpädagogik zu Fragen der Anthropologie und Ethik im Allgemeinen und mit Blick auf eine integrative Anthropologie im Speziellen den Beitrag von Bohlken in diesem Band). *Demgegenüber* soll hier mit der historischen Pädagogischen Anthropologie an drei humanen Bestimmungen festgehalten werden, die wohl von allen neueren Ansätzen Pädagogischer Anthropologie mitgetragen werden können: an der *Negativität* und *Offenheit* der anthropologischen Bestimmung, an der *Bildungs-* und *Erziehungsnotwendigkeit* und an der *Bildungs-* und *Entwicklungsmöglichkeit*. Diese Momente konstituieren die Pädagogische Anthropologie und müssen daher alle in pädagogischen und ethischen Überlegungen mit berücksichtigt werden.

So reicht, wie die Kritische Theorie zu Recht moniert, der legitimatorische Rekurs auf den anthropologischen Gedanken des Homo absconditus allein nicht aus, um eine pädagogische und ethische Theorie und Praxis legitimieren zu können, denn: „Dass sich nicht sagen lässt, was der Mensch sei, ist keine besonders erhabene Anthropologie sondern ein Veto gegen jegliche“ (Adorno 1982, 130). Adorno verweist darauf, dass eine solche historische Anthropologie der Offenheit keine Möglichkeiten enthalte, die an den Menschen begangenen „Verstümmelungen“ und „Entmenschlichungen“ kritisierbar zu machen, da sie sich lediglich in „Abstraktionen“ verliere (ebd.). In diesem Sinne bemerkte auch Max Horkheimer schon 1935, dass die Anthropologie immer in der Gefahr schwebe, zu viel oder zu wenig über den Menschen zu sagen und insofern dazu neige,

> „eine Wesensbestimmung des Menschen aufzusuchen, welche die Nacht der Urgeschichte und das Ende der Menschheit überwölbt, und sich der eminent anthropologischen Frage zu entheben, wie eine Wirklichkeit, die als unmenschlich erscheint, weil alle menschlichen Fähigkeiten, die wir lieben, in ihr verkommen und ersticken, zu überwinden sei“ (Horkheimer 1988, 259).

Vor diesem Hintergrund muss sich die Pädagogische Anthropologie in einem ‚Zwischen‘ situieren: Ist sie als Anthropologie zu konkret, so legt sie den Menschen auf ein bestimmtes Sein fest, ist sie zu offen, so erscheint alles menschenmöglich – und Grausamkeiten aller Art lassen sich mit dem Hinweis auf die humane Nichtfestgelegtheit legitimieren. Indem die Pädagogische Anthropologie den Zusammenhang von Offenheit, Bildungsfähigkeit und Erziehungsnotwendigkeit betont, bewegt sie sich in einem paradoxen bildungstheoretischen Rahmen des bestimmt Unbestimmten, der einerseits potentielle und nicht immer prognostizierbare Entwicklungen ermöglicht und andererseits humane Standards – wie sie etwa durch die Menschenrechte vorgegeben worden sind (vgl. den Beitrag von Bielefeldt in diesem Band) – nicht unterläuft.

Eine zweite Schwierigkeit der anthropologischen Begründungsfigur kommt hinzu: Seit den kritischen Bemerkungen von Hume, Kant oder Moore lassen sich aus anthropologischen Beschreibungen nicht mehr umstandslos ethische Bestimmungen gewinnen. Diesbezüglich kann man drei kritische Dimensionen herausarbeiten: Erstens verkürzt die Identifizierung einer Anthropologie mit einer Ethik das Praxisproblem pädagogischen Handelns, da nicht jede Ethik unmittelbar anthropologisch orientiert ist. Zweitens hat auch nicht jede Anthropologie unmittelbar ethische und pädagogische Implikationen zur Folge. Und drittens ist eine die Ethik fundierende Anthropologisierung zweifelhaft, da von der Natur des Menschen als Erkenntnisquelle und normativer Maßstab für Moralität ein Schluss auf das normative Sollen nicht so ohne Weiteres zulässig erscheint. Der durch Hume bekannt gewordene (naturalistische) Fehlschluss von „Ist/ist nicht"- zu „Soll/soll nicht"-Aussagen hebt ja darauf ab, dass aus nicht moralischen Prämissen (und dazu gehören auch anthropologische) keine unmittelbaren moralischen Schlüsse zu ziehen seien. Dieses formallogische Problem tritt naturgemäß nur dort auf, wo in den Prämissen nicht – implizit – schon normative Elemente vorhanden sind.

Es ist dieser Konnex von Sein und Sollen, Wirklichkeit und Bestimmung, Wesen und Sinn, der in seiner Zirkularität das begründende anthropologische Denken selbst fragwürdig werden lässt, da er die Anthropologie als Grundlage der Pädagogik a priori mit einer Ethik in Verbindung und so in den Verdacht bringt, nur eine verdeckte Ethik zu sein. Daher sollte man in diesem Kontext zwischen einer *deskriptiven* und einer *normativen* Pädagogischen Anthropologie unterscheiden. Während jene den Menschen in Bezug auf seine aktuellen Fähigkeiten und Möglichkeiten in den Blick nimmt, rekurriert diese auf die potentielle Bestimmung des Menschen (vgl. Roth 1966). Während jene im eigentlichen Sinne Pädagogische Anthropologie genannt werden kann, ist diese eine solche lediglich im uneigentlichen Sinne, denn eine normative Pädagogische Anthropologie *ist* im Kern eine Ethik.

Ohne die im Einzelnen sehr diffizile Debatte um die Beziehung zwischen anthropologischen und ethischen Bestimmungen hier zu vertiefen, soll gegenüber den kritischen Stimmen derjenigen Ethiken, die sich jeder anthropologischen Bestimmung enthalten wollen, hier in allerdings sehr verkürzender und sehr apodiktischer Form festgehalten werden, dass Ethik keine Normen und Werte formulieren kann, ohne auf die Bedingungen des Humanen zu rekurrieren. Ethik ist immer auch eine Reflexion der moralischen Verfasstheit *menschlichen* Lebens. Oder anders formuliert: Jede Ethik impliziert eine Anthropologie, weil jede Ethik den Menschen als ein Wesen versteht, das eine Forderung an sich selbst formuliert, und somit den anthropologisch-ethischen Zusammenhang von Sein und Sollen thematisiert.

Daher kann hier mit Werner Loch darauf aufmerksam gemacht werden, dass man als Pädagoge immer schon die Brücke zwischen Anthropologie und Ethik betreten hat: „Die ethische Reflexion des Pädagogen ist somit eo ipso eine anthropologische Reflexion. Und umgekehrt ist jede pädagogische Anthropologie eine pädagogische Ethik“ (Loch 1994, 149). Anders formuliert: Wer *als* Pädagoge ethisch denkt, hat immer die anthropologischen Bestimmungen der Offenheit, Bildungsnotwendigkeit und -fähigkeit im Blick, und wer *als* Pädagoge anthropologisch denkt, impliziert immer die moralischen Aspekte der Autonomie, Selbstbestimmungsnotwendigkeit und -fähigkeit. Der Pädagoge *muss* Offenheit, Bildungsfähigkeit und Erziehungsnotwendigkeit als *konstitutive* Aspekte seines Denkens und Handelns unterstellen, um Menschen in ihren Selbstbestimmungsmöglichkeiten zu unterstützen, und er *muss* Autonomie als *regulativen* Horizont seines Denkens und Handelns verstehen, um der Offenheit und Bildungsfähigkeit der Menschen gerecht zu werden. Menschen sind keine auf spezifische Defekte festgelegte Entitäten, sondern Lebewesen, die sich ihre Bestimmung selbst zu erarbeiten haben und dazu auch die Fähigkeiten besitzen und die Möglichkeiten haben (sollten). Wer diese pädagogisch anthropologische Basis der Offenheit, Entwicklungsfähigkeit und -notwendigkeit verlässt, argumentiert nicht mehr pädagogisch – und er argumentiert auch nicht mehr ethisch.

Den Zusammenhang zwischen Anthropologie und Ethik bildet somit die Selbstbestimmung(-sfähigkeit), die nicht nur eine pädagogisch-anthropologische Annahme ist, sondern auch das Ziel der Pädagogik umreißt (vgl. Fornefeld 2009). Mit Selbstbestimmung soll hier nicht eine an komplexe kognitive Strukturen und Prozesse gebundene Autonomie verstanden werden, sind hiermit doch oftmals sehr umfangreiche Rationalitäts- und Reflexivitätsansprüche verbunden, die von vielen Menschen kaum eingelöst werden können. Selbstbestimmung zielt, anthropologisch betrachtet, darauf anzuerkennen, dass Menschen ihr Leben in einer spezifischen Weise verstehen, bewerten sowie praktizieren können und wollen. Pädagogisch betrachtet zielt Selbstbestimmung darauf, Menschen dabei zu unterstützen, ihre Kompetenzen des Verstehens, Bewertens und Praktizierens zu erweitern und zu differenzieren. Selbstbestimmung muss nicht nur anthropologisch unterstellt, sondern auch moralisch gefordert und pädagogisch gefördert werden. Denn der Mensch zeichnet sich dadurch aus, dass er sich seine Bestimmung selbst zu geben hat; die Bestimmung des Menschen liegt, so der Tenor des pädagogischen Denkens der Neuzeit, in der Selbstbestimmung. Zentrales Moment der Selbstbestimmung ist mithin die Erfahrung von Selbsttätigkeit – in der Entwicklung einer Vorstellung des guten Lebens oder auch dem Vermögen, diese Vorstellung in der Realität soweit als möglich zu verwirklichen. Selbstbestimmung ist somit nicht nur eine rationale, sondern auch eine körperliche, soziale, kulturelle und moralische Fähigkeit. In einem pädagogischen Verständnis ist Selbstbestimmung nicht nur anthropologisch vorgegeben, sondern auch pädagogisch *aufgegeben.*

Vor diesem Hintergrund sind alle inhaltlich anthropologisch begründeten normativen Positionen in der Pädagogik fragwürdig geworden. Nicht zufällig greift die neuere Bildungstheorie auf diese formale Anthropologie zurück, die den Menschen als selbstbestimmungsfähiges Wesen versteht und die Pädagogik gerät mit ihrem Erziehungsverständnis, das sich grosso modo immer noch als ‚Kultivierung der Freiheit' (Kant) verstehen lässt, in unlösbare Aporien (vgl. Meyer-Drawe 2007). Denn mit der anthropologischen Selbstbestimmungsfähigkeit bewegt sich die Pädagogik in dem Paradox von Erziehungs- und Bildungsprozessen, Menschen zu einem Können aufzufordern, das sie noch nicht zu leisten imstande sind, und sie als diejenigen anzuerkennen, die sie erst noch werden sollen (vgl. Benner 1991).

Wenn eine moderne Pädagogische Anthropologie gar nicht anders gedacht werden kann als eine solche, die durch Offenheit, Bildungsnotwendigkeit und -fähigkeit geprägt ist, und *wenn* diese Momente auf die Selbstbestimmung verweisen, so verfallen alle Maßnahmen der Kritik, die Bildung und Selbstbestimmung beeinträchtigen oder verhindern, und dazu gehören alle Formen von theoretischer und praktischer Normierung, wie sie mit den Normen von Schönheit, Intelligenz, Gesundheit etc. einhergehen (vgl. Jakobs 2009). Anders formuliert: Einer pädagogisch-anthropologischen Begründung der Pädagogik wie der Ethik liegen die Interessen an der Selbstständigkeit, an den individuellen Entwicklungsmöglichkeiten und an der durch die Erziehung bedingten Abhängigkeit von anderen zugrunde.

6.3 Zur pädagogisch-anthropologischen Kritik an der Sonderanthropologie

Gemeinhin wird unterstellt, dass Behinderung im anthropologischen Sinne als Abweichung von einer Norm, sei es nun eine körperliche Norm der Unversehrtheit oder Schönheit, eine Norm der politischen und ökonomischen Selbstständigkeit, eine hermeneutische Norm der Verständlichkeit oder eine pädagogische Norm der Bildsamkeit und Unerziehbarkeit usw., verstanden wird. Menschen mit Behinderungen erscheinen vor diesem Hintergrund als unerziehbar, unverständlich und bildungsunfähig, lediglich noch förderungsbedürftig und therapiefähig, und gelegentlich werden ihnen selbst diese Fähigkeiten noch abgesprochen (vgl. Feuser 2009). Historisch betrachtet prägen diese Menschenbilder die Behindertenpädagogik – bis heute. Die pädagogische wie ethische Gefahr einer solchen anthropologischen Betrachtungsweise in der Pädagogik besteht nun darin, dass man eine Theorie des ‚ganzen Menschen' aufstellt, die als Norm dient, um das von ihr Abweichende als krank, ungenügend, gefährlich, unerziehbar etc. zu klassifizieren. Bringt man Behinderung in Zusammenhang mit einer anthropologischen ‚Schädigung', ‚Beeinträchtigung' und ‚Minderung' von Funktionen – wie umfänglich, schwer und langfristig diese auch immer definiert sein mögen –, so ergibt sich ein negativer Bezug zum Gesunden, Erfolgreichen und Leistungsfähigen. Wir finden hier einen klassischen anthropologischen Topos: Indem eine solche Anthropologie einem essentialistischen Menschenbild folgt, legt sie (notwendigerweise) zugleich auch das Nicht-, Noch-nicht-, oder Nicht-mehr-Humane fest. Nun lässt sich in der Moderne noch eine Radikalisierung des „normalen Menschenbildes“ durch ein anthropologisches Idealbild ausmachen, das mit den Kriterien von „Leistung, Erfolg, Karriere, Wettbewerb, Rationalität und Machtstreben“ (Theunissen 1990, 546), von Leidensfreiheit, Gesundheit, Aktivität und Vervollkommnung operiert.

Gegenüber dieser grundlegenden anthropologischen Differenzierung und ihrer modernen Tendenz der Idealisierung des Humanen wird im Kontext der Behindertendebatte in letzter Zeit der Ruf nach dem „Recht auf Unvollkommenheit“ oder „Imperfektibiliät“ laut (vgl. Stiftung Deutsches Hygiene Museum u.a. 2001). Dieses ‚Recht auf Unvollkommenheit‘ (das man besser ‚Recht auf Alterität bzw. Heterogenität‘ nennen sollte, da es ansonsten implizit an der Vollkommenheit des gesunden und ganzen Menschen orientiert bleibt) ist, so scheint es, ein moralisches Recht, das sich daher auch nur in einem ethischen Kontext legitimieren lässt; und es ist ein Recht, dass die Anerkennung von Differenz zum Ausgangspunkt hat. Das ‚Recht auf Unvollkommenheit‘ besagt, dass die Menschen *ob* ihrer Verschiedenheit und unabhängig von ihren geistigen und körperlichen Fähigkeiten und Eigenschaften zu achten sind; und es kritisiert damit diejenigen, die Behinderung als medizinisch diagnostizierten Defekt verstehen. Denn diese Theoretiker verfolgen – so paradox dies auf den ersten Blick erscheint – keine Pädagogik der Differenzierung, sondern eine Pädagogik der Identität. Man kann aber Menschen – auch und gerade pädagogisch – nicht gerecht werden, wenn man sie lediglich an den eigenen Maßstäben misst (vgl. Zirfas 2003). Umso wichtiger erscheint es mit der hier skizzierten Pädagogischen Anthropologie, auf der Offenheit, Bildungsbedürftigkeit und -fähigkeit jedes einzelnen Menschen – mit oder ohne Behinderungen – zu bestehen. Das allerdings bedeutet, mit dem historisch vorherrschenden normativen Grenzdiskurs, der auf eine anthropologische Differenz zwischen normalen und behinderten Menschen abhebt, zu brechen.

Die für die Medizin wie auch für die Behindertenpädagogik konstitutive Problematik der Normativität – es muss eine Norm geben, von der aus der Gegenstand der Sonderpädagogik als menschlicher Sonderfall erscheint, der sonderpädagogischer Maßnahmen bedarf – wird in dem Moment zweifelhaft, in dem diese identische Norm als kontingent, willkürlich und unbegründet, ja unbegründbar deutlich wird (vgl. Moser 2009). Behinderung fungiert so als anthropologische Grenze, die der Pädagogik selbst Grenzen setzt, die sie wiederum als ‚natürlich‘ etikettiert. Versteht man Behinderung aber nicht als anthropologisches Apriori, sondern als eine an einen sozialen Kontext gebundene Konstruktion und Interpretation (vgl. Müller 1996), so bedeutet dies, die Relativität und Relationalität des Behinderungsbegriffs in Rechnung zu stellen und zunächst nach den konkreten Bedingungen und Implikationen solcher normativen und normierenden Modelle zu fragen.

So kann man zunächst die Historizität der Grenzziehungen von Normalität und Behinderung skizzieren, die jeweils unterschiedliche Repräsentationsformen von Behinderungen markieren: Holzschnittartig formuliert stehen sich im Mittelalter das gottgewollte Leben und die teuflische Existenz gegenüber, im Barock finden wir die Dichotomie von zivilisatorischem Leben und animalischer Besessenheit, im Zeitalter der Aufklärung die Differenz von Vernunft und Wahnsinn, die im Nationalsozialismus dann dem Double von hochwertiger, reiner Rasse und minderwertiger Bastardisierung weicht. In der Moderne orientiert man sich an einer utilitaristisch verstandenen Rationalität, die das kalkulierbare Risiko zu minimieren sucht, und in der Postmoderne betreiben wir ein Management humaner Ressourcen, eine Reproduktionstechnologie, die an der Warenproduktion, der Qualitätskontrolle und Optimierung des Produktionsprozesses interessiert ist (vgl. Mattner 2001).

Wie fest oder durchlässig Grenzziehungen zwischen ‚normal' und ‚anormal' auch immer sind, und wie flexibel solche grenzziehenden Normen auch gedacht werden, ob sie sich stärker am Modell der Normierung oder an dem der Normalisierung orientieren (vgl. Dederich 2003), und wie auch immer diese selbst einen historischen Wandel forcieren oder ihn durch ihre Beharrung auf traditionellen Strukturen blockieren, und wie auch immer ihre letztliche Begründung sein mag: theologisch, psychologisch, medizinisch, neuro-biologisch, ästhetisch, sozial etc. – entscheidend erscheinen die mit ihnen einhergehenden Praktiken. Grenzziehungen sind *performativ*: Sie führen dazu, Menschen aufgrund bestimmter Merkmale zu identifizieren, zu analysieren und zu klassifizieren; sie implizieren Ab- und Aussonderung, Anpassung und Korrektur, Normalisierung und Eliminierung. Menschen mit Behinderungen sehen sich in den für sie vorgesehenen Institutionen einer ständigen Beobachtung, Prüfung und Therapie ausgesetzt, die vor keinem ihrer Lebensbereiche Halt macht und ihnen unter anderem die Freiheitsspielräume in sexuellen, intimen und körperlichen Belangen extrem beschneidet. Grenzziehungen gehen zurück auf Ordnungen und deren Infragestellungen; sie versuchen, legitimatorische, teleologische, systemische oder ästhetische Ordnungen durchzusetzen und aufrecht zu erhalten.

Problematisch erscheint hier, dass die Norm der Gesundheit und des Normalen, des Optimums, keine genaue Angabe darüber macht, wann sie nicht erfüllt ist. Die Grade der Nichterfüllung einer idealen oder statistischen Normalität bleiben variabel und es stellt sich die Frage, ab wann jemand als behindert gelten kann oder soll. Zudem erschwert die wissenschaftliche Steigerung der Informationen die Auswahl der Praktiken, die es erlauben, einen angemessenen Umgang mit eben diesen Grenzen zu pflegen. Wie weit oder wie eng zieht man die Grenzen der Behinderung bzw. soll man sie ziehen? Inwieweit gibt es ‚absolute' Grenzen, wenn man die historischen und kulturellen Differenzen des Phänomens ‚Behinderung' bedenkt (vgl. Zirfas 1998)?

Die Norm als Trennung von Normal und Abnormal impliziert weiterhin die Legitimation derjenigen Wissenschaften, die sich dem Nicht-Normalen zuwenden, in der Absicht, es auf den normalen Weg zurückzubringen. Die wissenschaftlichen Experten zeichnen sich dabei nicht so sehr durch spezifische Kompetenzen und Qualifikationen aus, sondern durch ihre Funktion der Bestätigung einer spezifischen – hier behinderten – Identität des anderen. Daher ist auch weniger entscheidend, ob die Norm ‚des' Vernünftigen nun deskriptiv verstanden werden soll, als der Mittelwert, der Standard oder das Normale, oder doch eher normativ, als das Ideal, das Regulativ oder das Muster. Durch Normalisierungspraktiken werden Offenheit, Entwicklungsmöglichkeiten und Bildungsfähigkeiten der Menschen – nicht nur im Blick auf Menschen mit Behinderungen – ständig unterlaufen.

Und schließlich impliziert die Grenzziehung auch noch eine Differenzierung der Menschen in bildsame und nicht bildsame. Hierbei liegt ein *falsches* anthropologisches Verständnis von Bildsamkeit vor. Denn auch wenn die Bildsamkeit nach wie vor als ein zentrales konstitutives Prinzip pädagogischen Denkens und Handelns gelten muss (Benner 1991, 56ff.), so gilt auch nach wie vor Mollenhauers bezüglich der anthropologischen Bildsamkeit geäußertes Diktum ihrer wissenschaftlichen Unerfassbarkeit:

> „Ich weiß es nicht [was Bildsamkeit ist, JZ], und ich halte es für unmöglich, es in dem Sinne ‚wissen' zu können, in dem die Wissenschaft sich bemüht, zuverlässiges Wissen zu erzeugen. Wissenschaftliches Reden über Bildsamkeit ist nichts als die Erläuterung dieser Unmöglichkeit" (Mollenhauer 1994, 80; im Original kursiv).

Bildsamkeit ist kein genuin anthropologisches, sondern ein *pädagogisch*-anthropologisches Prinzip. Daher hat die neuzeitliche Bildungstheorie immer wieder auf die Veränderungsfähigkeit des Menschen abgehoben, und wenn sie von Bildsamkeit spricht, bedeutet dies, dass jedes Individuum an seiner Bestimmung zu arbeiten habe; und dass es letztlich kein universelles Maß für die Bildsamkeit des Einzelnen gibt, das diesem seine Bestimmung von außen auferlegt. Die Bildsamkeit eines Menschen ist nicht der anthropologische Maßstab, an dem seine Bestimmung zu messen wäre, sondern die pädagogische *Aufgabe*, die sich aus seiner Bestimmung ergibt, dass der Mensch sich selbst bilden *soll*. Insofern ist Bildsamkeit im Kern keine anthropologische, sondern eine pädagogische Bestimmung, die sich auf das Verhältnis der pädagogischen Interaktion und dabei auf die Möglichkeit der Mitwirkung der Zu-Erziehenden an pädagogischen Interaktionen bezieht (vgl. Musenberg & Riegert 2010). Folgerichtig konzentriert sich der für die Neuzeit konstitutive Gedanke im Erziehungs- und Bildungskontext auf das Moment, dem ‚pädagogischen Gegenüber' diejenigen Möglichkeiten zu gewährleisten, sich selbst am Bildungsgeschehen aktiv und selbstbestimmt beteiligen zu können. Dem liegt wiederum die pädagogisch-anthropologische Idee zugrunde, dass das Individuum letztlich an seiner Freiheit als Selbstständigkeit, an seinen Entwicklungsmöglichkeiten und Erziehungsnotwendigkeiten interessiert ist.

6.4 Eine pädagogisch-anthropologische Ethik

Versteht man Freiheit als Selbstbestimmung, nicht im transzendentalen Sinne Kants als Bedingung der Möglichkeit von Autonomie, sondern – wie oben skizziert – als Fähigkeit, sein Leben individuell zu verstehen, zu bewerten und zu praktizieren, so erscheinen die oben diskutierten Normalisierungstheorien und -praktiken vor allem als Demütigungen von Menschen mit Behinderungen, denn diese sprechen ihnen die Möglichkeit einer individuell sinnvollen Bestimmung und Veränderung ihres Lebens ab. Normierungspraktiken führen dementsprechend dazu, „Menschen so zu behandeln, als ob sie keine Menschen wären" (Margalit 1997, 177) und bewirken damit ihren Ausschluss aus der Menschengemeinschaft: Menschen – mit oder ohne Behinderungen – werden folglich nicht als Menschen behandelt. Normalisierungspraktiken sind Demütigungshandlungen, die den Einzelnen in seinen Entwicklungsmöglichkeiten gefährden, in seinen Bildungsfähigkeiten begrenzen und seine Selbstbestimmung negieren. Kurz: Sie zerstören seine *Selbstachtung*. Diese gründet in den pädagogisch-anthropologischen Voraussetzungen, sich selbst bestimmen zu können, bildsam zu sein, aber auch der pädagogischen Unterstützung durch andere zu bedürfen. Selbstachtung wird hier verstanden als psychologisch-moralischer Ausdruck des anthropologisch-ethischen Prinzips der Selbstbestimmung.

Eine Verletzung der Selbstachtung bedeutet letztlich eine Verletzung elementarer menschlicher Interessen, von denen die elementarste vielleicht die Verletzung der Veränderungsfähigkeit des Menschen darstellt. Die radikale Freiheit des Menschen als Möglichkeit, seinem Leben eine völlig neue Perspektive zum Besseren zu geben, oder als Zurücknahme von Ansprüchen, Interessen und Wünschen mit Bezug auf andere, konstituiert die Selbstachtung oder auch die Würde des Menschen.

> „Achtung ist dem Menschen nicht dafür zu zollen, in welchem Grad er sein Leben tatsächlich zu ändern vermag, sondern allein für die Möglichkeit der Veränderung. Achtung vor dem Menschen bedeutet daher auch, niemals jemanden aufzugeben, da alle Menschen fähig sind, ihrem Leben eine entscheidende Wendung zum Besseren zu geben" (Margalit 1997, 92).

Versteht man unter Demütigung vor allem den Versuch der Zerstörung von Kontextbeziehungen, in denen der Mensch erst seine Selbstachtung gewinnen kann, so konkretisiert sich Demütigung als Zerstörung der Würde des Menschen in dem Versuch, ihm seine Selbstbestimmungs- und Bildungsmöglichkeiten, aber auch seine Erziehungsnotwendigkeiten zu nehmen.

Denn während die anthropologische Idee der Offenheit des Humanen pädagogische Maßnahmen der Unterstützung der Selbstbestimmung impliziert und die anthropologische Idee der Entwicklungsfähigkeit auf die lebenslange pädagogische Begleitung von Lernprozessen abhebt, zielt die anthropologische Idee der Erziehungsnotwendigkeit auf die Angewiesenheit auf einen pädagogischen Anderen, ohne den Selbstbestimmung und individuelle Entfaltung nicht möglich wären. Dementsprechend achten sich Menschen nicht nur, indem sie sich als sich (moralisch) selbst bestimmend erfahren, und auch nicht nur, indem sie die Möglichkeiten haben, sich selbst (moralisch) zu entwickeln, sondern auch, indem sie sich mit anderen in ihrer Angewiesenheit auf andere verbunden wissen.

Eine pädagogisch-anthropologische Ethik ist insofern als eine Ethik der Anerkennung der individuellen Selbstachtung zu entwerfen (vgl. zu den Anerkennungsdiskursen und deren Relevanz für die Behindertenpädagogik den Beitrag von Moser in diesem Band; im Unterschied zu diesem Text, der den sozialen Kampf um Anerkennung betont, wird hier auf die anthropologischen Dimensionen der Anerkennung abgehoben; beide unterstreichen allerdings unisono die fundamentale Bedeutung der Thematik der Anerkennung für eine Professionstheorie der Behindertenpädagogik). Diese enthält eine anthropologische Basis in dem *unterstellten* Interesse an Selbstachtung. Todorov hat dieses Bedürfnis in zwei Stufen beschrieben: „Von den anderen verlangen wir erstens, unsere Existenz anzuerkennen (die *Anerkennung* im engeren Sinn), und zweitens, unseren Wert zu bestätigen (diesen Teil des Prozesses bezeichnen wir als *Bestätigung*)" (Todorov 1996, 100). Dementsprechend gibt es zwei Formen der Nicht-Anerkennung: die versagte Anerkennung (Entwertung) und die verweigerte Bestätigung (Verwerfung). Anthropologisch wird hier vorausgesetzt, dass Menschen erstens anerkannt werden wollen, dass sie zweitens auch geschätzt sein wollen, dass drittens das anthropologisch-ethische Paar des ‚Geschätztwerdenwollens' und ‚Schätzenswertseinwollens' sich auf die gesamte Person bezieht und diese in einer besonderer Weise betrifft, und dass dieses Paar schließlich auch für die Moral bedeutsam ist.

Der anthropologisch-ethische Zusammenhang von ‚Geschätztwerdenwollen' und ‚Schätzenswertseinwollen' lässt sich über Todorov hinausgehend anhand von fünf Anerkennungsverhältnissen darstellen: Auf der Seite der positiven Anerkennung kann man zwischen Toleranz, Wertschätzung, Respekt, Solidarität und Gerechtigkeit, auf der negativen Seite zwischen Gleichgültigkeit, Missachtung, Verachtung, Demütigung und Ungerechtigkeit unterscheiden.

Während der Begriff der *Toleranz* als das Gelten- und Gewährenlassen anderer zwar eine Wahrnehmung derselben impliziert, bedeutet er letztlich aber nicht mehr als das erhabene Desinteresse am anderen. Eine weitere Form der Achtung ist die *Wertschätzung*, die auf bestimmte Werteigenschaften von Personen bezogen ist, die wir selbst voneinander moralisch fordern. Diese Form lässt Grade der Anerkennung zu bzw. Skalen von Mehr oder Weniger, Besser oder Schlechter, da eine Person die geschätzten Eigenschaften mehr oder weniger, besser oder schlechter verkörpern kann. Von diesem Anerkennungsmodell zu unterscheiden ist der *Respekt*, die Achtung im engeren Sinne, die über die Wahrnehmung hinaus ein Verstehen des anderen einschließt. Wenn ich jemanden respektiere, so achte ich ihn als „Zweck an sich selbst" (Kant), als jemanden, der mit mir ein gemeinsames Schicksal (als Vernunftwesen, als Leidensgenosse etc.) teilt. Als Form der vollkommenen Reziprozität und Symmetrie menschlicher Beziehungen lässt sich die *Solidarität* bestimmen. Solidarität bezeichnet dann jene Form der Anerkennung, die die Menschen symmetrisch miteinander verbindet, weil sie sich wechselseitig im Lichte von Werten betrachten, die sie als gemeinsame Praxis für wichtig erachten – wobei Symmetrie hier unterstellt, dass jedes Subjekt die gleichen Möglichkeiten erhält, sich im Lichte der gemeinsam geteilten Werte als wertvoll für die Gesellschaft zu erfahren (vgl. Honneth 1994).

Und schließlich lässt sich auch von einer Anerkennung als *Gerechtigkeit* sprechen, womit gemeint ist, der individuellen Selbstachtung des anderen angemessen (pädagogisch) zu begegnen. Diese Form scheint die einzige zu sein, die mit einer Ethik der Differenz ernst macht, sind doch alle anderen Formen von Anerkennung (von der Toleranz bis hin zur Solidarität) letztlich auf symmetrische Verhältnisse bezogen. Ohne diese These hier entfalten zu können, soll postuliert werden: Nur eine Ethik, die mit einer (unendlichen) asymmetrischen Anerkennung operiert, ist wirklich in der Lage, Menschen mit (und ohne) Behinderungen gerecht zu werden, ohne diese an einer Normalisierung von Verhaltensweisen und -fähigkeiten zu messen (vgl. Rösner 2002). In diesem Sinne handelt pädagogisch und ethisch derjenige gerecht, der allen Menschen aus Verantwortung für die humane Erziehungsnotwendigkeit die je individuellen pädagogischen Möglichkeiten dafür bietet, dass sie sich selbst bestimmen, lebenslang lernen und sich entwickeln können.

Die pädagogisch-anthropologische Ethik von und für Menschen mit Behinderungen ist keine partikulare pädagogische Sonderethik; sie zielt, wie eine ‚allgemeine' pädagogische Ethik auf die Paradoxie eines Egalitarismus der Differenz bzw. einer gleichwertigen Anerkennung asymmetrischer Verhältnisse. Daher erscheint es durchaus sinnvoll, Behinderung über die ‚außergewöhnlichen Bedingungen' zu definieren, die geschaffen werden müssen, um die Selbstbestimmung, Entwicklungsmöglichkeit und Bildungsnotwendigkeit von Menschen zu gewährleisten. In diesem Sinne erscheint es konsequent, wenn man Behinderung über diejenigen Beeinträchtigungen definiert, die Menschen an der gleichberechtigten Teilhabe an der Gesellschaft behindern (vgl. Dederich 2009). Behinderung wird hier nicht als physischer, psychischer oder sozialer Mangel in einem medizinisch-anthropologischen Rahmen definiert, sondern in einen Kontext von sozialer Teilhabe und Selbstbestimmung gestellt, der die Frage nach den Bedingungen der Möglichkeiten von Selbstbestimmung aufwirft.

Aufgrund pädagogisch-anthropologischer Erkenntnisse wäre zu ergänzen, dass die Entwicklung von Selbstbestimmung nur im Kontext von vielfältigen Entwicklungsmöglichkeiten und nur auf der Basis einer pädagogischen Abhängigkeit von anderen entfaltet werden kann. So lässt sich als These formulieren, dass es nicht ausreicht, die Beziehungen zu Menschen mit Behinderungen nur in Form juristischer und ökonomischer Gleichstellungen zu sichern, sondern dass es darüber hinaus spezifischer soziomoralischer Verhältnisse einer pädagogisch-ethischen Verantwortung bedarf, um die Selbstbestimmung von Menschen mit Behinderungen zu gewährleisten: Mit einem Wort geht es um ein „Jenseits normalisierender Anerkennung" (vgl. Rösner 2002).

Die pädagogische Arbeit (mit Behinderten) entfaltet sich in der Paradoxie, das anthropologisch-symmetrische Anerkennungsinteresse mit einer asymmetrischen Verantwortungspraxis vermitteln zu müssen. Denn die pädagogische Arbeit mit Menschen mit Behinderungen ist oftmals auf soziale Nahräume beschränkt, in denen die Anerkennungsprozesse über supererogatorische Leistungen zustande kommen, die das übliche Maß bei weitem überschreiten.

Dabei kann der Pädagoge in seinen Bemühungen einem Menschen begegnen, der die besondere Individualität des Erziehers gar nicht anerkennen kann, weil er die Voraussetzungen – aufgrund von Krankheiten oder Unfällen – dafür noch nicht, nicht mehr oder gegebenenfalls nie mitbringen wird. In diesem Sinne stellt die Behindertenpädagogik im Grunde ‚nur' eine Radikalisierung der pädagogischen Paradoxie dar, Menschen zu einem Können aufzufordern, das sie noch nicht leisten können, und sie als diejenigen anzuerkennen, die sie noch nicht sind: In ihr geht es darum, Menschen zu einem Können aufzufordern, das sie vielleicht niemals werden leisten können, und sie (dennoch) als diejenigen anzuerkennen, die sie vielleicht niemals werden sein können. Von hier aus ließe sich fragen, ob die Grundparadoxie der Erziehung – dem anderen kontrafaktisch Eigenschaften (Vernunft, Mündigkeit etc.) zu unterstellen und ihn als jemanden zu achten, der er noch nicht ist – auch darin begründet liegt, dass der Pädagoge sich nur in dieser symmetrischen Form selbst anerkennen konnte. Wer mit Menschen (mit Behinderungen) pädagogisch arbeitet, muss seine Selbstachtung *als* Pädagoge nicht nur an einer symmetrischen, sondern auch an einer asymmetrischen Anerkennungsstruktur orientieren, die er aus einem pädagogisch-anthropologischen Zusammenhang gewinnen kann: Denn wer pädagogisch denkt und handelt, muss an Selbstbestimmung, Erziehungsbedürftigkeit und Bildungsfähigkeit von Menschen (mit Behinderungen) festhalten. Er verliert ansonsten seine Selbstachtung als Pädagoge.

Literatur

Adorno, Th. W. (1982): Negative Dialektik (3. Auflage). Frankfurt am Main.

Benner, D. (1991): Allgemeine Pädagogik (2. Auflage). Weinheim, München.

Bleidick, U. (2003): Der Personenbegriff in der Behindertenpädagogik. In: Dederich, M. (Hrsg.): Bioethik und Behinderung. Bad Heilbrunn/Obb., 20–48.

Bollnow, O. F. (1965): Die anthropologische Betrachtungsweise in der Pädagogik. Essen.

Dederich, M. (2003): Normalismus, „Eugenik" und Ethik. In: Dederich, M. (Hrsg.): Bioethik und Behinderung. Bad Heilbrunn/Obb., 237–263.

Dederich, M. (2009): Behinderung als sozial- und kulturwissenschaftliche Kategorie. In: Dederich, M. & Jantzen, W. (Hrsg.): Behinderung und Anerkennung. Stuttgart, 15–39.

Feuser, G. (2009). Naturalistische Dogmen. In: Dederich, M. & Jantzen, W. (Hrsg.): Behinderung und Anerkennung. Stuttgart, 233–243.

Fornefeld, B. (2009): Grundwissen Geistigbehindertenpädagogik (4., überarb. und erw. Auflage). München.

Honneth, A. (1994): Kampf um Anerkennung. Zur moralischen Grammatik sozialer Konflikte. Frankfurt am Main.

Horkheimer, M. (1988): Bemerkungen zur philosophischen Anthropologie (1935). In: Schmidt, A. (Hrsg.): Gesammelte Schriften Band 3. Schriften 1931–1936. Frankfurt am Main, 249–276.

Jakobs, H. (2009): Anthropologie/Anthropologiekritik. In: Dederich, M. & Jantzen, W. (Hrsg.): Behinderung und Anerkennung. Stuttgart, 293–301.

Liebau, E. (2004): Braucht die Pädagogik ein Menschenbild? In: Menschen-Bilder im Umbruch – Didaktische Impulse. In: Bizer, Ch. (Hrsg): Jahrbuch der Religionspädagogik 20, 123–135.

Loch, W. (1994): Der pädagogische Sinn der anthropologischen Betrachtungsweise (1965). In: Wulf, Ch. & Zirfas, J. (Hrsg.): Theorien und Konzepte der pädagogischen Anthropologie. Donauwörth, 130–153.

Mattner, D. (2001): Die Erfindung der Normalität. In: Stiftung Deutsches Hygiene-Museum und Deutsche Behindertenhilfe – Aktion Mensch e. V. (Hrsg.): Der (im-)perfekte Mensch. Vom Recht auf Unvollkommenheit. Ostfildern-Ruit, 13–32.

Margalit, A. (1997): Politik der Würde. Über Achtung und Verachtung. Berlin.

Meyer-Drawe, K. (2007): „Du sollst dir kein Bildnis noch Gleichnis machen…" – Bildung und Versagung. In: Koller, H.-Ch., Marotzki, W. & Sanders, O. (Hrsg.): Bildungsprozesse und Fremdheitserfahrung. Bielefeld, 83–94.

Mollenhauer, K. (1994): Vergessene Zusammenhänge. Über Kultur und Erziehung (4. Auflage). Weinheim, München.

Moser, V. (2009): Legitimations- und Kontingenzprobleme. In: Dederich, M. & Jantzen, W. (Hrsg.): Behinderung und Anerkennung. Stuttgart, 170–176.

Müller, K. E. (1996): Der Krüppel. Ethnologia passiones humanae. München.

Musenberg, O. & Riegert, J. (Hrsg.) (2010): Bildung und geistige Behinderung. Bildungstheoretische Reflexionen und aktuelle Fragestellungen. Oberhausen.

Rösner, H.-U. (2002): Jenseits normalisierender Anerkennung. Reflexionen zum Verhältnis von Macht und Behindertsein. Frankfurt am Main.

Roth, H. (1966): Pädagogische Anthropologie I: Bildsamkeit und Bestimmung. Hannover u. a.

Stiftung Deutsches Hygiene-Museum und Deutsche Behindertenhilfe – Aktion Mensch e.V. (Hrsg.) (2001): Der (im-)perfekte Mensch. Vom Recht auf Unvollkommenheit. Ostfildern-Ruit.

Theunissen, G. (1990): Behindertenfeindlichkeit und Menschenbild. In: Zeitschrift für Heilpädagogik, 41, 546–552.

Todorov, T. (1996): Abenteuer des Zusammenlebens. Versuch einer allgemeinen Anthropologie. Berlin.

Wulf, Ch. (2001): Einführung in die Anthropologie der Erziehung. Weinheim, Basel.

Zirfas, J. (1998): Die Normativität des Humanen. Zur Theorie der Behinderung aus der Sicht von pädagogischer Anthropologie und Ethik. In: Eberwein, H. & Sasse, A. (Hrsg.): Behindert sein oder behindert werden? Interdisziplinäre Analysen zum Behinderungsbegriff. Neuwied, Berlin, 96–119.

Zirfas, J. (1999): Die Lehre der Ethik. Zur moralischen Begründung pädagogischen Denkens und Handelns. Weinheim.

Zirfas, J. (2003): Das Recht auf Unvollkommenheit. Pädagogische Überlegungen zur Frage der Behinderung. In: Beillerot, J. & Wulf, Ch. (Hrsg.): Erziehungswissenschaftliche Zeitdiagnosen: Deutschland und Frankreich. Münster, New York, 209–223.

Zirfas, J. (2004): Pädagogik und Anthropologie. Eine Einführung. Stuttgart.

Zirfas, J. (2009): Homo absconditus? Pädagogisch-anthropologische Notizen. In: Göhlich, M. & Zirfas, J. (Hrsg.): Der Mensch als Maß der Erziehung. Festschrift für Christoph Wulf. Weinheim, Basel, 199–214.

7 Person

Michael Quante & David P. Schweikard

> Wenn Sie also fragen, ob man über so was in Deutschland diskutieren soll oder nicht, so würde ich folgendes sagen: Es ist fast unausweichlich, dass man darüber diskutiert. Indem Sie die Frage totschweigen, geht sie ja nicht weg.
>
> Hans Jonas

Einleitung

Gesellschaftliche Entwicklungen und technischer Fortschritt geben regelmäßig dazu Anlass, über den ethisch angemessenen Umgang mit und den Schutz von Menschen mit Behinderung zu diskutieren. Beispielsweise erfordern die Möglichkeiten der Präimplantations- und der Pränataldiagnostik, die zu Abtreibungsentscheidungen genutzt werden können, sowie Fragen, die das selbstbestimmte Leben von Menschen mit geistiger Behinderung betreffen, einen andauernden Diskurs über die Lebens- und Abwehrrechte des beginnenden menschlichen Lebens oder auch irreversibel komatösen Menschen zu führen. In der Folge kommt dann die Frage nach dem moralischen Status des Menschen in allen seinen Existenzformen in den Blick. In diesen Diskussionen wird von manchen Beteiligten der Begriff ‚Person' als Begründungsressource verwendet; etwa in Beiträgen der Form, dass Menschen mit Behinderung Personen seien und ihnen deshalb ein herausragender moralischer Status zukomme. In diesem Beitrag erörtern wir, ob der Personbegriff diese Begründungslast tragen kann. Dazu werfen wir zum Einstieg einen Blick auf eine Debatte, die seit den frühen 1990er Jahren den gesellschaftlichen Diskurs über den Umgang mit Menschen mit Behinderung in Deutschland maßgeblich geprägt hat.

Im Wintersemester 1989/90 kam es anlässlich eines Seminars am Philosophischen Seminar der Universität Duisburg, in dem das Buch *Praktische Ethik* des australischen Philosophen Peter Singer behandelt werden sollte, zu einem Eklat, in dessen Folge versucht wurde, die Durchführung dieses Seminars zu verhindern. In den darauf folgenden Jahren gab es immer wieder – teilweise erfolgreiche – Versuche, Vorträge von Peter Singer in Deutschland zu unterbinden und wissenschaftliche Konferenzen, auf denen bioethische Fragen erörtert werden sollten, zu sprengen.[1] Hans Jonas, der in philosophischer Hinsicht einer der schärfsten

1 Eine ausführliche Dokumentation der Duisburger Vorgänge findet sich in Anstötz et al. (1995); in der zweiten deutschen Ausgabe seines Buches hat Peter Singer unter der Überschrift

Kritiker und Gegner der Position Peter Singers ist, äußerte in einem 1989 mit der *Zeit* geführten Gespräch seine Bestürzung über diese Vorgänge, sprach von einer vergifteten Form der Diskussion, die mit Unterstellungen, Beschimpfungen und Verdächtigungen der Motive der anderen Parteien sowie mit dem Vorwurf des Faschismus arbeiteten, anstatt zu versuchen, die Position des anderen zu verstehen und gegebenenfalls mit argumentativen Mitteln zu widerlegen. Bezug nehmend auf einen Beitrag, in dem Singer unterstellt wird, er spreche behinderten Menschen das Lebensrecht ab, sagt Jonas:

> „Das ist einfach nicht wahr. Das ist eine totale Entstellung des Sachverhaltes. Ich meine, es gibt genug bei Singer, wogegen man polemisieren kann, aber ihm etwas zu unterschieben, was er nie gesagt hat, was auch gar nicht zu seiner Einstellung passt, das sind unsaubere und hässliche Diskussionssitten, die mich, wie gesagt, bestürzt haben und mir zeigten, woran Deutschland immer noch zu tragen hat. Auch dies ist noch ein Preis, der für die Verbrechen, die geschehen sind, und für das Ungeheuerliche der Hitlerzeit gezahlt wird. Während es doch darum geht, bei einer solchen Diskussion zu einem wirklichen Verständnis und Einvernehmen über die Sache zu kommen, wird hier etwas aufgeführt, was vom Problem ablenkt" (Hans Jonas in *Die Zeit* (1989), zitiert in: Anstötz et al. 1995, 64f.).

Was war geschehen? Peter Singer unternimmt in dem genannten Buch auf der Grundlage einer präferenzutilitaristischen Ethik, die für unsere weiteren Überlegen nicht relevant ist und daher hier ausgeblendet werden kann, den Versuch, die moralische Abwertung nichtmenschlichen tierlichen Lebens zu kritisieren. Dies geschieht mittels zweier argumentativer Schritte: *Erstens* weist Singer die Begründung einer moralischen Höherwertigkeit des Menschen aufgrund seiner biologischen Natur oder aufgrund seiner besonderen Stellung in Gottes Schöpfung als nicht haltbare Begründungsversuche zurück. *Zweitens* weist er darauf hin, dass viele der in fast allen Ethiken zentralen Eigenschaften und Fähigkeiten (z.B. Leidensfähigkeit, Verletzbarkeit, kognitive Fähigkeiten etc.) bei manchen höheren Tierarten zu finden sind, aber nicht bei allen Menschen gegeben sind und nicht in allen Lebensabschnitten in gleichem Maße vorliegen. Daraus leitet er die Schlussfolgerung ab, dass eine prinzipielle moralische Ungleichstellung menschlichen und nichtmenschlichen Lebens nicht zu begründen und lediglich Ausdruck einer unbegründeten Bevorzugung der eigenen Lebensform ist.

Singer vertritt dabei jedoch keinen radikalen Egalitarismus, der alle Formen des Lebens moralisch gleichstellt, sondern zeichnet bestimmte Fähigkeiten aus, die in seiner Theorie einen ausgezeichneten moralischen Status begründen, der unter anderem ein striktes Tötungsverbot impliziert. Lebewesen, die mit diesen Fähigkeiten ausgezeichnet sind, nennt Singer Personen, wobei er explizit zulässt, dass weder alle Menschen zu allen Zeitpunkten ihrer Existenz noch ausschließlich

„Wie man in Deutschland mundtot gemacht wird" die Vorgänge dieser Jahre aus seiner Sicht dargestellt (Singer 1994, 425–451). Das Buch Singers, 1979 in englischer Sprache erschienen und 1984 in deutscher Sprache veröffentlicht, war in den Jahren zuvor bereits in Philosophieseminaren behandelt worden, ohne dass es zu derartigen Vorfällen gekommen war.

Menschen Personen sein können und diesen besonderen moralischen Status haben.

In der Debatte ist Singer verschiedentlich vorgeworfen worden, er klassifiziere behinderte Menschen lediglich als ‚vegetables', indem er ihnen bei ausreichend gravierenden kognitiven Einschränkungen den Personstatus abspreche. Dies ist unpräzise, da der Ausdruck ‚vegetables' – im Sinne des bloß vegetativen Lebens – das Vorliegen jeder Form phänomenalen Bewusstseins (z. B. Empfindungen) oder kognitiver Einstellungen (z. B. Wahrnehmungen) ausschließt. Es ist evident, dass dies aus Singers Theorie nicht folgt. Richtig ist allerdings, dass er nichtpersonales menschliches Leben aus dem Geltungsbereich des strikten Lebensschutzes herausnimmt. Und es ist auch korrekt, dass nicht mit Bewusstseinszuständen ausgestattete Lebensformen aus dem Geltungsbereich seiner Ethik herausfallen.

Um die Herausforderung, die in Singers Argumentation verborgen ist, zu erkennen, ist es hilfreich, zwei Thesen explizit zu formulieren, die wir die Koextensionalitäts- und die Übertrumpfungsthese nennen:

Koexistentialitätsthese (K-These):
Allen und nur Menschen kommt zu allen Zeitpunkten ihrer individuellen Existenz der Personstatus zu.

Übertrumpfungsthese (Ü-These):
Der Personstatus impliziert strikte moralische Schutzrechte und begründet, dass die moralischen Ansprüche von Personen die Ansprüche aller anderen Entitäten prinzipiell übertrumpfen.

Als exemplarisch für eine Position, in der die K- und die Ü-These in direkter Konfrontation mit der Position Peter Singers entwickelt werden, kann der Beitrag von Ulrich Bleidick gelten, dem es zentral darum geht, „den Personwert aller Menschen, auch der schwerst Geschädigten, anzuerkennen" (Bleidick 1999, 131). Die Begründung des Übertrumpfungsarguments wird von Bleidick dabei allerdings unter Rückgriff auf den Begriff der Menschenwürde durchgeführt (vgl. Bleidick 1999, Kapitel 6). Dies wirft erstens das Problem auf, dass dieses Prinzip quer zu der Position Peter Singers steht (und deshalb eine schiefe Diskussionslage erzeugt): Singers Ethik ist eine Version des Utilitarismus, in dem der ethische Wert von Handlungen ausschließlich durch ihre Folgen, d. h. die Maximierung des Guten oder der moralisch relevanten Werte, konstituiert wird. Das Prinzip der Menschenwürde stammt dagegen aus der naturrechtlichen und deontologischen Ethiktradition; in dieser bemisst sich der Wert einer Handlung daran, dass sie einem ethischen Prinzip gemäß und dementsprechend richtig ist (die Bewertung der Handlungsfolgen spielt darin keine oder höchstens eine untergeordnete Rolle). Die Argumentationen von Bleidick und Singer nehmen unvereinbare Prämissen in Anspruch, so dass die Kritik in zentralen Teilen entweder ihr Ziel verfehlt oder aber zirkulär wird. Zweitens bringt Bleidicks Begründung der Ü-These die Schwierigkeit mit sich, dass nun das Verhältnis von Personsein und Menschenwürde zu klären ist. Die Geschichte des Menschenwürdeprinzips zeigt, dass sich hier (mindestens) zwei Traditionslinien gegenüberstehen: In der einen werden ‚Mensch' und ‚Person' gleichgesetzt, so dass Menschenwürde mit Würde der Person identisch ist; in der anderen bezieht sich ‚Mensch' dagegen auf alle Mitglieder der menschlichen Gattung, so dass die Extension von ‚Mensch' und ‚Person' nicht mehr zwingend gegeben ist. Durch die Einführung des Prinzips der Menschenwürde wird eine Klärung des Verhältnisses von ‚Mensch' und ‚Person' umgangen, obwohl dies bei einer Erläuterung von ‚Menschenwürde' ebenfalls zur Sprache kommen müsste (vgl. Bayertz 1996 & Stoecker 2003 zu den verschiedenen Bedeutungen des Begriffs der Menschenwürde). Statt eine Klärung über die Leistungsfähigkeit und Begründungsstärke des Personbegriffs herbeizuführen, wechselt Bleidick den Kampfplatz und sorgt damit für Verwirrungen in der Diskussion (vgl. Quante 2010 für eine ausführliche Analyse dieser Zusammenhänge).

In diesem Beitrag wollen wir erläutern, ob und inwieweit der Begriff der Person eine zentrale Rolle bei der Begründung eines ausgezeichneten moralischen Status einnehmen kann. Dabei möchten wir aufzeigen, dass und warum es überaus problematisch ist, mithilfe des Personbegriffs die von uns soeben formulierten Thesen K und Ü begründen zu wollen. Unser Ziel in diesem Beitrag ist *nicht*, dies sei vorab explizit gesagt, den moralischen Status nichtpersonalen menschlichen Lebens zu erörtern. Es geht uns ausschließlich darum, die Rolle des Personbegriffs in diesem Kontext zu explizieren, um zentrale Bedingungen einer rationalen gesellschaftlichen Diskussion dieser moralischen Probleme aufzuzeigen und bereitzustellen.

Dazu werden wir nach einigen allgemeinen methodologischen Vorbemerkungen (1.) vier Verwendungsweisen des Personbegriffs unterscheiden (2.). Auf der Grundlage dieser philosophischen Klärung der Funktionsweise des Personbegriffs werden wir uns dann der für diesen Beitrag zentralen Frage widmen, welche Begründungslast der Begriff der Person in der Ethik und im Kontext der Frage nach dem ethischen Status behinderten menschlichen Lebens tragen kann (3. und 4.). In einem Ausblick werden wir dann noch kurz auf verschiedene Grundhaltungen zu sprechen kommen, die häufig gegenüber bioethischen Fragestellungen eingenommen werden und sich auch in der Singer-Debatte wiederfinden lassen, weil diese häufig den eigentlichen Dissenspunkt ausmachen (5.).

7.1 Methodologische Vorbemerkungen

Da der Begriff der Person vielschichtig ist, in diversen Kontexten auf unterschiedliche Weise verwendet wird, sowie eine lange und verwickelte Begriffsgeschichte hinter sich liegen hat, ist es zum besseren Verständnis der folgenden Überlegungen hilfreich, sich in schematischer Form einige basale methodologische Vorbedingungen zu verdeutlichen (vgl. Sturma 2001 für eine knappe Darstellung des Personbegriffs). *Erstens* gilt, dass jeder Begriff, der zur Klassifikation bzw. zur Zuordnung einer Entität zu einer Klasse von Entitäten verwendet wird, die Existenz von Kriterien voraussetzt, anhand derer entschieden werden kann, ob die vorgeschlagene Klassifikation „Dies x ist ein F" zu Recht vorgenommen worden ist. Es muss also Merkmale geben, die das fragliche x als Mitglied der F-Klasse auszeichnen. Deshalb kann kein Begriff als sein eigenes Kriterium fungieren, weil wir ihn sonst nicht anwenden könnten.

Wenn mit der Klassifikation „x ist ein G" die Zuschreibung eines spezifischen moralischen Status verbunden ist, aus dem G-Sein also moralische Rechte (und eventuell auch moralische Pflichten) abgeleitet werden, dann muss der Klassifikationsbegriff G *zweitens* auf normative Kriterien verweisen, die als Begründung der entsprechenden Statuszuschreibung angeführt werden können (das entsprechende Schema lautet: x hat den moralischen Status G, weil p). In der Regel werden wir fordern, dass die Aussage p sich auf Merkmale der Entität x bezieht, die es erlauben bzw. erfordern, dass x der moralische Status G zugesprochen wird. Eine solche Begründung der Statuszuschreibung G wird dabei eine implizite oder explizite ethische Theorie in Anspruch nehmen müssen, die plausibel macht, weshalb die in p genannten Merkmale von x hinreichend dafür sind, x den G-Status zuzuerkennen. Die Zuschreibung eines moralischen Status G erfordert also eine Begründung, die ihrerseits wiederum Plausibilitätsstandards genügen muss (vgl. Quante 2010, wie dies unter den Bedingungen des Pluralismus gelingen kann).

7.2 Der Begriff der Person: Vier Verwendungsweisen

Wenn man im Radio die Warnung hört, dass sich auf der A 1 zwischen Münster Nord und Münster Süd Personen auf der Fahrbahn befinden, dann stellt man sich eine Gruppe von Menschen vor, die sich dort aufhalten. Wird dagegen davon gesprochen, dass dort Tiere auf der Fahrbahn sind, denkt man vermutlich nicht an Menschen. Dies spricht auf den ersten Blick für die K-These, der zufolge die Gleichsetzung von ‚Mensch' und ‚Person' zur alltagssprachlichen Bedeutung dieser Begriffe gehört. Denkt man dann aber an die Meldung „Spielende Kinder auf der Fahrbahn", so kommen erste Zweifel, ob wirklich gilt, dass Menschen zu allen Zeitpunkten ihrer Existenz als Personen gezählt werden. Vor allem geht mit der K-These die Annahme einher, dass ‚Person' und ‚Mensch' den gleichen ethischen Status anzeigen. Hier müssen weitere Zweifel laut werden, denn offensichtlich geht es bei diesen alltäglichen Meldungen des Verkehrsfunks nicht darum, die besagten Personen gegenüber den Kindern oder den Tieren irgendwie ethisch auszuzeichnen, sondern vielmehr darum, sprachlich auf sie Bezug zu nehmen. Für die Zwecke der ersten Warnmeldung scheint es nicht wesentlich zu sein, ob man von Personen oder von Menschen spricht. Man hätte vielleicht auch von Erwachsenen,

Bauarbeitern, Freizeitsportlern oder Demonstranten sprechen können. Es geht nicht primär um die Anzeige des Status, eine Person zu sein, sondern um die sprachliche Bezugnahme auf Objekte der Rede. Vernimmt man dagegen die Meldung „Entlaufene Kuh mit Auto kollidiert, Personen kamen nicht zu Schaden“ in den Nachrichten, wird man darauf aufmerksam gemacht, dass zwar ein Tier verletzt oder gar getötet worden ist, jedoch keine Personen. Bei solchen Meldungen wird der Begriff der Person nicht nur, und nicht einmal primär, dazu benutzt, um auf einzelne Objekte Bezug zu nehmen. Es geht vielmehr darum, mit dieser Bezugnahme den Status des adressierten Objekts anzugeben.

Dem Begriff der Person selbst kann man nicht ansehen, in welcher Funktion und Verwendungsweise er gebraucht wird. Diese werden vielmehr durch den Kontext der Äußerung festgelegt. Die gerade angeführten alltäglichen Beispiele zeigen, dass man bei der philosophischen Analyse und Inanspruchnahme des Begriffs der Person nicht nur eine Funktion oder eine Art der Verwendung zugrunde legen und die anderen ausblenden darf. Achtet man auf die alltagssprachliche, diverse fachwissenschaftliche oder auf die philosophische *Verwendung* des Begriffs der Person, dann kann man zwei Paare von Verwendungsweisen erkennen, die sich auch miteinander kombinieren lassen.

(1.) Wie nach dem bereits Gesagten zu erwarten ist, finden wir eine deskriptive und eine präskriptive Verwendung. Wer z. B. nach einer ausführlichen verhaltensbiologischen und tierpsychologischen Studie des Titelhelden aus der Fernsehserie „Unser Charlie“ zu dem Ergebnis kommt, dass Charlie eine Person ist, der verwendet den Begriff in *deskriptiver* Weise. Gemeint ist mit dieser Aussage, dass der Schimpanse Charlie die für das Personsein charakteristischen Eigenschaften und Fähigkeiten in hinreichendem Maße besitzt und somit als Person zu gelten hat. In der deskriptiven Verwendung gilt auch die umgekehrte Begründungsbeziehung: Wenn vorausgesetzt ist, dass Flipper im deskriptiven Sinne eine Person ist, dann lässt sich daraus ableiten, dass er die für das Personsein notwendigen Eigenschaften und Fähigkeiten in hinreichendem Maße aufweist. Über den ethischen Status von Charlie, Flipper oder anderen Personen ist damit jedoch so lange noch nichts gesagt, wie die zugrunde gelegte ethische Bewertung des Personseins oder der mit dem Personsein einhergehenden Eigenschaften und Fähigkeiten nicht expliziert worden sind.

Als Beispiel für die *präskriptive* Verwendung kann folgende Aussage dienen: Medizinische Experimente mit nicht einwilligungsfähigen Menschen sind ethisch unzulässig, weil sie Personen sind. In einer solchen Aussage, die im Kontext gegenwärtiger gesellschaftlicher und politischer Auseinandersetzungen prominent ist, wird der Begriff der Person in präskriptiver Weise gebraucht: Das Personsein wird als Begründung für einen ethischen Anspruch herangezogen; es zeigt einen ausgezeichneten ethischen Status an. Analog zum Fall der deskriptiven Verwendung lässt sich auch bei der präskriptiven Verwendung des Begriffs der Person die umgekehrte Begründungsbeziehung finden: Wenn vorausgesetzt wird, dass z. B. menschlichen embryonalen Stammzellen ein ethischer Status zukommt, durch den sich ausschließlich Personen auszeichnen, dann folgt daraus, dass menschliche embryonale Stammzellen Personen sind. Anders als im Falle der deskriptiven Verwendung ist damit aber noch nichts über weitere Eigenschaften oder Fähigkeiten gesagt, die mit dem Personsein einer Entität einhergehen.

(2.) Das zweite Paar möglicher Verwendungsweisen betrifft die logische oder grammatische *Funktion* des Personbegriffs. Auf der einen Seite wird er in Verbindung mit dem bestimmten Artikel („die") oder einem Demonstrativpronomen („diese", „jene") benutzt, um auf eine Entität als Einzelding zu referieren. Dies geschieht z. B. in dem Satz „Diese Person hat den Hauptgewinn in unserer Tombola gezogen" oder in dem Satz „Die Person, die den Unfall beobachtet hat, möchte sich bitte in der Universitätsverwaltung melden". In dieser *referentiellen* Verwendung wird der Begriff der Person nicht gebraucht, um eine Entität der Klasse der Personen zuzuordnen. Genau diese Zuordnung wird in dem Gebrauch des Begriffs der Person, den wir die *sortale* Verwendung nennen, vorgenommen, beispielsweise in dem Satz: „Dieser Menschenaffe Charlie ist eine Person".

Beide Paare von Verwendungsweisen des Begriffs der Person kann man kombinieren, so dass wir vier Möglichkeiten erhalten:

Verwendungsweisen des Begriffs der Person	***Referentielle* Verwendung**	***Sortale* Verwendung**
Deskriptive Verwendung	(i) Referenz auf eine Entität (ii) deskriptive Bedeutungselemente sekundär	(i) Zuordnung einer Entität zur Klasse der Personen (ii) Anzeige bestimmter Eigenschaften u. Fähigkeiten
Präskriptive Verwendung	(i) Referenz auf eine Entität (ii) präskriptive Bedeutungselemente sekundär	(i) Zuordnung einer Entität zur Klasse der Personen (ii) Anzeige eines ausgezeichneten ethischen Status

Machen wir uns diese vier Kombinationen an Beispielen klar: Wenn wir aus einem brennenden Auto, in dem sich ein Mensch und ein Hund befinden, nur noch ein Lebewesen retten können, und danach fragen, wen wir retten sollen, dann drückt der Satz „Das Überleben dieser Person hat gegenüber dem Überleben des Hundes ethischen Vorrang" ein ethisches Urteil aus, in dem der Begriff der Person in einem präskriptiven Kontext referentiell verwendet wird. Implizit dient der Begriff der Person hier auch dazu, den ausgezeichneten ethischen Status des Menschen qua Person anzuzeigen, aber dieses präskriptive Bedeutungselement ist sekundär, wenn wir die Frage wörtlich nehmen. Fragen wir dagegen, z. B. in einem Seminar zur Tierethik, weshalb wir den Menschen und nicht den Hund retten sollten, und erhalten als Antwort: „Wir sollten den Menschen retten, weil er eine Person ist, der Hund dagegen nicht!", dann liegt eine präskriptive sortale Verwendung des Begriffs der Person vor. Eine deskriptiv-sortale Verwendung liegt in der Aussage vor, dass Charlie oder Flipper aufgrund ihrer besonderen Fähigkeiten Personen sind. Und als Beispiel für die deskriptiv-referentielle Verwendung des Begriffs der Person kann folgende Aussage dienen: „Diese Person trägt blaue Schuhe".

7.3 Personalität als Kriterium des moralischen Status

Wenn wir nach der Relevanz des Personbegriffs als begründendes Kriterium für den moralischen Status G einer Entität fragen, dann zielen wir auf Personalität ab. Hat man sich vergegenwärtigt, dass zwischen der präskriptiv-sortalen und der deskriptiv-sortalen Verwendung des Personbegriffs zu unterscheiden ist, liegt auf der Hand, dass es um die deskriptiv-sortale Verwendung gehen muss. Denn G soll ja gerade durch die Klassifikation einer Entität als Person begründet werden.[2] Damit werden wir an dieser Stelle unserer Überlegungen auf die Frage nach den Bedingungen der Personalität und damit auf die *person-making characteristics* als diejenigen Eigenschaften und Fähigkeiten einer Entität verwiesen, aufgrund derer x zur Klasse der Personen zu zählen ist (vgl. zu den Bedingungen der Personalität die im Literaturverzeichnis genannte weiterführende Literatur).

Nun ergeben sich zwei Möglichkeiten: Die *erste* besteht in der Annahme, dass es sich bei dem Prädikat „ist eine Person" um eine nicht weiter analysierbare Eigenschaft handelt, deren Vorliegen wir bei einer Entität x ohne Verwendung weiterer Kriterien direkt erkennen können. Diese Position ist nicht gänzlich unplausibel, wenn man an Beispiele wie „x ist gelb", „x leidet" oder „x ist hilflos" denkt; auch hier muss man jedoch bedenken, dass die Wahrnehmung von Leiden oder Hilflosigkeit implizite Voraussetzungen wie z. B. eine geteilte oder hinreichend ähnliche Lebensform in Anspruch nimmt. Die Geschichte des Personbegriffs und die Diskussion um die Bedingungen der Personalität zeigen allerdings zweifelsfrei, dass das Prädikat „ist eine Person" nicht von dieser Art ist. Deshalb ist von der *zweiten* Möglichkeit auszugehen, dass wir das Prädikat „ist eine Person" weiter explizieren können, indem wir Eigenschaften und Fähigkeiten anführen, über die ein x verfügen muss, damit wir „ist eine Person" auf x anwenden können.

Im Falle der Personalität liegt das Problem nicht darin, dass wir an dieser Stelle keine entsprechenden Eigenschaften oder Fähigkeiten anführen könnten. Die Probleme bestehen vielmehr darin, dass es konkurrierende Listen solcher *person-making characteristics* und keine Einigkeit darüber gibt, welche Liste die korrekte Explikation des Prädikats „ist eine Person" wiedergibt (dies schließt nicht aus,

2 Man kann einen spezifischen moralischen Status G einer Entität x durch Hinweis auf den moralischen Status G*, der x zukommt, begründen. Dies setzt dann eine implizit oder explizit ausgearbeitete Theorie des begründenden Zusammenhangs unterscheidbarer moralischer Status voraus. Da nicht alle Zuschreibungen ohne Rekurs auf deskriptive Kriterien als Verwendungsregeln der Zuschreibung auskommen können, wird man an irgendeiner Stelle der Begründung in den Modus der deskriptiv-sortalen Rede wechseln müssen (also Aussagen der Art machen müssen: X hat den moralischen Status M**, weil x die Eigenschaften oder Fähigkeiten k, k', k'' etc. aufweist). Sonst wären wir nicht in der Lage, unsere Begriffe, die moralische Status anzeigen, auf die Wirklichkeit zu beziehen und innerhalb dieser Wirklichkeit moralische Unterschiede zu machen.

dass sich konkurrierende Listen auch überlappen können). Das Prädikat „ist eine Person" zeichnet sich durch eine große historische und kulturelle Variabilität aus, die es der wechselvollen Geschichte des Begriffs der Person und den vielen Kontexten seiner Verwendung verdankt.

Da wir diese Frage hier nicht erörtern können, unterstellen wir für die weitere Argumentation, dass wir uns auf eine Liste von *person-making characteristics*, nennen wir diese Merkmale k, k', k'' usw., geeinigt haben, deren Vorliegen uns dazu berechtigt, von einer Entität x zu sagen, sie sei zu einem bestimmten Zeitpunkt, an dem sie über diese Eigenschaften und Fähigkeiten verfügt, eine Person.[3] Andernfalls würden wir ‚Person' in unterschiedlichen Bedeutungen verwenden und in der Diskussion schlicht aneinander vorbeireden. Einige klassische Kandidaten für diese Merkmale sind „vernunftbegabt", „verfügt über Zeitbewusstsein", „verfügt über ein Bewusstsein der eigenen Existenz durch die Zeit hindurch", „ist in der Lage, moralische Rechte und Pflichten zu erkennen und anzuerkennen" oder „hat die Fähigkeit, ein evaluatives Selbstbild (eine Persönlichkeit) auszubilden". Nahezu alle Ethikkonzeptionen lassen diese Eigenschaften und Fähigkeiten, die zugleich auch auf den plausiblen Listen der *person-making characteristics* stehen, als relevante Kandidaten für die Begründung des moralischen Status einer Entität gelten.

An dieser Stelle ist es erforderlich, eine Differenzierung innerhalb der Theorien vorzunehmen, die dem Personbegriff eine ethische Relevanz zuerkennen. *Erstens* wird jede plausible Liste von Eigenschaften und Fähigkeiten, die das Personsein ausmachen, ein relativ hohes Anforderungsprofil an die Entitäten anlegen, die zur Klasse der Personen gerechnet werden. Dies bedeutet, dass eine Ethikkonzeption, welche die moralische Berücksichtigungswürdigkeit ausschließlich an das Personsein bindet, Gefahr läuft, eine erhebliche ausgrenzende Wirkung zu entfalten (Klassische Beispiele für dieses Exklusionsproblem sind die Kantsche Autonomiemoral und die Diskursethik von Apel oder Habermas.). Aus diesem Grunde wird in vielen Ethikkonzeptionen dafür optiert, nur eine Teilmenge der *person-making characteristics* als den moralischen Status einer Entität konstituierende Kriterien anzusetzen, um auf diesem Wege die Menge der Entitäten, denen ein moralischer

3 Mit dieser vagen Formulierung umgehen wir einerseits die schwierige Frage festzulegen, ob es sich bei den einzelnen Kriterien k, k', k'' usw. um nur notwendige, nur hinreichende oder notwendige und hinreichende Bedingungen handelt. Außerdem lassen wir hier unberücksichtigt, ob einige dieser Kriterien graduierbar sind und wir einen Schwellenwert definieren können, ab dem eine Eigenschaft oder Fähigkeit k in hinreichendem Maße ausgebildet ist, damit x als Person gelten kann. Andererseits verweist die obige Formulierung explizit auf eine andere Schwierigkeit: Menschen erwerben oder verlieren während ihrer zeitlich ausgedehnten Existenz bestimmte Eigenschaften und Fähigkeiten. Da dies auch für die für das Personsein relevanten Eigenschaften und Fähigkeiten gilt, muss genau genommen die Frage, ob x eine Person ist, als elliptische Formulierung der Frage, ob x zu einem bestimmten Zeitpunkt eine Person ist, verstanden werden. Mit anderen Worten: Wir müssen damit rechnen, dass „eine Person sein" eine Eigenschaft ist, die einem x zu einigen Zeitpunkten seiner Existenz zukommen und zu anderen Zeitpunkten seiner Existenz nicht zukommen kann.

Status zugeschrieben werden kann, zu erweitern. In diesem Fall können wir von einer *partiellen* ethischen Relevanz des Personbegriffs sprechen.

Zweitens stellen viele der Eigenschaften und Fähigkeiten, die sich auf den meisten Listen der *person-making characteristics* finden, höherstufige kognitive Fähigkeiten dar, die in vielen Ethiktypen ein besonderes ethisches Gewicht zuerkannt bekommen, indem sie anderen ethischen Ansprüchen graduell vor- oder sogar kategorisch übergeordnet werden. In diesem Sinne kann das Personsein für einen ausgezeichneten moralischen Status innerhalb der Menge aller Entitäten mit zugestandenem niederem moralischen Status stehen. Diese Ethikkonzeptionen, zu denen auch die Konzeption von Peter Singer gehört, vermeiden die ausgrenzenden Effekte des Personbegriffs in der Ethik, weil sie den generellen moralischen Status nicht an Merkmale binden, die zu den *person-making characteristics* gehören (oder zumindest nicht an solche Eigenschaften und Fähigkeiten, die nur Personen zukommen). Zugleich verbinden sie das Personsein aber mit einem spezifischen moralischen Status, z.B. mit einem strikten Recht auf Leben, welches durch diejenigen Fähigkeiten begründet wird, die Personen von anderen Lebensformen unterscheiden. Dies hat allerdings zur Konsequenz, dass nur den Wesen, welche die Bedingungen der Personalität erfüllen, dieser spezifische moralische Status zuerkannt wird. In Theorien dieses Typs hat der Personbegriff also eine *übertrumpfende* ethische Relevanz.

7.4 Personalität und moralischer Status

Wie einleitend gesagt, wollen wir in diesem Beitrag nicht die Frage klären, welchen moralischen Status wir geistig behinderten Menschen zuerkennen sollten. Unser Ziel war es vielmehr, die Relevanz des Personbegriffs für die Beantwortung dieser Frage zu klären. Wie unsere Ausführungen zum Begriff der Person sowie seinen verschiedenen Verwendungsweisen zeigen, ist hier aufgrund der Vielschichtigkeit keine einfache Antwort zu erwarten. Der Streit um ethische Positionen, wie um diejenige von Peter Singer, ergibt sich unserer Auffassung nach aus dem Zusammenspiel dreier Faktoren: *Erstens* wird der Begriff der Person weder in einer einheitlichen Bedeutung verwendet, noch herrscht Klarheit darüber, in welcher seiner Funktionsweisen er in den Argumenten der streitenden Parteien zum Einsatz gebracht wird. Als Musterbeispiel für eine solche unklare Position müssen die Ausführungen von Ulrich Bleidick gelten, in dessen Argumenten sämtliche von uns hier unterschiedenen Verwendungsweisen unausgewiesen nebeneinander stehen (vgl. Bleidick 1999, Kapitel 6). Damit sind Missverständnisse sowie unsachliche und unfruchtbare Diskussionen vorprogrammiert und eine entscheidende Vorbedingung rationalen Argumentierens ist nicht erfüllt. *Zweitens* ist der Streit um den Personbegriff eine Art Stellvertreterdebatte, in der es um zwei ganz andere ethische Thesen geht, die wir die K- und die Ü-These genannt haben. *Drittens* beruhen die K- und die Ü-These auf problematischen Prämissen, die in der sog. Singer-Debatte und in der gegenwärtigen Debatte über Fragen der biomedizinischen Ethik immer wieder sichtbar werden.

Peter Singer verfolgt bis heute in seiner Ethik drei Ziele: Aufgrund seiner Position zu Fragen der Tierethik will er *erstens* die prinzipielle moralische Sonderstellung des Menschen gegenüber allen anderen Lebensformen nicht ohne eine plausible Begründung akzeptieren. Dabei lehnt er es zu Recht ab, dass die Zugehörigkeit zu einer biologischen Spezies als eine hinreichende Bedingung für den moralischen Status angeführt werden kann. *Zweitens* ist ihm daran gelegen, für eine ausgezeichnete Klasse von Entitäten einen ausgezeichneten moralischen Status mit besonderen Schutzrechten auszuzeichnen. Dafür steht bei ihm der Status der Person, für den aber die Mitgliedschaft zur menschlichen Gattung weder eine notwendige noch eine hinreichende Bedingung darstellt – Singer bestreitet also die K-These. Und *drittens* besteht Singer darauf, die Kriterien, die den deskriptiv-sortalen Gebrauch des Personbegriffs leiten, kenntlich zu machen, weil dies eine Grundbedingung rationalen Begriffsgebrauchs und vernünftigen Argumentierens darstellt.

Die ethische und bioethische Position Peter Singers lässt sich aus philosophischer Sicht auf vielfältige Weise kritisieren. Weder seine generelle Ethikkonzeption (der Präferenzutilitarismus) noch seine spezifische Konzeption der Person, d.h. seine Liste der *person-making characteristics*, sind aus unserer Sicht philosophisch sonderlich plausibel. Die Fragen und Probleme, die seine Theorie aufwirft, sind aber von diesen spezifischen philosophischen Theoriestücken weitgehend unabhängig. Letztendlich liegt die Herausforderung von Singers Argumentation darin, dass er eine Spannung zwischen der K- und der Ü-These sichtbar macht, die sich weder mit den Mitteln der philosophischen Ethik noch unter angemessener Verwendung des Personbegriffs beheben lässt. Diese fundamentale Schwierigkeit lässt sich in Form eines Trilemmas darstellen:

Das *erste* Horn dieses Trilemmas besteht darin, dass man keine Liste von *person-making characteristics* definieren kann, die sowohl die K-These erfüllt, als auch mit der tradierten Überlieferung des Personbegriffs vereinbar ist. In der Zugehörigkeit zur Spezies des Menschen hat man, abgesehen davon, dass *Homo Sapiens Sapiens* gar keine selbständige Spezies ist, noch nie eine notwendige und hinreichende Bedingung des Personseins gesehen.[4] Die Kombination von K- und Ü-These erzwingt damit eine massive Revision unseres Personbegriffs, wodurch seine Brauchbarkeit als moralische Begründungsressource erheblich beschädigt wird.

Das *zweite* Horn des Trilemmas ergibt sich – mit und ohne Verwendung des Personbegriffs – direkt aus der Kombination von K- und Ü-These. Denn wenn

4 Man muss sich nur vergegenwärtigen, dass es viele Religionen gibt, die von einem personalen Gott (oder personalen Göttern) ausgehen, die nicht zugleich als Menschen begriffen werden. Es scheint zumindest begrifflich kein Problem zu sein, auch nicht-menschliche Wesen als Personen zu begreifen, wenn diese über die notwendigen und hinreichenden Eigenschaften und Fähigkeiten verfügen.

man den übertrumpfenden moralischen Status von Menschen direkt darin verortet, dass sie Menschen sind, macht man eine rein biologische Eigenschaft zur begründenden Grundlage eines ausgezeichneten moralischen Status. Dies ist aber, worauf Singer immer wieder hingewiesen hat, zum einen eine unzulässige Form des Speziesismus im Sinne der unbegründeten Bevorzugung von Mitgliedern der eigenen Gruppe (mit gleichem Recht könnte man nur Angehörige eines bestimmten Geschlechts oder eines bestimmten Volkes so auszeichnen). Zum anderen stellt es, wenn der deskriptive Begriff des Menschen die einzige Begründung für die Ü-These ist, eine Variante des Sein-Sollen-Fehlschlusses dar. Dieser argumentative Fehler, den man häufig auch als naturalistischen Fehlschluss bezeichnet, besteht darin, aus rein deskriptiven Prämissen normative Schlussfolgerungen abzuleiten (vgl. Quante 2011, Kapitel 7).

Vermeidet man das zweite Horn des Trilemmas, indem man den Begriff des Menschen nicht rein biologisch interpretiert, ergibt sich das *dritte* Horn des Trilemmas. Denn entweder bewahrt man die K-These, indem man zu religiösen (oder theologischen) Begründungen wie der Gottesebenbildlichkeit des Menschen als Begründung für die Ü-These greift. Diese Argumentation lässt sich in einer säkularen und pluralistischen Gesellschaft nicht mehr allgemeinverbindlich begründen (vgl. Quante 2010). Oder man verweist auf bestimmte Eigenschaften und Fähigkeiten des Menschen als Grund der moralischen Höherwertigkeit. Dies führt aber sofort dazu, dass die K-These nicht mehr aufrecht erhalten werden kann, weil es faktisch viele Menschen gibt, die diese Eigenschaften und Fähigkeiten nicht aufweisen. Man muss sich, wenn man an der Ü-These mit rational nachvollziehbaren Gründen festhalten will, letztendlich von der K-These verabschieden und versuchen, die ausgrenzenden Wirkungen dieser Begründungsstrategie abzumildern.[5]

Unsere Überlegungen zeigen, dass der Personbegriff ein zentrales Merkmal unserer Lebensform zum Ausdruck bringt und aus diesem Grunde eine zentrale Rolle bei der Begründung moralischer Ansprüche und Anforderungen einnimmt. Zugleich zeigt sich aber auch, dass er an den Rändern seiner Anwendung, also auch mit Bezug auf Menschen, denen die für das Personsein zentralen Fähigkeiten nicht, noch nicht oder nicht mehr zukommen, seine begründende Kraft einbüßt.

Aus der Debatte um die von Peter Singer vorgebrachten Argumente sollten wir daher zwei Konsequenzen ziehen. Wir sollten *erstens* die drängenden und unabweisbaren Fragen nach dem moralisch angemessenen Umgang mit allen menschlichen Lebensformen nicht ausschließlich an den Personstatus hängen, sondern eine komplexere und für Differenzierungen besser geeignete Liste von Kategorien heranziehen. Und wir sollten *zweitens* nicht versuchen, den drängenden ethischen Fragen unserer Gegenwart dadurch auszuweichen, dass wir uns in eine unlösbare

5 Die alternative Strategie, die Ü-These preiszugeben, hilft letztendlich nicht weiter. Eine radikal egalitaristische Ethik, in der allen Lebensformen die gleichen moralischen Ansprüche zugebilligt werden, ist für Menschen nicht lebbar. Lässt man aber graduelle Stufen zu, stellt sich das Problem der ausgrenzenden Effekte sofort wieder ein, weil die zur Abstufung herangezogenen Eigenschaften und Fähigkeiten nicht alle (und nur) Menschen erfassen werden.

Diskussion über die Frage verstricken, ob alle Menschen Personen sind und worin das Personsein des Menschen eigentlich besteht. Dies sind letztlich nur Stellvertreterdebatten, um die wirkliche Streitfrage, wie wir mit behinderten Menschen ethisch angemessen umzugehen haben, zu verschleiern.

7.5 Ausblick

In der Singer-Debatte ist damals auch darum gestritten worden, ob man fachwissenschaftliche oder gesellschaftliche Diskussionen über die Frage nach dem moralischen Status des beginnenden oder behinderten menschlichen Lebens überhaupt führen dürfe. Auch gegenwärtig stellt sich diese Frage wieder, wie man an der Diskussion um die ethische Zulässigkeit der Präimplantationsdiagnostik ablesen kann (vgl. dazu den Beitrag von Horster in diesem Band). Unseres Erachtens ist es wichtig, drei Positionen voneinander klar abzugrenzen:

(a.) Eine uneingeschränkt liberale Position vertritt die These, dass man die ethische Frage nach dem moralischen Status des menschlichen Lebens stellen darf, wenn sie in wissenschaftlicher und transparenter Form erörtert wird. Davon zu unterscheiden sind

(b.) eine limitiert liberale Position, der zufolge wir ethische Fragen, die durch wissenschaftlichen und technologischen Fortschritt (in Form von Erkenntnissen und neuen Handlungsoptionen) aufgeworfen werden, in angemessener Form transparent im wissenschaftlichen und gesellschaftlichen Kontext erörtern sollten;

(c.) eine anti-liberale Position, der zufolge Fragen nach dem ethischen Status des menschlichen Lebens moralisch kategorisch unzulässig sind.

Unseren Überlegungen, die wir in diesem Beitrag vorgelegt haben, liegt die limitiert liberale Position (b.) zugrunde. Angesichts des Erkenntnisfortschritts im Bereich der Humangenetik und der steigenden Anzahl von schwerwiegenden Demenzerkrankungen gibt es einen begründeten und gesellschaftlich gut motivierten Grund, die Fragen nach dem ethischen Status des beginnenden und des behinderten menschlichen Lebens in angemessener Form zu erörtern. Die Klausel „in angemessener Form“ weist dabei auf einen aus unserer Sicht zentralen Aspekt hin: Für die ethische Akzeptabilität dieser Debatten ist es – neben vorausgesetzten gesellschaftlichen Rahmenbedingungen wie demokratischen Institutionen, einem funktionierenden Sozialstaat und einer Öffentlichkeit der Debatte – entscheidend, diese Diskussion umsichtig und in dem stetigen Bewusstsein zu führen, dass eine potenziell drohende Diskriminierung behinderter Menschen zu vermeiden ist. Diese Forderung nach einem individuell, institutionell und gesellschaftlich sensiblen Umgang mit diesen Fragen ist, darauf kommt es hier an, nicht mit der anti-liberalen Position (c.) gleichzusetzen, sondern stellt eine Variante der auch von uns vertretenen Position (b.) dar.

Deshalb lautet die vielleicht wichtigste Schlussfolgerung, die man unseres Erachtens aus der Singer-Debatte und anderen Streitfragen der biomedizinischen Ethik ziehen muss: Niemand sollte der Versuchung erliegen, durch bloße Rhetorik und unklaren Begriffsgebrauch sowie mithilfe inkonsistenter Argumente den Schein einer rationalen Begründung zu erzeugen, dem es eigentlich um Rede- und Denkverbote sowie die Tabuisierung bestimmter Fragestellungen geht. Unsere Gesellschaft muss sich den, auch von Peter Singer aufgeworfenen, Problemen stellen und kann sich ihnen nicht durch irrationale Tabuisierungen entziehen. Wer dies versucht, wird damit letztendlich auch denen schaden, zu deren Schutz er scheinbar angetreten ist: den verletzlichsten und am meisten auf unsere Solidarität angewiesenen Mitgliedern unserer Gesellschaft.

Literatur

Anstötz, C. et al. (Hrsg.) (1995): Peter Singer in Deutschland. Frankfurt am Main.
Bayertz, K. (1996): Sanctity of Life and Human Dignity. Dordrecht.
Bleidick, U. (1999): Behinderung als pädagogische Aufgabe. Stuttgart.
Quante, M. (2010): Menschenwürde und personale Autonomie. Berlin.
Quante, M. (2011): Einführung in die Allgemeine Ethik (4. Auflage). Darmstadt.
Singer, P. (1994): Praktische Ethik. Neuausgabe. Stuttgart.
Stoecker, R. (2003): Menschenwürde. Wien.
Sturma, D. (Hrsg.) (2001): Person. Philosophiegeschichte – Theoretische Philosophie – Praktische Philosophie. Paderborn.

Weiterführende Literatur

Baillie, J. (1993): Problems in Personal Identity. New York.
Flanagan, O. (1991): Varieties of Moral Personality. Cambridge.
Frankfurt, H. G. (1988): The importance of what we care about. Cambridge.
Glover, J. (1988): I: The Philosophy and Psychology of Personal Identity. London.
Martin, R. (1998): Self-Concern. Cambridge.
Martin, R. & Barresi, J. (Hrsg.) (2003): Personal Identity. Oxford.
Noonan, H. (1989): Personal Identity. London.
Noonan, H. (Hrsg.) (1993): Personal Identity. Dartmouth.
Perry, J. (Hrsg.) (1975): Personal Identity. Berkeley.
Perry, J. (2002): Identity, Personal Identity, and the Self. Indianapolis.
Rovane, C. (1988): The Bounds of Agency. Princeton.
Quante, M. (Hrsg.) (1999): Personale Identität. Paderborn.
Quante, M. (2002): Personales Leben und menschlicher Tod. Frankfurt am Main.
Rorty, A. O. (Hrsg.) (1976): The Identities of Persons. Berkeley.
Schechtman, M. (1996): The Constitution of Selves. Ithaca, NY.

Siep, L. (Hrsg.) (1983): Identität der Person. Basel.
Wilkes, K. (1988): Real People. Oxford.
Williams, B. (1978): Probleme des Selbst. Stuttgart.
Wollheim, R. (1984): The Thread of Life. Cambridge.

8 ‚Kampf um Anerkennung' aus behindertenpädagogischer Perspektive

Vera Moser

8.1 Der ‚Kampf um Anerkennung' (Honneth)

Anerkennung – dieses Verhältnis der Mitglieder einer Gesellschaft zueinander – hat Axel Honneth 1994 in einem höchst komplexen Kontext angesiedelt: Es geht ihm hier nicht nur um die Untersuchung von Anerkennungsbeziehungen zwischen zwei Personen, sondern auch darum zu zeigen, dass einerseits die grundlegenden Eigenschaften eines Individuums innerhalb von Anerkennungsverhältnissen erworben werden und andererseits zugleich Anerkennungsbeziehungen eine notwendige strukturelle Voraussetzung für ein verantwortliches, d. h. moralisches Handeln in demokratischen Gesellschaften darstellen. Die Ausgangsfrage bei Honneth lautet dabei: Inwiefern ist in die Entwicklung des Subjekts bereits das Soziale eingelassen und auf welche Weise ist dieses darüber hinaus auch normativ abgesichert, z. B. auch auf der Ebene rechtlicher Verankerungen, damit es nicht beliebig interpretierbar ist? Damit soll eine Antwort auf das Problem gefunden werden, wie in individualisierten, pluralen Gesellschaften Normenkonsense durch praktische Handlungen hergestellt und erkämpft, aber auch akzeptiert und dadurch aufrecht erhalten und stabilisiert werden. Dabei sucht Honneth letztendlich das Habermassche Problem näher zu beschreiben, wie die selbstverantwortlichen Mitglieder einer Diskursgemeinschaft zu moralischen Individuen werden, die diese ja zur Voraussetzung benötigt – hier hat Honneth die Thematik der Anerkennung zu deren Zentrum bestimmt (vgl. auch Horster 2010, 72): Er sieht die Entwicklung der moralischen Grundlagen der Diskursteilnehmer auf der Basis tiefgreifender Anerkennungserfahrungen, und zwar nicht nur auf der Ebene emotionaler Bindungen, sondern auch gerahmt durch eine „gemeinsame Orientierung an Werten" sowie durch die „Zuerkennung von Rechten" (Honneth 1994, 152). Es wird also gezeigt, dass auf diese Weise in die Konstitution des Subjekts die moralischen Grundlagen einer Gesellschaft eingelassen sind – mit anderen Worten: Das Individuum erfährt schon als Säugling Anerkennung, die es für seine Selbstwerdung existentiell benötigt, die es aber zugleich auch mit dem Normengefüge einer demokratischen Gesellschaft vertraut machen; dies kann z. B. sein, dass es wichtig ist, sich als Individuum zu entwickeln und zu empfinden, oder dass es wichtig ist, einem Gegenüber Respekt zu zollen, weil es als Mensch erkannt wird. Diese Erfahrungen versucht Honneth teilweise auch empirisch abzusichern, z. B. mit Verweisen auf Erkenntnisse aus der Säuglings- und Bindungsforschung. Damit wären Anerkennungsverhältnisse nicht nur aus rationalen Einsichten begründet (z. B. aus Erwägungen eines Kantschen Kategorischen Imperativs, wie z. B. der rationalen Anerkennung von Rechten meines Gegenübers), sondern grundlegend auch an emotionale Erfahrungen gekoppelt. Dennoch benötigen Anerkennungsverhältnisse in der Honnethschen Konzeption auch eine kognitive Seite, nämlich den Nachvollzug des Imperativs reziproker Anerkennung, der darin besteht, dass „die Subjekte zu einem praktischen Selbstverhältnis nur gelangen können, wenn sie sich aus der normativen Perspektive ihrer Interaktionspartner als deren soziale Adressaten begreifen können" (Honneth 1994, 148). Vorausgesetzt ist hierbei also nicht nur die Fähigkeit zur Perspektivenübernahme, sondern auch ein gemeinsam geteilter Normenkonsens, der sich beispielsweise – wie Habermas vorschlug – über öffentliche Diskurse herstellen lässt. Ein solcher moralischer Konsens könnte z. B. darin bestehen, zu akzeptieren, dass das Gegenüber gleichermaßen Wünsche und Bedürfnisse hat, denen es Ausdruck verleihen möchte und denen Geltung zu verschaffen ist.

Die Anerkennung des je einzelnen Subjekts formulierte Axel Honneth insofern als eine Grundbedingung ziviler, pluraler Gesellschaften, die mit dem Anspruch an ethisch verantwortliches, aber selbstbestimmtes Handeln ihrer Mitglieder antreten. Weil sich die je Einzelnen in ihren „besonderen Fähigkeiten und Eigenschaften anerkannt wissen müssen, um zur Selbstverwirklichung in der Lage zu sein, bedürfen sie einer sozialen Wertschätzung, wie sie nur auf der Basis gemeinsam geteilter Zielsetzungen erfolgen kann" (ebd., 279). Das heißt zusammengefasst, dass Anerkennungsbeziehungen in die intersubjektive Konstitution des Subjekts zutiefst eingelassen sind:

> „Der Zusammenhang, der zwischen der Erfahrung von Anerkennung und dem Sichzusichverhalten besteht, ergibt sich aus der intersubjektiven Struktur der persönlichen Identität: die Individuen werden als Personen allein dadurch konstituiert, daß sie sich aus der Perspektive zustimmender oder ermutigender Anderer auf sich selbst als Wesen zu beziehen lernen, denen bestimmte Eigenschaften und Fähigkeiten positiv zukommen. Der Umfang solcher Eigenschaften und damit der Grad der positiven Selbstbeziehung wächst mit jeder neuen Form der Anerkennung, die der einzelne auf sich selbst als Subjekt beziehen kann: so ist in der Erfahrung von Liebe die Chance des Selbstvertrauens, in der Erfahrung rechtlicher Anerkennung die der Selbstachtung und in der Erfahrung von Solidarität schließlich die der Selbstschätzung angelegt" (Honneth 1994, 277 f.).

Anerkennungsverhältnisse beziehen sich damit in der Honnethschen Lesart auf die Ebenen a) der Liebe, b) der Solidarität und c) des Rechts: Während a) in emotionalen Bindungen die Einzigartigkeit und Unverwechselbarkeit des ,Individuums mit personalen Eigenschaften' (ebd., 182) im Vordergrund stehen, sind es b) in solidarischen Beziehungen die je individuellen Leistungen, „deren Wert sich an dem Grad bemißt, in dem sie von der Gesellschaft als bedeutungsvoll erfahren werden" (ebd., 181). Die Anerkennung des Individuums als rechtliches Subjekt liegt c) schließlich darin begründet, dass alle Gesellschaftsmitglieder zunächst als „moralisch zurechnungsfähig" betrachtet werden. Darüber hinaus werden auf der Rechtsebene dem Einzelnen liberale Freiheitsrechte, politische Teilnahmerechte und soziale Wohlfahrtsrechte in zivilen Gesellschaften zugesprochen (vgl. ebd., 185 ff.). Alle drei Ebenen setzen sich dabei jeweils voraus und bedingen sich dadurch gegenseitig.

Das Konzept des ‚Kampfes' beschreibt Honneth dabei als ‚Moralform des Sozialen', als Instrument für Individualisierungs- und Identitätsprozesse, in welchem die Auseinandersetzungen mit den Autonomieansprüchen des Anderen eine existentielle Dimension annehmen, zugleich aber auch Voraussetzung für die Erweiterung der eigenen Autonomie sind (vgl. ebd., 136). Mit der Bezugnahme auf die Dimension des Kampfes möchte Honneth zugleich auch eine machttheoretische Dimension in sein sozialphilosophisches Konzept aufnehmen (vgl. auch Honneth 1985, 168 ff.) und insofern den – eher harmonistischen diskurstheoretischen – Ansatz Habermas' der kommunikativen Verständigung um eine wichtige Dimension erweitern: nämlich um die Perspektive der Missachteten, Diskreditierten, Ohnmächtigen. Im Konzept des ‚Kampfes' ist insofern nicht nur die aktive Beteiligung der Gesellschaftsmitglieder an der Billigung, aber auch Erweiterung sozialer Normen, sondern auch die Hegelsche Dimension des Existenzkampfes eingelassen: Die Gegenwehr auf ein Verbrechen „ist die erste Handlungssequenz in dem ganzen Geschehen, die Hegel ausdrücklich mit dem Begriff des ‚Kampfes' belegt" (Honneth 1994, 39). An diesem Beispiel der Bedrohung durch einen Verbrecher werde Folgendes deutlich: „Während es dem Verbrecher mit seiner Tat bloß um die Durchsetzung partikularer Interessen zu tun ist", muss der ‚Verletzte' „die Bedrohung uneingeschränkt auf sich als Persönlichkeit" beziehen (ebd.). Damit wird gezeigt, dass Anerkennungsbeziehungen auf der einen Seite nicht nur friedlich gewährt und bereitgestellt und auf der anderen Seite unter Umständen vermisst werden, sondern dass Anerkennung eine im Wortsinne existentielle soziale Erfahrung ist und immer von einer erlebten Missachtungserfahrung her stimuliert ist. Insofern widmet sich Honneth auch ausdrücklich den psychischen, physischen und sozialen Folgen von Missachtungserfahrungen, welche die soziale Geltung von Ansprüchen individuell und allgemein, aber auch unter Umständen diejenigen von Individuen in ihrer Totalität bedrohen (vgl. auch Honneth 2000 und 2003). Missachtungserfahrungen werden von Honneth korrespondierend zu den Ebenen der Liebe, der Solidarität und des Rechts mit den Tatbeständen der ‚Vergewaltigung', der ‚Entwürdigung' und der ‚Entrechtung' erläutert (Honneth 1994, 212 ff.).

Honneth hat mit diesem grundlegenden Entwurf von Anerkennung als wesentlicher Strukturbasis von zunehmend individualisierten Gesellschaften ein Konzept vorgelegt, mit welchem er auf der Ebene des Individuums die Entstehung und zugleich die Stabilisierung des Sozialen einschließlich seiner rechtlichen Grundierung erklären wollte. Aus Sicht der Behindertenpädagogik lassen sich allerdings mindestens die folgenden drei Fragen an dieses Konzept stellen, die sich insbesondere auf die hier grundgelegten Voraussetzungen beziehen: *Erstens* geht der Honnethsche Entwurf davon aus, dass moralisch zurechnungsfähige Mitglieder einer Gesellschaft rationale Einsichten in geteilte Normen haben müssen – damit sind sicherlich Personen, die über solche umfangreichen kognitiven Einsichten nicht verfügen, aus der Gemeinschaft der moralischen Subjekte ausgeschlossen. *Zweitens* mobilisiert Honneth die Relevanz normativer Überzeugungen einer Gesellschaft für die Frage nach den Bezugspunkten von Solidarität; dies sind z. B. individuelle Leistungen, die von vielen gesellschaftlichen Mitgliedern geschätzt werden, wie berufliches Engagement, Sorge für andere etc. Solidarität bezieht sich damit auf normative Erwartungen an die Gesellschaftsmitglieder, die möglicherweise solche, die diesen nicht entsprechen können, von Anerkennungsprozessen ausschließen (vgl. auch Rösner 2002, 120 ff.; Dederich & Schnell 2009, 79). Und *drittens* basiert Honneths Konzept in der Tradition der Aufklärung auf der Vorstellung eines autonomen Subjekts, so dass Dimensionen der Angewiesenheit und der Abhängigkeit innerhalb dieses Ansatzes wenig Platz haben.

Fruchtbarer hingegen sind für die behindertenpädagogische Rezeption *erstens* die Verweise darauf, dass Anerkennungsbeziehungen für Individuen und demokratische Gesellschaften gleichermaßen existentiell sind und von jedem Gesellschaftsmitglied in Formen des Kampfes eingefordert werden. Damit erhält die behindertenpädagogische Debatte noch eine stärkere Untermauerung und Illustrierung des ubiquitären und allzu unspezifischen Selbstbestimmungsdiskurses. *Zweitens* hat die Honnethsche Einbeziehung der Thematik der Missachtungserfahrung (sowohl für das Individuum wie für die Gesellschaft) wichtige Hinweise für den Umgang und das Erleben von Behinderung und sozialen Exklusionen gegeben, die nicht nur auf der Ebene moralischer Empörung zu verhandeln sind, sondern insbesondere auch auf der Ebene eines gemeinsam geteilten gesellschaftlichen Demokratieverständnisses.

8.2 Der ‚Kampf um Anerkennung' im Lichte seiner behindertenpädagogischen Rezeption

Das Problem der Anerkennung hat mit seiner Reformulierung durch Axel Honneth im Jahr 1994 auch noch einmal besondere Aufmerksamkeit im Bereich der Behindertenpädagogik erlangt – obgleich die Rezeption der Honnethschen Schrift überraschend wenig umfangreich geblieben ist (Dederich 2001; Rösner 2002; Katzenbach 2004). Das jüngst neueditierte Enzyklopädische Handbuch der Behindertenpädagogik hat diese Thematik zwar zum Titel des zweiten Bandes gemacht, „Behinderung und Anerkennung" (Dederich & Jantzen 2009), jedoch nimmt die Bezugnahme auf den Honnethschen Entwurf hier einen denkbar kleinen Raum ein; vielmehr wird umfassender zusammengetragen, welche Aspekte die Frage nach Anerkennung beinhalten könnte: Von einer Auseinandersetzung um den Behinderungsbegriff beginnend bis hin zu Professions- und Rechtsfragen wird der Bogen gespannt.

Dennoch hat die Frage von Anerkennungsverhältnissen bereits auch die behindertenpädagogische Fachdiskussion der jüngeren Zeit bestimmt: Zunächst können als grundlegender Anstoß die Publikationen des Bioethikers Peter Singers in den 1980er Jahren gesehen werden (Singer 1984), in denen der Personstatus (vgl. zum Personbegriff den Beitrag von Schweikard & Quante in diesem Band) und damit in Konsequenz auch das Lebensrecht von Menschen mit schwereren Behinderungen in Frage gestellt wurde (vgl. auch Dederich & Schnell 2009, 68). Von hier aus startete eine sowohl anthropologische wie ethische Debatte um das Wesen des Menschen und seine notwendige Einbettung in soziale Beziehungen.

Innerhalb der Behindertenpädagogik lassen sich die Fragen der Anerkennungsverhältnisse sensu Honneth im Grunde in zwei Diskursfelder einordnen: Einerseits wird im Anschluss an Lévinas die Frage der Beziehungsgestaltung und ihrer Grundbedingungen als behindertenpädagogische Kernproblematik anthropologisch bearbeitet – es geht hier beispielsweise um die Konzipierung eines Subjekts jenseits leistungsbezogener Erwartungen wie elaborierter kognitiver Kompetenzen, Fähigkeiten zur Verantwortungsübernahme etc. Insofern werden insbesondere Menschen mit schweren Behinderungsformen zur Bewährungsprobe der Argumentation fokussiert und aus dieser Perspektive z. B. Abhängigkeitsverhältnisse sowie die unhintergehbare Andersheit des Anderen als grundlegende menschliche Eigenschaften thematisiert (vgl. Rödler 1993; Stinkes 1993; Fornefeld 1998; Dederich 2001; Fornefeld 2008 a). Dann tritt aber andererseits ein gewisser Skeptizismus dahingehend ein, inwiefern die aus dieser Sichtweise abgeleitete reziproke Anerkennung bereits anthropologisch-leiblich vorausgesetzt werden kann, inwiefern also aus dem Wesen des Menschen bereits Folgen für das Soziale als quasi naturhaft abgeleitet werden können. Aus diesem Grund setzen nunmehr verstärkt sozialphilosophische Überlegungen ein und lösen diesen ersten Diskurs – auch historisch – ab, um Fragen der Gleichheit und der Gerechtigkeit, die als Ergebnisse sozialer Auseinandersetzungen gesehen werden müssen, auszuloten. Diese Debatte schließt im Wesentlichen an die Vorlage Honneths, aber auch an dessen Vorläufer aus den Kreisen der Kritischen Theorie an (vgl. Jakobs 1997; Rösner 2002; Katzenbach 2004). Diese beiden Diskussionslinien sollen zunächst freigelegt werden, um die Relevanz und die Reichweite der Honneth-Rezeption innerhalb der Behindertenpädagogik abschließend diskutieren zu können.

8.2.1 Anerkennung in einer anthropologischen Dimension: Das Problem des ‚Verstehens'

Knapp zusammengefasst argumentieren Peter Rödler und Ursula Stinkes zeitgleich 1993 in ihren Habilitationsschriften als Replik auf Peter Singers Thesen immanent anthropologisch – obgleich in ihrer skeptischen Variante in der Tradition Dietmar Kampers, der eine ‚anthropologische Differenz' postulierte, die von der Unmöglichkeit einer a priori behaupteten menschlichen Identität ausgeht (vgl. Kamper 1973).

Peter Rödler bettet in seiner Arbeit „Menschen, lebenslang auf Hilfe anderer angewiesen" behindertenpädagogisches Handeln als ‚Basale Pädagogik' in eine sprachphilosophische Grundlegung menschlicher Existenz ein. Von hier aus bedeute pädagogisches Handeln die Ermöglichung individueller Sinnbildungsprozesse in einem gemeinsamen ‚Reich der Sprache':

> „Es geht um die Generierung eines gemeinsamen kulturellen Raumes, das [sic!] dem anderen den Eintritt in die Koppelung mit dem System Sprache ermöglicht, für die *jeder* Mensch mit seiner biologischen Unbestimmtheit *alle* Voraussetzungen mitbringt" (Rödler 1993, 286; Herv. i.O.).

Begründet sei die Sozialität des Menschen einerseits durch einen konstitutiven Mangel (an Sein, an Möglichkeiten, an Erfahrungen etc.), den Rödler u.a. mit Bezug auf so unterschiedliche theoretische Referenzen wie den Zoologen und Anthropologen Adolf Portmann und den Psychoanalytiker Jacques Lacan sowie durch die systemtheoretisch argumentierte ‚lose Kopplung' der Systeme sensu Maturana/Varela bestimmt. Aber Systeme seien andererseits nicht nur durch einen gemeinsamen Sinn aufeinander verwiesen (‚gekoppelt'), sondern besäßen darüber hinaus eine inhärente Autonomie (‚Autopoiesis'). Dieses Autonomie-Postulat, das Rödler zuweilen mit ‚Freiheit' gleichsetzt, soll zugleich über die lebendigen Systeme hinaus quasi metaphysisch als Aufgabe der kulturellen Gattungsentwicklung verstanden werden (vgl. Rödler 1993, 175ff.). Hier gelte es, einen gemeinsamen kulturellen Raum im ‚Reich der Sprache' zu gestalten, der für jeden zugänglich sei und in dem jeder „zur Sprache komme" (vgl. ebd., 286).

Mit Blick auf den etwas späteren Honnethschen Entwurf lässt sich hier zunächst festhalten, dass es Rödler um ein – aus behindertenpädagogischer Perspektive bedeutsames – relativ voraussetzungsloses Subjekt geht, und zwar in dem Sinne, dass zur Einschließung des Subjekts in die moralische Gemeinschaft keine weiteren Fähigkeiten (Erfüllung bestimmter normativer Erwartungen) erforderlich sind. Auch wird Autonomie nicht normativ im Sinne der Steigerung individueller Freiheiten gelesen, sondern als grundlegende Struktur lebendiger Systeme, ohne diese quantifizieren zu wollen. Andererseits aber läuft die eng an biologisch-anthropologische Bestimmungen geknüpfte Pädagogik Rödlers Gefahr, umfassende Anerkennung nicht wirklich reklamieren zu können – wer Missachtungen erleidet, kann diese nicht aus einer grundsätzlich kämpferischen Position heraus bearbeiten (auch z.B. unter Verweis auf mögliche Rechtsverletzungen), weil Rödler menschliches Sein harmonisch (gemeinsam im ‚Reich der Sprache') im Gegensatz zum antagonistischen Entwurf Honneths anlegt. Vielmehr sind Missachtungserfahrungen eher Ausdruck einer noch unterentwickelten Gesellschaft, für die es aber sozusagen keine Autorenschaft gibt. Bei Honneth ist Anerkennung – wie gezeigt – demgegenüber nicht gegeben, sondern Kern eines notwendigen und auf Dauer gestellten Kampfes um Identität, während bei Rödler Identität gewissermaßen im biologisch bestimmten Sein eingelassen ist und sich eher im Reich der Sprache erweitert, sich aber nicht grundsätzlich antagonistisch konstituiert.

Ursula Stinkes rahmt behindertenpädagogisches Handeln vor dem Hintergrund einer existenzphilosophischen Position ein, in welcher die Perspektive auf eine ‚präreflexive' leibliche Existenz (mit Bezug zu Merleau-Ponty) für ein pädagogisches ‚Fremdverstehen' genutzt werden soll, um zu sehen, „wie der Andere als Anderer in seiner Andersheit [...] gedacht werden kann, ohne ihn in der einen oder andern Weise zum Verschwinden zu bringen oder einzugemeinden" (Stinkes 1993, 17). Diese Sichtweise müsse den Cartesischen Dualismus überwinden, um eine ‚gemeinsam geteilte Welterfahrung' zu ermöglichen. Hier stünden sich, so auch Barbara Fornefeld, die Professionellen selbst im Wege, denn sie sollten erkennen, „daß das eigentliche Problem in ihnen selbst begründet liegt, und zwar *in der rationalen Unfaßbarkeit der Andersheit des Behinderten*" (Fornefeld 1998, 88; Herv. i. O.). Mit zusätzlichen Referenzen zu Lévinas und Lacan wird bei Stinkes illustriert, dass die Annahme einer Übereinstimmung von Sein und Interpretation und somit von ‚Authentizität' fragwürdig sei. Insofern müsse Fremdverstehen immer vorläufig bleiben, allerdings unter der postulierten Voraussetzung einer geteilten Gemeinsamkeit, die mit dem Leibnizschen Konzept einer ‚prästabilierten Harmonie' metaphysisch umrissen wird (vgl. Stinkes 1993, 182) und erlebbar sei über einen leiblichen begründeten ‚intentionalen Mensch-Welt-Bezug' (vgl. ebd., 218). Pädagogik, genauer Bildungsprozesse, hätten so einerseits an der Leiberfahrung anzuknüpfen, um ein Verstehen im Präreflexiven anzusiedeln, zugleich aber auch ein umfassendes Fremdverstehen als Unmöglichkeit anzuerkennen. Dabei, so hat Ursula Stinkes diese Perspektive weiterentwickelt, gehe es auch um die Einschreibung von sozialen Erfahrungen in den Leib, die ‚responsiv' in der Begegnung wirken: „Es zeigt sich ein Muster, in dem sich Bewusstsein und Körper, Eigenes und Fremdes, Vergangenes und Zukünftiges, Materielles und Ideelles, Soziales und Individuelles durchdringen" (Stinkes 2008, 93). So fasst auch Fornefeld zusammen: „Bildung ergibt sich nicht vordringlich aus einer ‚praktischen Vernunft' des Menschen, sondern aus seinem Leibsein" (Fornefeld 1998, 127). Von hier aus werden auch Dimensionen der Anerkennung erläutert, die, so die Autorinnen, mit Blick auf Behinderung, insbesondere asymmetrische Beziehungen fokussieren, so dass dem Anderen eine explizit verantwortliche Position zukomme (vgl. Fornefeld 1998, 138). Analog dazu betont auch Markus Dederich, dass insbesondere asymmetrische Beziehungen im behindertenpädagogischen Diskurs unter der Perspektive der Anerkennung zu untersuchen seien, die gerade nicht Reziprozität zum Ausgangspunkt machen (Dederich 2001, 204 ff.); es gehe vielmehr um die Entwicklung einer Ethik, die auf „nicht-reziproker Verantwortung" basiere (ebd., 207).

In einer jüngeren Publikation nimmt Barbara Fornefeld schließlich auch Bezug auf den von Martha Nussbaum vorgelegten Entwurf sog. grundlegender, universeller menschlicher Fähigkeiten (‚capabilities'). Allerdings erläutert Fornefeld im Zusammenhang mit diesen ‚capabilities' nicht näher, inwiefern diese im Kontext zu ihren anthropologischen Vorüberlegungen und zur Thematik von Anerkennungsbeziehungen stehen (vgl. Fornefeld 2008 c, 170 ff.). Dies wäre ein durchaus lohnendes Unterfangen gewesen.

Ähnlich wie Peter Rödler verzichten auch Ursula Stinkes, Barbara Fornefeld und Markus Dederich explizit auf normative, über die leibliche Existenz hinausgehende Voraussetzungen von Anerkennungsverhältnissen, um diese als egalitär und nicht relational zu bestimmende Fähigkeiten zu beschreiben. Aber ebenfalls parallel zu Rödler fehlt dadurch auch eine Perspektive auf den individuellen Kampf um Identität und Autonomie, wenn das Primat – wie gezeigt – auf dem Verstehen statt auf Prozessen der Anerkennung liegt. Anerkannt wird im Konzept Stinkes die Existenz des Anderen als solchem, nicht aber seine/ihre distinkte Identität, die er/sie als Anderer anerkannt wissen will – diese Perspektive wird von vorne herein sogar tendenziell negiert mit dem Postulat, dass der Andere grundsätzlich ein unerkannter Fremder bleibe. Das Problem der Anerkennung des Anderen im Sinne eines Ausdrucks seiner Identität wird weiterhin dadurch verunmöglicht, indem von vornherein andersartige, besondere asymmetrische Beziehungen zwischen Behinderten und Nicht-Behinderten postuliert werden (was allerdings besonders verwunderlich ist, wenn zwischen dem einen und dem anderen Leib Asymmetrien behauptet werden, wo doch zuvor die Leiblichkeit als nicht qualifizierbare Universalie und somit unvergleichliche Größe eingeführt wurde), die eher fürsorgerische – im schlechtesten Fall paternalistische – Beziehungen zur Folge haben. Dass Honneth aber Asymmetrie immer schon zur strukturellen Voraussetzung jedweder Anerkennungsbeziehung macht, bleibt damit eher unerkannt und somit steht anstelle der Dimension des Kampfes eine letztlich gewährende, fürsorgliche Anerkennung, die Missachtungserfahrungen höchstens stellvertretend – advokatorisch – lösen will. Insofern findet sich hier bei den genannten Autoren/innen eine deutlich verkürzte Honneth-Rezeption, die weder die Dimension des Kampfes noch die diskursive Verständigung über die Frage ‚In welcher Gesellschaft wollen wir leben?' ausreichend berücksichtigt und als Folge behindertenpädagogisches Handeln einmal mehr im Kontext von Schutz und Fürsorge platziert. Der Konflikt der Missachtung wird ins Metaphysische verlagert, wenn entweder von einer ‚prästabilierten Harmonie' ausgegangen wird (Stinkes) oder die lose Kopplung der Systeme als harmonische Basis des Sozialen (Rödler) vorab anthropologisch verortet wird.

8.2.2 Anerkennung in ihrer sozialphilosophischen Dimension

Mit der bemerkenswerten, an die Kritische Theorie der ersten (Adorno, Horkheimer) und der zweiten Generation (Habermas) anschließenden Untersuchung von Hajo Jakobs „Heilpädagogik zwischen Anthropologie und Ethik" wird zunächst eine der Pädagogik vorgängige Anthropologie, wie sie insbesondere von Rödler, Stinkes und Fornefeld beschrieben wurde, bezweifelt. Vielmehr müsse Pädagogik auf empirischer Basis beantworten, was sie für die Realisierung des Menschlichen im Sinne eines ‚guten Lebens' hält (Jakobs 1997, 250), und damit auch auf Fragen der Gerechtigkeit antworten. Von hier aus ließe sich eine ‚praktische Subjektivität' entwickeln, und zwar unter Verzicht auf metaphysische Begründungen (ebd., 250 f.). Allerdings wird diese mit Fokus auf Behinderung vorab auf ein ‚Mit-Leiden' hin orientiert, in der „Behinderung als Nicht-Identischsein-Können mit sich und der Mitwelt und insofern immer [als, V. M.] soziales Leid, Leiden am Sozialen durch ‚Nicht-Dazugehören' oder Bedrohung durch Ausschluss" (ebd., 239) vorab erscheint. Diese Gleichsetzung von Behinderung mit Nicht-Identischsein und sozialem Ausschluss per se ist allerdings wieder ein Postulat, das einer empirischen Verifizierung wohl kaum in dieser Totalität standhielte, und zugleich unterschlägt es einmal mehr die Perspektive auf den ‚Kampf' eines jeden Individuums um die Anerkennung seiner Identität, die im Bereich des Nicht-Identischen, des Ausgeschlossenen ja eigentlich gar nicht mehr formuliert werden kann. Demgegenüber wird behindertenpädagogisches Handeln auch hier wieder in eine advokatorische Position gehoben, z. B. „als Anwalt größtmöglicher Verschiedenheit der Menschen" (ebd., 235). Zwar hat Jakobs die Frage der Anerkennung aus dem Bereich des Anthropologischen herausgeholt und einen Raum für Empirie geöffnet, allerdings bleibt er bei der sozialphilosophischen Bestimmung von Behinderung bei einer apriorischen Setzung von besonderen ‚asymmetrischen Beziehungen' stehen. Damit vergibt er aber die Chance, den Honnethschen Entwurf als Identitätskampf eines jeden zu begreifen, der in jedem Fall von einer Missachtungserfahrung her seinen Ausgangspunkt nimmt und dessen Ausgang nicht schon vorab mit einer notwendigen advokatorischen Position entschieden werden kann.

Hans-Uwe Rösner nimmt in seiner Arbeit „Jenseits normalisierender Anerkennung" denn die Thematik der Missachtungserfahrung für seine Überlegungen auf, bezieht diese aber konkret auch auf vorherrschende normative Erfahrungen, wenn er einleitend feststellt, dass „die moderne Erfahrung des Behindertseins [...] untrennbar mit der Normierung und Normalisierung des Anderen verbunden" sei (Rösner 2002, 15). Gegen konzeptionelle Vorschläge sensu Rödler, Stinkes, Fornefeld und Dederich wendet er zugleich ein:

> „Im Blick auf die Menschen, die gemeinhin als behindert gelten, können ethische Konzepte nur überzeugen, wenn sie die ‚normale' Perspektive überwinden und nicht mehr nur von einer unversehrten Leiblichkeit in einer fraglos geltenden sozialen Welt ausgehen" (ebd.).

Auch wenn Stinkes und Fornefeld sicher keine ‚unversehrte Leiblichkeit' im Blick hatten, so unterschlagen sie doch die von Rösner eingeforderte Dimension normativer gesellschaftlicher Überzeugungen, die für Anerkennungsbeziehungen von erheblicher Relevanz sind – wie auch Honneth zeigt. Rösner schlägt in diesem Zusammenhang vor, in das Anerkennungskonzept Honneths die Frage nach verantwortungsvoller Solidarität einzufädeln: Solidarität habe sich dann auch auf die „partikularen Lebensformen und Glücksansprüche" einzustellen, „die man selbst nicht teilt" (ebd., 137). Damit macht Rösner deutlich, dass nicht eine Gleichbehandlung aller wünschenswert sei (weil hier individuelle, partikulare Interessen möglicherweise keine Berücksichtigung fänden), sondern dass in Anerkennungsbeziehungen „der Andere als das einzigartige Gegenüber von symmetrischen Verpflichtungen" auftritt (ebd., 408). Zugleich aber bleibe der Andere dabei aber auch ein ‚Unerkannter', den Rösner ebenfalls im Anschluss an Lévinas entfaltet und der ihn dadurch vor einer Verfügbarkeit durch Andere schützt. Insofern gehe es hier nicht um ein ‚Verstehen', sondern eben um eine Anerkennung in asymmetrischen, verantwortlichen Beziehungen:

> „Der Andere ist kein alter Ego und ich verpflichte den Anderen nicht in derselben Weise, in der er mich verpflichtet. Die Einzigartigkeit des Subjekts und die Radikalität seiner Verantwortung, die es an niemanden delegieren kann, beruht auf dieser Asymmetrie" (Rösner 2002, 408).

Damit zieht Rösner eine Dimension von Verpflichtung und Solidarität ein, die auf der Grundannahme einer problematischen und dazu auch u. U. gefährlichen Asymmetrie aufruht und erneut auch auf dem Nichterkennen des Anderen rekurriert. Hier stellt sich nun aber die Frage: Warum müssen Anerkennungsbeziehungen, die bei Honneth per se asymmetrisch sind, notwendigerweise wieder vorab in einen pflichten- bzw. verantwortungsethischen Raum eingestellt werden? Und warum können Bedürfnisse des Anderen nicht erkannt, verstanden und im Sinne eines Kampfes um Anerkennung aufgenommen werden? Auf die hier vorgestellten eher traditionellen Lösungen verzichtete Honneth wohlweislich, um Demokratie als eine soziale Form zur Artikulation gleichberechtigter Interessen zu beschreiben, die jedweder Interessen- bzw. Identitätsartikulation das gleiche Recht zubilligt (zugegebenermaßen mit dem bereits beschriebenen Problem der normativen Orientierung solidarischer Beziehungen) und darüber hinaus unterschiedliche moralische Orientierungen im Rahmen gegenseitiger Anerkennung zunächst praktisch zulässt. Dass darüber hinaus ein besonderer Schutz für bestimmte Gesellschaftsmitglieder überhaupt erforderlich ist, wäre hier noch näher empirisch, aber keinesfalls anthropologisch mit apriorischen Setzungen zu begründen.

Unter dem Stichwort ‚Fürsorge' nimmt Dieter Katzenbach hier einen neuen Aspekt auf: In seinem Aufsatz „Anerkennung, Missachtung und Geistige Behinderung" (Katzenbach 2004) wird diskutiert, dass im Honnethschen Entwurf durchaus die moralischen Dimensionen der Fürsorge, der Gleichbehandlung und des Gemeinwohls thematisiert seien – diese Einschätzung teilt er mit Rösner. Katzenbach zitiert aus einem Aufsatz Honneths wie folgt:

> „[N]icht Pflicht und Neigungen stehen sich normalerweise einander gegenüber, sondern verschiedene Verpflichtungen, die deswegen unterschiedslos einen moralischen Charakter besitzen, weil sie jeweils eine andere Anerkennungsbeziehung zum Ausdruck bringen. Mit dieser Einsicht gelangt in einer Moral der Anerkennung zu Bewusstsein, dass neben der Kantischen Konzeption auch die Tradition der Fürsorgeethik wie die kommunitaristischen Ansätze einen legitimen Platz beanspruchen dürfen: in allen drei Traditionen wird jeweils eine der moralischen Einstellungen artikuliert, die den drei Anerkennungsformen entsprechen, mit denen wir zusammengenommen unsere persönliche Integrität als menschliche Wesen schützen" (Honneth 1997, zitiert nach Katzenbach 2004, 133 f.).

Insofern habe individuelles wie pädagogisches Handeln nicht vorab zu entscheiden, ob es einer Verpflichtung zur Stellvertretung, zur Sorge oder zur Einbeziehung folgt – dieses wird in der Regel nicht a priori theoretisch, sondern praktisch im Vollzug der Handlung entschieden. Daher sind, so schlussfolgert denn auch

Katzenbach, Anerkennungsbeziehungen von zugleich unterschiedlichen, manchmal sogar antagonistischen Orientierungen bestimmt, die keinesfalls vorsorglich schon einmal a priori zu bestimmen sind (ebd., 142). Anerkennung aber bietet die Struktur der Handlungen, die in jedem Fall moralisches Handeln nach sich zieht.

8.3 Der Kampf um Anerkennung - Gewinne einer sozialphilosophischen Perspektive für die Behindertenpädagogik

Die Behindertenpädagogik hat es – wie jede Pädagogik – in ihrer Theorie mit zwei fundamentalen Fragen zu tun: Die erste ist: Was ist der Mensch bzw. wer ist das Subjekt, mit dem ich es zu tun habe? Und die zweite ist: Wie verhalte ich mich zu dem fundamentalen Anspruch an Gleichheit und Gerechtigkeit (vgl. auch Liesen 2005)?

Zunächst zur Frage nach dem Subjekt: Wie gezeigt, ist der Kampf um Anerkennung, wie ihn Honneth als ‚Grammatik des Sozialen' entworfen hat, an der Seite stark, wo er jedwedes Subjekt zum Teilhaber an Gesellschaft macht, indem dieses um seine Identität und damit um seine Anerkennung kämpft, und zwar stimuliert aus der je individuellen, aber fundamentalen Erfahrung der ‚Missachtung', basierend aber auch auf der Erfahrung des Gehört- und Geliebtwerdens. Von hier aus benötigt die Behindertenpädagogik ausdrücklich keine Differenzierung zwischen symmetrischen und asymmetrischen Diskursteilnehmern, denn Honneth folgend sind Anerkennungsverhältnisse per se asymmetrisch. Etwas schwieriger wird es aber an der Stelle, wo normative Überzeugungen einschließlich eines aufklärungstypischen Autonomiekonzepts das anerkennende Subjekt einbetten bzw. flankieren. Diese Frage hatte bereits Rösner explizit unter die Thematik von Gleichheit und Gerechtigkeit gerückt, sie aber mit der Antwort einer unverzichtbar verpflichtenden Verantwortung gegenüber dem Schwächeren beschieden. Diese Antwort soll abschließend noch einmal geprüft werden:

Gerechtigkeit, so sind sich alle neueren Gerechtigkeitstheorien einig, lässt sich nicht einfach mit Gleichheit und auch nicht mit einfachen Formeln der Verteilung übersetzen. Zunächst wäre auch hier einmal zu bestimmen, wem warum Gerechtigkeit widerfahren soll und wie diese genau auszubuchstabieren wäre. Hierzu hat sich u. a. Martha Nussbaum im Kontext des sog. ‚Capability approaches' von Amartya Sen daran gemacht, universale Fähigkeiten des Menschen zu bestimmen, die notwendigerweise soziale Antworten erfahren müssen, damit sich das Humane realisiert und damit jedem Mitglied der Weltgesellschaft Gerechtigkeit zuteil werden kann. Diese sind z. B. die Fähigkeit, Freude und Schmerz zu empfinden, oder allgemeine Wahrnehmungs-, Vorstellungs- und Denkfähigkeiten (vgl. Nussbaum 1999, 190 ff.). Hier wird ausdrücklich darauf Wert gelegt, dass diese Fähigkeiten unterschiedslos und universell bei jedem Menschen vorhanden sind und dass zu deren Entfaltung die Bereitstellung unterschiedlichster Güter notwendig ist. Von hier aus – trotz aller Kritik an solchen Katalogen – ließe sich der Honnethsche Subjektbegriff noch einmal dahingehend präzisieren, dass sich Anerkennungsbeziehungen auf allen Ebenen auf solche fundamentalen Eigenschaften zu beziehen hätten (und nicht nur auf solche, die von der Gesellschaft durch besondere Leistungen Anerkennung finden, ihr also nützlich sind). Andererseits verzichtet dieser Entwurf auf ein starkes, autonomes Subjekt, wenn er diese Fähigkeiten nicht quantifiziert. Sind damit alle Subjekte gleich ‚schwach'? Hierauf hat Elisabeth Conradi aus der Perspektive einer ‚Ethik der Sorge' folgende Antwort: Sie entwirft ein Konzept der ‚Interrelationalität' als Grundstruktur einer Ethik, die auf ein kritisches Urteilsvermögen abzielt, welches sowohl darauf verzichtet, kognitive von emotionalen Aspekten zu trennen, als auch auf eine bewertende Quantifizierung von Möglichkeiten. Interrelationalität zeigt sich „im Zusammenspiel der verschiedenen Weisen, in denen Individuen sich im Zuge gemeinsamer Interaktionen aufeinander sowie auf Institutionen und gesellschaftliche Verhältnisse beziehen" (Conradi 2001, 197). Dieses Zusammenspiel ist in keiner Weise harmonisch konzipiert, insofern lässt sich auch hier auf ideale Weise die Dimension des ‚Kampfes' integrieren. Moralität besteht „in der Suche nach der richtigen – oder vielleicht eher der bestmöglichen – Entscheidung. Keine allgemeine Norm, sondern die konkrete Entscheidung wird begründet, was auch bedeuten kann, daß die Entscheidung nicht verallgemeinerbar ist" (Conradi 2001, 215f.).

In ihrem Modell einer ‚Ethik der Achtsamkeit' möchte Conradi in einer leicht anthropologischen Wende zum Ausdruck bringen, dass „Menschen füreinander außerordentlich bedeutsam sind" (ebd., 238). Und:

> „Weil Menschen auf verschiedene Weise autonom sind und es in Care-Interaktionen Unterschiede in der Machtstellung und im Geben und Nehmen sind, brauchen wir [...] eine Ethik, in der Achtung nicht auf Autonomie, Gegenseitigkeit und Gleichheit gründet und in die Zuwendung mit einbezogen ist" (ebd.).

Insofern wäre in einem empirisch angereicherten Modell danach zu suchen, inwiefern sich auch für behindertenpädagogisches Handeln unterschiedliche Beziehungsgestalten zwischen Fürsorge und Gleichbehandlung finden lassen, in denen der Kampf um Anerkennung als Grundstruktur der ‚moralischen Grammatik' auffindbar ist. Dass in der Tat eine sozialtheoretische Position der empirischen Prüfung, mithin des Einbezugs einer empirischen Moralsoziologie bedarf, ist inzwischen unstrittig. So stellt Honneth mit Verweis auf die Untersuchungen David Millers fest, dass moralisches Handeln keineswegs nur, wie weithin behauptet, auf primären Gleichheitsprinzipien aufruht, sondern deutlich stärker der ‚Bedarf' und der ‚Verdienst' handlungs- und erkenntnisleitend sind (vgl. Honneth 2010, 164). Insofern fehlt es auch aus behindertenpädagogischer Perspektive noch an einer empirischen Prüfung der Orientierung moralischer Handlungen in professionellen Kontexten. Erst wenn solche Erkenntnisse vorliegen, sind Anerkennungsverhältnisse auch professionstheoretisch begründet neu zu beschreiben.

Literatur

Conradi, E. (2001): Take Care. Grundlagen einer Ethik der Achtsamkeit. Frankfurt am Main.

Dederich, M. (2001): Menschen mit Behinderung zwischen Ausschluss und Anerkennung. Bad Heilbrunn.

Dederich, M. & Jantzen, W. (Hrsg.) (2009): Behinderung und Anerkennung. Enzyklopädisches Handbuch der Behindertenpädagogik (Band 2). Stuttgart.

Dederich, M. & Schnell, M.W. (2009): Ethische Grundlagen der Behindertenpädagogik: Konstitution und Systematik. In: Dederich, M. & Jantzen, W. (Hrsg.), a.a.O., 59–83.

Fornefeld, B. (1998): Das schwerstbehinderte Kind und seine Erziehung (2. Auflage). Heidelberg.

Fornefeld, B. (Hrsg.) (2008a): Menschen mit Komplexer Behinderung. München.

Fornefeld, B. (2008b): Pädagogische Leitgedanken als Ausschluss-Prinzipien? In: Fornefeld, B. (Hrsg.), a.a.O., 108–147.

Fornefeld, B. (2008c): Aufgabe der Behindertenpädagogik. In: Fornefeld, B. (Hrsg.), a.a.O., 161–183.

Jakobs, H. (1997): Heilpädagogik zwischen Anthropologie und Ethik. Eine Grundlagenreflexion aus kritisch-theoretischer Sicht. Bern.

Honneth, A. (1985): Kritik der Macht. Reflexionsstufen einer kritischen Gesellschaftstheorie. Frankfurt am Main.

Honneth, A. (1994): Kampf um Anerkennung. Zur moralischen Grammatik sozialer Konflikte. Frankfurt am Main.

Honneth, A. (2000): Das Andere der Gerechtigkeit. Aufsätze zur praktischen Philosophie. Frankfurt am Main.

Honneth, A. (2003): Unsichtbarkeit. Stationen einer Theorie der Intersubjektivität, Frankfurt am Main.

Honneth, A. (2010): Das Ich im Wir. Studien zur Anerkennungstheorie. Frankfurt am Main.

Horster, D. (2010): Jürgen Habermas. Eine Einführung. Darmstadt.

Kamper, D. (1973): Geschichte und menschliche Natur. Die Tragweite gegenwärtiger Anthropologiekritik. München.

Katzenbach, D. (2004): Anerkennung, Missachtung und Geistige Behinderung. Sozialphilosophische Perspektiven auf den so genannten Paradigmenwechsel in der Behindertenpädagogik. In: Ahrbeck, B. & Rauh, B. (Hrsg.): Behinderung zwischen Autonomie und Angewiesensein. Stuttgart, 127–144.

Rödler, P. (1993): Menschen, lebenslang auf Hilfe anderer angewiesen. Butzbach.

Rösner, H.-U. (2002): Jenseits normalisierender Anerkennung. Frankfurt am Main.

Singer, P. (1984): Praktische Ethik. Stuttgart.

Stinkes, U. (1993): Spuren eines Fremden in der Nähe. Das ‚geistigbehinderte' Kind aus phänomenologischer Sicht. Würzburg.

Stinkes, U. (2008): Bildung als Antwort auf die Not und die Nötigung, sein Leben zu führen. In: Fornefeld, B. (Hrsg.): Menschen mit Komplexer Behinderung. München, 82–107.

9 Stigmatisierung, Diskriminierung und Exklusion von Menschen mit Behinderungen

Ernst von Kardorff

9.1 Einleitung

Die internationalen bürgerrechtlichen und zivilgesellschaftlichen Diskurse (Maschke 2007; Degener 2005, 2006; Bielefeldt 2009) betonen gesellschaftliche Teilhabe im Sinne einer umfassenden Inklusion[1] von behinderten, chronisch kranken und pflegebedürftigen Menschen; diesen Zielen folgt im Grundsatz auch die nationale Gesetzgebung[2], in der Menschenrechte durch Bildungsrechte und -angebote sowie durch vielfältige sozialpolitische Leistungsansprüche und Fördermaßnahmen flankiert werden. Die Wahrung von Menschenwürde und Bürgerrechten sowie das Recht auf Selbstbestimmung gelten zusammen mit der Förderung von Chancengleichheit als unstreitige und aufeinander verwiesene *behindertenpolitische Zielgrößen*[3]. Die einschlägigen *Fachdisziplinen* haben den Defizitblick und das biomedizinische Modell von Behinderung und chronischer Krankheit inzwischen weitgehend durch (bio-psycho-)soziale oder konstruktivistische Modelle von

---

1 Dabei ist der Inklusionsbegriff weder eindeutig noch unumstritten (vgl. Lee 2010; Ahrbeck 2011). Legt man das Inklusionsverständnis der 1994 verabschiedeten Salamanca-Erklärung (vgl. UNESCO 1994) und die Schattenübersetzung der UN-Behindertenrechtskonvention des *Netzwerks Artikel 3 e. V.* zugrunde, wird Inklusion als Anerkennung von Heterogenität von dem gängigen und vertraut fortschrittlich klingenden Begriff der ‚Integration' als Anpassungsversuch der gedanklich und real vorher bereits Ausgeschlossenen an die homogenisierenden Normen der Mehrheitsgesellschaft kritisch abgegrenzt.

2 Dies gilt für die Mehrzahl der modernen westlichen Gesellschaften. Für Deutschland (vgl. Welti 2005): die Grundgesetzergänzung von 1994 (Art. 3, Abs. 3), das Bundesgleichstellungsgesetz 2002, die Ländergleichstellungsgesetze, das Allgemeine Gleichbehandlungsgesetz (2006); die Ratifizierung der UN-Behindertenrechtskonvention (2009), deren Umsetzung vom Deutschen Institut für Menschenrechte e. V. im Auftrag der Bundesregierung überwacht wird, sowie die ‚Charta der Rechte hilfe- und pflegebedürftiger Menschen' (bmfsfj 2006).

3 Dennoch existieren ethisch kontroverse Positionen: etwa zur vorgeburtlichen Schwangerschafts- und Präimplantationsdiagnostik bei IVF und Spätabtreibung. Mit Blick auf die nicht nur von der Behindertenbewegung befürchtete Bestreitung des Lebensrechts Behinderter stellt Wocken in seiner nicht-repräsentativen Befragungsstudie fest: „Das Untersuchungsergebnis lässt sich plakativ so pointieren: Behinderte akzeptieren? Ja! Behinderte produzieren? Nein!" (vgl. Wocken 2010).

Behinderung (Goffman 175; Zola 1972; Barnes u.a. 2000; Moser 2003), durch ressourcen- und kompetenzorientierte Ansätze und organisationsbezogene Inklusionskonzepte ersetzt oder zumindest ergänzt und differenziert, auch wenn diese in der Praxis noch längst nicht überall angekommen sind. *Fachkräfte* beginnen, die subjektive Sicht betroffener Menschen ernst zu nehmen und ihre Expertise in eigener Sache als wertvolle Erkenntnisquelle für partizipative Entscheidungsfindung zu schätzen. Sie sehen Klienten nicht länger als passive Objekte, *an* denen Fördermaßnahmen vollzogen werden, sondern als aktiv handelnde Personen, *mit* denen gemeinsam passfähige und akzeptierte Teilhabepläne entwickelt werden. In Übereinstimmung mit den Prinzipien des aktivierenden Sozialstaats werden zugleich Eigenaktivität und Motivation der betroffenen Menschen eingefordert. Dabei bemühen sich Fachkräfte, Betroffene mit Strategien des Enablement und des Empowerment in ihrer Handlungsfähigkeit (‚Agency') zu unterstützen und ihre Selbständigkeit zu fördern (Jäckel & Bengel 2008; v. Kardorff 2011; bmbf 2007–2011). Schließlich ist es den seit Mitte der 1970er Jahre entstandenen vielfältigen Formen der *Selbsthilfe* gelungen, Öffentlichkeit und Politik für ihre Anliegen zu sensibilisieren und ihre Interessen wirksam zu vertreten (USA: Longmore & Umansky 2001; Deutschland: Steiner 2001; Köbsell 2006; Spörke 2008). Sie konnten vermitteln, dass ein Leben mit einer Beeinträchtigung keinen Gegensatz zu Lebenszufriedenheit und Selbstbestimmung darstellt und nicht mit lebenslangem Leiden gleichzusetzen ist (autobiografisch: z.B. Saal 2011; Radtke 2001; Studien: Schlüter 2003; Bruner 2005; Schnoor 2007; Palmowski & Heuwinkel 2010).

Trotz dieser Entwicklungen belegen wissenschaftliche Studien (Tröster 1996; Widmann 2005; Markowetz 2007; Finzen 2001; Link & Phelan 2001; Gaebel u.a. 2005) ebenso wie Erfahrungsberichte Betroffener und Angehöriger (vgl. Amsler u.a. 2003; Schlüter 2003; Radtke 1994) eine nach wie vor fortdauernde Stigmatisierung und strukturelle Diskriminierung von Menschen mit Behinderungen – sei es in der Öffentlichkeit, in der Schule, innerhalb des Versorgungssystems, bei der Wohnungssuche, im Geschäftsverkehr oder auf dem Arbeitsmarkt. Ein Ende der Stigmatisierung und Ausgrenzung Behinderter ist also noch immer nicht verwirklicht (Wilken 1995; Tröster 1996; 2006; Wocken 2010; v. Kardorff 2010b), auch wenn im Eurobarometer 2008 mehr als zwei Drittel der Befragten angeben, dass Diskriminierung aufgrund einer Behinderung weniger verbreitet sei als noch vor fünf Jahren. Im Folgenden geht es nicht um die unvermeidliche Differenz zwischen proklamierten Zielen und der Umsetzung politischer Programme, rechtlicher Vorgaben und fachlicher Innovationen; vielmehr geht es um Einfluss und Folgen sozialen Wandels auf veränderte Dispositive und Praktiken der gesellschaftlichen Organisierung von Behinderung im Kontext sozialer Differenzierungsprozesse moderner Gesellschaften.

9.2 Zur Ausgangslage

9.2.1 Der gesellschaftliche Kontext – Sozialer Wandel und Stigmatisierung

Der rasche und globale soziale Wandel hat auch auf der mikrosozialen Ebene des gesellschaftlichen Alltags folgenreiche Veränderungen bewirkt. So haben sich Kontexte und Spielräume für Identitätskonstruktionen verändert (vgl. Keupp 1999) und neue Lebensformen ausgebildet. Eine Folge davon ist, dass offen gezeigte Vorurteile und diskriminierendes Verhalten gegenüber ungewöhnlichen Lebensentwürfen und einigen abweichenden Minderheiten, zumindest soweit sie sich auf der Linie des Dispositivs der Individualisierung bewegen, einer größeren gesellschaftlichen Toleranz und Offenheit gewichen sind.

Beispielhaft dafür können die Selbstbeschreibungen psychisch kranker und behinderter Menschen stehen: So bezeichnet sich etwa eine Berliner Selbsthilfeinitiative als ‚Irrenoffensive' und klagt mit diesem Begriff die Einlösung bürgerrechtlicher Forderungen nach gleichberechtigter Behandlung und Selbstbestimmung sowie nach Anerkennung ihrer Anliegen ein, ohne das mit der medizinischen Diagnose ‚psychisch krank' verbundene, sozial folgenreiche Urteil zu akzeptieren. Mit Blick auf ihre Erfahrungen in und mit den Institutionen der Psychiatrie sprechen viele Betroffene von sich nicht als Kranke, sondern als ‚Psychiatrieerfahrene' und haben sich in einem gleichnamigen Bundesverband zusammengeschlossen. Zu Beginn der 1980er Jahre haben politisch engagierte Körperbehinderte, orientiert an den Zielen und Erfolgen der *Independent-Living-Bewegung* in den USA, ihre Zusammenschlüsse in ‚Krüppelinitiativen' umbenannt, um den herrschenden Machtverhältnissen ihre eigene Melodie in ironischer Absicht vorzuspielen (Köbsell 2006).

Inwieweit es sich dabei mit Blick auf Benachteiligte, Behinderte und chronisch Kranke lediglich um eine *Schein-Akzeptierung* (vgl. Goffman 1975; Cloerkes 2007) von Abweichung oder auch nur um bloße Gleichgültigkeit gegenüber bislang Stigmatisierten handelt, ist eine empirische Frage. Die traditionellen Stigmata wie Behinderung und Geisteskrankheit, aber auch andere von gesellschaftlichen Normen und Normalitäten abweichende Lebensweisen, werden im Umfeld der *Disability Studies* (Albrecht, Seelman & Bury 2001) unter dem Konzept der *Diversität* (vgl. Waldschmidt & Schneider 2007) und politisch unter dem Schlagwort ‚Es ist normal, verschieden zu sein' normalisiert. Dieser neue Typus wissenschaftlicher und gesellschaftlicher Diskurse verweist auf eine durch soziale Bewegungen vorbereitete und im Rahmen postmoderner Diskurse erzeugte politische und öffentliche Sensibilität gegenüber den mit *eigener Stimme* politisch artikulierten sozio-kulturellen Differenzen und den damit verbundenen Ansprüchen auf Selbstbestimmung und gesellschaftliche Anerkennung individueller Unterschiedlichkeit und kultureller Eigenständigkeit. In diesen Diskursen werden disziplinär, institutionell und professionell konstruierte Bilder des Anderen als des ‚Fremden', des ‚Defizitären' etc. dekonstruiert; dabei wird ihre Einbettung in Interessen-, Macht- und Herrschaftszusammenhänge und ihr in historischen Gewohnheiten und akzeptierten Legitimationsmustern verankerter Charakter sichtbar.[4] So zeigen die *Disability Studies*, dass und wie traditionsverankerte alltägliche, politische, aber auch wissenschaftliche Konstruktionen des ‚Behinderten' Barrieren für eine gesellschaftliche Teilhabe durch individualisierende und naturalisierende Zuschreibungsprozeduren sozial konstruieren und damit erst die Realität schaffen, die als material, sozial und mental behindernde Umwelt erfahren wird. Weitergehend richtet sich ihre Kritik auf die Deutungshoheit der Mehrheitsgesellschaft. Deren dominantes Integrationsverständnis wird als Versuch der Anpassung von Menschen mit Behinderung an vorherrschende Werte und Normen und als Normalisierungstechnik kritisiert.

Mit Selbsthilfegruppen, öffentlichem Sprechen in Talkshows, Foren im Internet etc. haben (sich für) Stigmatisierte zwar neue Möglichkeiten zu einer stärker selbstbestimmten Informationspolitik und -kontrolle und zur Entwicklung neuer individueller wie politisch einflussreicher kollektiver Identitätsstrategien eröffnet. Trotz aller semantischer Umkodierungen, vielfältigen Engagements von Fachkräften und Initiativen sowie staatlicher Inklusionsstrategien im Recht und in Bildungs-, Sozial- und Arbeitsmarktpolitik bleiben diskreditierte und diskreditierbare Merkmale, wie chronische Krankheit oder Behinderung, soziale Herkunft, Gefängnisaufenthalt, Hautfarbe und ethnische Herkunft gleichwohl weiterhin gesellschaftlich stigmatisiert; zudem werden beständig neue Merkmale in den Kreis diskreditierbarer Merkmale aufgenommen, andere abgeschwächt. Konzeptionell wird diese säkulare Entwicklung als „flexibler Normalismus" (vgl. Waldschmidt 2003; Link 1997) gefasst. Kurz: Stigmata kommen und gehen, aber Stigmatisierung bleibt bestehen.

Stigmata und Stigmatisierung haben eine lange Tradition und gehen oft mit einer sozialen Deklassierung der Betroffenen einher: Müller (1996) zeigt dies historisch für den ‚Krüppel', aber es können immer neue Gruppen hinzukommen: in der Gesundheitspolitik etwa die Raucher oder die Übergewichtigen. Andere Gruppen werden im Rahmen eines ‚flexiblen Normalismus' von offener Stigmatisierung und Diskriminierung *relativ* ausgenommen, wie Lesben und Schwule. Innerhalb der Gruppe Behinderter zeigen sich – auch im kulturhistorischen Vergleich (Neubert & Cloerkes 1991) – Statushierarchien, an deren Ende Menschen mit geistigen Behinderungen, Verrückte und schwerst- und mehrfachbehinderte Menschen stehen. Bei psychisch kranken Menschen rangieren als schizophren Diagnostizierte

4 Insbesondere sind hier die Disability Studies (Albrecht et al. 2001; Dederich 2007) und die Diversity-Forschung (Waldschmidt & Schneider 2007) zu nennen, die sich dabei u.a. auf Argumentationsfiguren aus den Gender-Studies (Schildmann 2008) und der Intersektionalitätsforschung (z.B. Degele & Winker 2007) beziehen. In diesem Kontext steht auch die Ablehnung des sog. „Ableism" (Campbell 2009), der Menschen nur nach ihren Fähigkeiten bewertet.

auf der untersten Stufe, während Depressionen und Ängste eher akzeptiert und als Zeichen der Zeit verstanden werden (Ehrenberg 2004). Angehörige dementer Menschen können mit Mitleid rechnen, während Dicke und mehr noch Alkoholkranke mit negativen moralischen Urteilen bedacht werden, weil sie sich den Leistungsnormen verweigern und mangelnde Selbstkontrolle an den Tag legen (vgl. v. Kardorff & Ohlbrecht 2007).

Im sozialen Wandel der Stigmatisierung von Behinderung zeigen sich Differenzierungen und ‚Normalisierungsspielräume', die durch aktive Interessenvertretung erweitert werden und negative Zuschreibungen relativieren können. Diese Relativierung findet allerdings ihre Grenze, wenn zentrale Elemente gesellschaftlicher Normalitätsdispositive betroffen sind, wie etwa Leistung(-sfähigkeit und -motivation) oder eine Angewiesenheit auf staatliche Transferleistungen besteht.

9.2.2 Stigmatisierung und Benachteiligung im Bildungsbereich

In der Inklusionsdebatte wird die segregative Beschulung von Kindern mit Behinderung als eine der *strukturellen* Hauptursachen für vorenthaltene Partizipation betrachtet (Metzger & Weigel 2010) und als Konsequenz auf organisatorischer Ebene ‚eine Schule für alle' gefordert. Ohne hier die normativ aufgeladene Debatte um Schulformen weiterzuverfolgen (z. B. Ahrbeck 2011), bleibt zu konstatieren, dass Kinder aus Sonderschulen mit einer dreifachen Stigmatisierung – so engagiert, kompetent und schülerorientiert dort auch unterrichtet werden mag – konfrontiert sind: aufgrund der gesellschaftlich negativ bewerteten Sonderbeschulung, aufgrund ihrer kognitiv, körperlich und/oder sozial-emotional bedingten Einschränkungen, ihrer verminderten Leistungs- und Belastungsfähigkeit *und* aufgrund der ihnen unterstellten mangelnden Entwicklungsfähigkeit. Darüber hinaus erweist sich die Sonderschule als Verschiebebahnhof für Schüler/innen, deren deutlich unterdurchschnittliche Lernleistungen und mangelnde Anpassungsfähigkeiten eher sozialen Herkunftsbedingungen und daraus resultierenden eher erworbenen als ‚genuinen', z. B. entwicklungsbedingten oder angeborenen Beeinträchtigungen zuzuschreiben sind[5]. Die Kumulation von Risiken im segregativen System setzt sich bei den Bildungsabschlüssen fort: „Dreiviertel der jährlichen Sonderschulabgänger/-innen erwerben keinen qualifizierten Schulabschluss. Mehr als jede/-r Zweite geht anschließend nicht in einen Beruf über, sondern in Maßnahmen des Übergangssystems" (Pfahl & Powell 2010, 3 f.), viele davon in die WfB. Beim Übergang in die Ausbildung verlängert sich die schulische Segregation in die

5 So ist der Anteil der Schüler/innen mit Migrationshintergrund etwa in Lernbehindertenschulen überdurchschnittlich hoch (Cloerkes 2007); dies gilt auch allgemein für die soziale Zusammensetzung der Sonderschülerpopulation im Vergleich mit der Regelschule (Pfahl & Powell 2010).

Berufsbildung (vgl. Ginnold 2008; Pfahl & Powell 2010) hinein, wie sich z. B. an den Bildungsbiografien Lernbehinderter (vgl. Wagner 1997) exemplarisch zeigt.[6]

9.2.3 Stigmatisierung, Diskriminierung und Benachteiligung auf dem Ausbildungs- und Arbeitsmarkt

Immer noch gilt, dass Erwerbsarbeit für den Einzelnen sinnstiftende Funktionen erfüllt, soziale Kontakte, Einbindung und Anerkennung, Status, Selbstbestätigung und Kompetenzerleben vermittelt, die Alltagszeit strukturiert sowie Normalität und Dazugehören symbolisiert (v. Kardorff & Ohlbrecht 2010). Menschen mit Behinderung sind davon trotz vieler Programme (z. B. EQUAL, Job-4000, Reha-Futur) weiterhin überproportional ausgeschlossen. Insgesamt zeigt sich ihre Diskriminierung in der Arbeitswelt anhand der ihnen entgegengebrachten *Vorurteile*[7], am hohen Anteil an *Erwerbsminderungsrenten*[8], am niedrigen Grad der *Erwerbsbeteiligung*[9] sowie innerhalb des *Systems der beruflichen Rehabilitation*, das oftmals ‚Maßnahmekarrieren' ohne berufliche Eingliederung erzeugt und trotz hoher Kosten eher bescheidene Ergebnisse hervorbringt (Wuppinger & Rauch 2010; Weber 2007). Der moderne sozialpolitische Selbstverantwortungsdiskurs schreibt Erwerbslosigkeit zudem dem individuellen Versagen zu, eine auch im Alltag verbreitete Deutung, die von vielen Betroffenen übernommen wird. Viele ziehen sich zurück, verlieren die Einbindung in die stützenden und informationshaltigen sozialen Netze ehemaliger Berufskollegen, von Freunden und Nachbarschaft und sehen sich parallel dazu mit einer medial begünstigten Stigmatisierung konfrontiert. Für Menschen, die länger erwerbslos sind, verschlechtern sich die Chancen des beruflichen Wiedereinstiegs mit der Dauer der Erwerbslosigkeit: das gilt besonders, wenn sie bereits älter sind, eine geringe berufliche Qualifikation haben (Blaschke 1997), krank, behindert oder weiblich sind (Niehaus & Montada 1997; Weber 2002).

Trotz eines anspruchsvoll ausgestalteten und vielgestaltigen Systems der beruflichen Rehabilitation (Bieker 2005) und neuer Instrumente und Modelle sind die

6 Selbst wenn Schulreformen eine formale Inklusion erreichen, werden merkmalsbezogene Stigmatisierungen damit alleine nicht verschwinden und ggf. durch verschärfte Leistungsvergleiche (und Selbstvergleiche) verstärkt. Letztlich sind dies nur empirisch zu beantwortende Fragen, deren Resultate auch von der Intensität der Begleitung und Beratung etc. und nicht zuletzt von der finanziellen Ausstattung der neuen Regelangebote abhängen.

7 Für psychisch kranke Menschen und ihre Angehörigen (z. B. Angermeyer & Matschinger 1997; Schulze & Angermeyer 2002).

8 So liegt der Anteil der Rentenzugänge wegen verminderter Erwerbsfähigkeit bei psychisch kranken Männern bei 24,5 % und bei psychisch kranken Frauen bei 32,5 % (DRV 2006).

9 Die Erwerbslosenquote Schwerbehinderter ist etwa doppelt so hoch wie diejenige Nichtbehinderter und diejenige schwerbehinderter Frauen wiederum annähernd doppelt so hoch wie die schwerbehinderter Männer; dies zeigt, dass sich allgemeine Muster struktureller Benachteiligung bei der Gruppe der Menschen mit Behinderungen gesellschaftlich reproduzieren.

Ergebnisse der beruflichen Wiedereingliederung überwiegend ernüchternd (vgl. Hoffmann 2004). Ein großer Teil der Menschen mit Behinderungen befindet sich in 1-Euro-Jobs, in prekären Arbeitsverhältnissen und zunehmend auch in WfBMs (Hautop & Scheibner 2002; BAG-WfBM). An dieser Situation haben auch die Angebote zur beruflichen Eingliederung (Integrationsbetriebe, Unterstutzte Beschäftigung, Arbeitsassistenz), Anreize für Arbeitgeber, sekundärpräventive Angebote wie das Berufliche Eingliederungsmanagement und innovative Modelle (von der virtuellen Werkstatt bis zu den Cap-Märkten) strukturell nur wenig geändert, so hilfreich sie für einzelne betroffene Menschen auch immer sind. Mit Blick auf die *soziale Teilhabe* im SGB IX ist zu fragen, inwieweit bzw. für wen und unter welchen Bedingungen die Eingliederung auf den ersten Arbeitsmarkt angesichts geringer und wenig stabiler Eingliederungsquoten als vorrangiges Ziel der Rehabilitation für alle Menschen mit Behinderung überhaupt sinnvoll ist. Daher geht es auch um angemessen entlohnte Alternativen für Betroffene jenseits des Systems der Erwerbsarbeit (Weber 2007; v. Kardorff 2010a).

9.3 Unterschiede, die Unterschiede machen: Soziale Differenzierung und Diskriminierung

9.3.1 Zur Phänomenologie von Prozessen der Stigmatisierung und Diskriminierung

Die Diskriminierung von Menschen mit Behinderung erwächst aus dem Spannungsverhältnis der Auffälligkeiten zu den gesellschaftlichen Erwartungen und vorgeformten Reaktionen auf ihre Verletzung. Sichtbare Behinderungen, das Wissen um eine vorhandene Behinderung oder in einer konkreten Situation auftretende Kommunikationsprobleme sowie Norm- und Formverletzungen[10] bilden den Anlass und die oft unausgesprochene Begründung für Stigmatisierung und Diskriminierung.

Zu diesen Anlässen zählen in Abhängigkeit von der Indikation, der bisherigen Behinderten-‚Karriere‘, der individuellen Lebensgeschichte und der präsentierten Identität[11] der Betroffenen unter anderem: geringe Belastbarkeit, verlangsamte Reaktionen, kognitive Defizite, soziale und psychische Anpassungsprobleme usw.

10 Dabei kann es sich um Stottern, das verlangsamte Sprechen eines Schlaganfallpatienten, die mühsame Artikulation eines Kehlkopfoperierten bis hin zur Verkennung der Anforderungen an situationsgerechtes Verhalten oder das Verfehlen erwarteter Kommunikationsformate handeln.

11 Goffman (1975) unterscheidet hier die *virtuale soziale Identität* (also die Normalformerwartung) von der *aktualen sozialen Identität*, mit der der Betroffene seine Interaktionspartner gegebenenfalls auch überraschen kann, mit der er aber in jedem Fall ein Stück Informations-

So beklagen Arbeitgeber Leistungsschwankungen, häufige Arbeitsunfähigkeitstage, geringe Stresstoleranz, mangelnde Flexibilität und Selbstorganisationsfähigkeiten. Viele Menschen mit Behinderung gelten im Alltag darüber hinaus als schwierig, die Interaktion mit ihnen als (zu) aufwändig und zeitintensiv.

Diese Aufzählung verdeutlicht, dass es sich bei diesen Phänomenen keineswegs um ‚ganz andere Wirklichkeiten' handelt, sondern um (starke) nicht erwartungskonforme Ausprägungen auf einem Kontinuum auf Dimensionen wie Aussehen, Leistungsfähigkeit oder Sozialverhalten, das gleichwohl gesellschaftlich durch geregelte institutionelle Übergänge sowie informelle Zugangscodes markiert sind.

Reaktionen und Folgen – Masterstatus

Krankheitsbedingte Verhaltensweisen wie sozialer Rückzug, Misstrauen und gesteigerte Empfindlichkeit werden durch Erfahrungen von Stigmatisierung und Diskriminierung noch bekräftigt. Dies ist auch ein Grund dafür, dass Menschen mit Behinderung im Durchschnitt kleinere soziale Netze aufweisen als die Durchschnittsbevölkerung. Damit fehlen ihnen oft wichtige soziale Unterstützungsressourcen oder können erst gar nicht aufgebaut werden. Zu der erhöhten körperlichen, seelischen oder geistigen Vulnerabilität tritt eine verstärkte soziale Vulnerabilität hinzu. Daher können viele Betroffene gegenüber Diskriminierung nur geringe Widerstandsressourcen mobilisieren. In paradoxer Weise bestätigen ihre Reaktionen oft die gesellschaftlichen Bilder von Behinderung im Blick der Anderen: Übernehmen sie gesellschaftliche oder fachspezifische Zuschreibungen, bestätigen sie damit deren Geltung, wehren sie sich dagegen, gilt dies als Symptom der Behinderung/Krankheit, reagieren sie ironisch, gilt es als unangemessen, zeigen sie besondere Leistungen, werden sie als bemerkenswerte Ausnahme hervorgehoben. Kurz: Betroffene können dem *Masterstatus* (vgl. Hughes 1949) kaum entkommen.

Reaktionen und Folgen – Lebenslage

Die Lebenslage vieler Betroffener ist durch ein Leben am Armutsrand, ihre *Lebenssituation* durch Institutionenabhängigkeit und damit sowohl rechtlich wie materiell begrenzte Handlungsmöglichkeiten charakterisiert. Dies geht oft mit Bevormundung, verweigerter Selbstbestimmung und reduzierten Wahlmöglichkeiten einher (Kastl 2010). Im subjektiven Erleben zeigen sich Gefühle von Scham und Erniedrigung, die zu Rückzug oder Suche nach Schutz und Selbstbestätigung, aber auch nach gemeinsamer Stärkung in den kleinen Lebenswelten lokaler ‚Behindertenszenen' führen. Der Preis dafür ist eine teils erzwungene, teils selbst gewählte Isolation in einem sicheren Abseits, das durch Gruppenkohäsion zwar unterstützend und identitätsbildend wirkt, aber durch die Grenzziehung zugleich die Besonderheit und den Abstand zur Mehrheitsgesellschaft sichtbar macht.

---

kontrolle ausüben und Aspekte seiner personalen Identität (Aspekte seiner Biografie) und seiner Ich-Identität (seines Selbstverständnisses und seiner Besonderheit) darstellen kann.

9.3.2 Soziale Differenzierung, Diskriminierung und Exklusion

Differenzierung bedeutet zunächst die Markierung von Unterschieden, die Unterschiede machen (der Leistungsfähigkeit, der Herkunft, der Interessen, der Lebensführung, des Aussehens usw.). Diese Differenzierungen sind unvermeidlich und sozial folgenreich: Im Bildungswesen oder in der Arbeitswelt definieren Abschlüsse, Kompetenzniveaus, Leistungen und Belastungsfähigkeit die Zugangsschwellen zu Positionen und die Perspektiven sozialen Aufstiegs. Soziale Differenzierung als Markierung von Unterschieden erfüllt für den Einzelnen im Alltagsleben Funktionen der Orientierung, der Einordnung der Anderen und das Erkennen „feiner Unterschiede“ (Bourdieu 1987), die die Zugehörigkeit zu sozialen Milieus anzeigen. Gesellschaftlich dient Differenzierung der Zuweisung von begehrten und knappen Positionen und dem jeweils damit verbundenen sozialen Status auf der Basis von Leistung, Herkunft, Motivation und Eignung. *Diskriminierung* bezeichnet im Gegensatz dazu *systematische*, über die in einer Gesellschaft üblichen horizontalen und vertikalen Disparitäten *hinausgehende* negative, abwertende, ausgrenzende und selektive Formen organisierten gesellschaftlichen Umgangs mit Personen(-gruppen) aufgrund definierter Merkmale wie Behinderung, Geschlecht, Hautfarbe, Herkunft, sexueller Orientierung, Auffälligkeiten in Aussehen und Verhalten von durchschnittlichen gesellschaftlichen Erwartungen, insbesondere von Leistungsnormen, Gesundheits-, Perfektions- und Schönheitsidealen, von Regeln der sozialen Interaktion oder von sozialen Konventionen (vgl. Hormel & Scherr 2010). Diskriminierung ist damit theoretisch ein Spezialfall sozialer Abgrenzung (Weisser 2010). Sie weist gleichwohl Überschneidungen mit säkularen Prozessen sozialer Differenzierung auf, die in ihren Folgen auch diskriminierend wirken können. Neben Diskriminierungen, die sich aus organisationellen Prozessen sozialer Differenzierung, z. B. Schulnoten, Bildungsabschlüssen, beruflichen Qualifikationen ergeben, finden sich spezifische Klassifikationen, die sich an individuelle Merkmale, wie Krankheit, Behinderung oder an gruppenbezogene Merkmale wie Geschlecht, Hautfarbe, Glaubenszugehörigkeit heften, Defizite markieren, negative Bewertungen und einsozialisierte Empfindungen verstärken und diskriminierendes Verhalten rechtfertigen. Dies geschieht auf der Grundlage von verwaltungspraktisch oder wissenschaftlich begründeten, fachlich bewährten und/oder institutionell anerkannten Klassifikationen. Diese sind sozial folgenreich, weil sie soziale Urteile enthalten, die diskriminierendes (z. B. abschätziges, aggressives, bevormundendes) Verhalten in Sprache und Handeln im Alltag und in fachlichen Kontexten[12] oder segregative Strukturen (z. B. Heime, Sonderschulen), gesellschaftliche Barrieren oder besondernde Verfahren legitimieren und damit den Status quo historisch gewachsener Herrschafts- und Machtverhältnisse mit ihren mehrheitlich stillschweigend akzeptierten Sichtweisen und Praktiken aufrecht erhalten oder bewähr-

12 Hierzu zählen stigmatisierende Diagnosen wie ‚dissoziales Verhalten‘, das Nichternstnehmen von Äußerungen und Wünschen der Klienten, das Übergehen der Angehörigen etc.

te, professionell verteidigte, von manchen Betroffenen auch als schützend erlebte, aber zugleich immer besondernde Organisationsformen und Praktiken konservieren.

Der Mehrheitsgesellschaft hilft die Zuordnung von Personen zu einer Außenseitergruppe bei der eigenen Verhaltensorientierung, sie bekräftigt die Geltung sozialer Normen, mahnt zu Vorsichtsmaßregeln, provoziert besondere Verhaltensweisen der Mehrheit und stärkt das Zusammengehörigkeitsgefühl der Normalen (v. Kardorff 2009). Kurz: Diskriminierung beruht auf einer vorgängigen Stigmatisierung, die im kulturellen Gedächtnis in Form sozialer Repräsentationen (vgl. Flick 1995) gespeichert ist; diese fungieren als kognitive Rahmung und werden zu Gewohnheiten des Herzens (Bellah et al. 1985), die sich in Stereotypen und Vorurteilen manifestieren. Deren schon früh im Sozialisationsprozess erworbene emotionale Verankerung ist einer der Gründe für die Widerstandsfähigkeit von Vorurteilen gegenüber rein kognitiven Aufklärungskampagnen (Petersen & Six 2008). *Gruppenbezogene* Diskriminierung folgt mehrheitlich konsentierten Praktiken eines durch gesellschaftlichen Konsens legitimierten Umgangs mit sozialen Auffälligkeiten. Neue Diskriminierungsrisiken entstehen durch Verengung von Abweichungstoleranzen, Verschiebung geltender Normen, erhöhte Anforderungen in Schule und Arbeitswelt oder durch die wissenschaftliche Verfeinerung diagnostischer Praktiken. Letztere bewirkt die Vermehrung klassifizierbarer Abweichungen und damit tendenziell eine „Erweiterung der Behinderungszone" (Felkendorff 2003). Die wissenschaftliche Normierung von Normalität (‚Protonormalismus') trägt damit zur Verengung von Normalitätsstandards und zur Produktion von Abweichung bei. Im Rahmen zunehmender Verwissenschaftlichung geraten damit immer mehr Verhaltensweisen unter latenten Abweichungsverdacht, während dies umgekehrt nicht notwendigerweise für individualisierte Lebensformen gilt. Gesellschaftlich zeigt sich eine Gleichzeitigkeit von Verengung und Erweiterung von Normtoleranzen, die auf ein Zusammenspiel sozialen Wandels und wissenschaftlicher Entwicklung verweisen.

Weitergehend verweist Diskriminierung auf politische Herrschaftsordnungen und Normalitätsvorstellungen der Mehrheitsgesellschaft, die „gruppenbezogene Menschenfeindlichkeit" (Heitmeyer 2002 ff.) begünstigen und zu systematischer Ausgrenzung und Teilhabeverweigerung für einzelne Gruppen (*strukturelle Diskriminierung*) sowie zu dauerhafter Exklusion führen können (Bude 2008). Exklusion ist dabei nicht absolut zu verstehen, vielmehr bedeutet sie den systematischen sozialen Ausschluss von der Teilhabe an den für eine möglichst weitgehend selbständige und selbstbestimmte Lebensführung erforderlichen *zentralen* Existenz-, Status- und Anerkennung sichernden Bedingungen (Steinforth 2002), wie soziale Akzeptanz, Gefühl des Dazugehörens, Zugang zu Bildung und Arbeit. In der gesellschaftlichen Alltagsinteraktion bezeichnet Exklusion den oft schleichenden Ausschluss von Sozialkontakten in Freizeit, Beruf und näherem sozialen Umfeld, etwa in Heimeinrichtungen oder ambulanten Ghettos wie Tagesstätten, Behindertencafés etc.

9.4 Enstigmatisierung[13] und Inklusion

Der öffentliche Diskurs über die UN-Behindertenrechtskonvention, unterstützt von Organisationen wie der Aktion Mensch, dem Deutschen Institut für Menschenrechte oder politischen Plattformen wie der BAR, dem Deutschen Behindertenrat und Selbsthilfeorganisationen, trägt dazu bei, die ‚unsichtbare Minderheit' (*invisible minority*)[14] verstärkt in den Blickpunkt von Öffentlichkeit und Politik zu rücken; inwieweit diese Aktivitäten Alltagsbewusstsein und -praxis tatsächlich beeinflussen, ist nur schwer messbar. Bedeutender dürfte ihr indirekter Einfluss auf die vielfältigen Aktivitäten der Fachpraxis und ihrer Organisationen sein, die derzeit die aktiven Träger des öffentlichen Diskurses sind. Nicht zu unterschätzen ist zudem das auf lokaler Ebene einflussreiche zivilgesellschaftlichen Engagement (*Enabling Community* 2010) und der Einfluss von *opinion leaders* im Rahmen von Anti-Diskriminierungskampagnen.

Stigmamanagement

Der Goffmansche Begriff bezieht sich auf Strategien von Menschen mit Behinderungen in Reaktion auf konkrete Erfahrungen mit und Bedrohungen durch Stigmatisierungsprozesse: Dazu gehören so unterschiedliche und situationsabhängige Strategien wie Ironisieren, Kuvrieren, Verheimlichen, offener, aber auch offensiver Umgang mit dem Stigma oder der Anschluss an Gleichbetroffene zum Erfahrungsaustausch und zur gebündelten Durchsetzung gemeinsamer Interessen. Auch wenn sich seit Goffmans Studie von 1961 eine Vielzahl von Veränderungen ergeben haben und neue Strategien im Umgang mit einer Behinderung oder Krankheit entwickelt wurden, kommt dem Stigmamanagement immer noch eine große Bedeutung zu, weil diskreditierte (offensichtliche wie Körperbehinderung) wie diskreditierbare (z. B. psychische Krankheit, Alkoholabhängigkeit, Krebserkrankung) Merkmale in bestimmten Situationen gegenüber den anderen tendenziell begründungspflichtig sind: Geringere Belastbarkeit oder der Bezug einer EU-Rente müssen gegenüber der Umwelt begründet werden.

Sprachpolitik

Alltagsweltliche Begriffe von Behinderung und ihr jeweiliges semantisches Umfeld sowie ihre emotionale Bedeutung legen ebenso wie wissenschaftliche Definitionen von Behinderung Wahrnehmungs- und Handlungsperspektiven der Gesellschaft fest. Dies ist nicht neu und schon aus der Debatte um eine geschlechtergerechte Sprache bekannt. Wenn anstelle von ‚Behinderten' von Menschen mit Behin-

13 Zu verschiedenen Entstigmatisierungsstrategien im Feld Behinderung und zur geringen Reichweite organisierter Kontakte zur Stigmavermeidung vgl. Cloerkes (2007, 196 ff., ders. 2008); für den Bereich psychisch kranker Menschen (Gaebel u. a. 2005).

14 Angesichts von 6,9 Mio. anerkannten Schwerbehinderten (ca. 8,3 % der Wohnbevölkerung in Deutschland) handelt es sich um eine auch quantitativ bedeutsame Minderheit, bei der die größte Gruppe die der chronisch kranken Menschen mit Schwerbehindertenstatus ist.

derung gesprochen wird, so soll damit vermieden werden, die gesamte Person über ein akzidentelles Merkmal zu definieren. In der aktuellen Debatte in der Behindertenpädagogik um Inklusion finden sich weiter gehende Bemühungen, besonders negativ besetzte Begriffe zu entstigmatisieren.

Ein Beispiel dafür ist die Kritik am Begriff ‚geistige Behinderung': Die Schule für Geistig Behinderte wird – immer noch als segregative Einrichtung – zur ‚Schule für geistige Entwicklung' und die Selbsthilfeorganisation *Mensch zuerst* wählt in Anlehnung an die *People-first*-Bewegung aus den USA für die betroffenen Menschen den Begriff *Menschen mit Lernschwierigkeiten*, um auf Entwicklungspotentiale auf einem breiten Kontinuum individueller Variationen menschlicher Lernfähigkeiten und -formen zu verweisen.

Ein Risiko sprachpolitischer Anti-Diskriminierungsstrategien liegt darin, Scheinakzeptanz durch ‚politisch korrektes' Verhalten zu erzeugen. Im Alltag wie in Organisationen werden Unterschiede, die Unterschiede machen, registriert und bergen die Gefahr eines *double speak*, auch wenn die Intention einer nicht-diskriminierenden Sprachpolitik nicht auf die Leugnung einer Beeinträchtigung zielt, sondern sie auf einem Kontinuum menschlicher Möglichkeiten, Äußerungs- und Lebensformen ansiedelt. Dem Paradox, dass die Feststellung einer Behinderung die rechtliche Grundlage zur Gewährung von Leistungen bildet, um in Abwägung zwischen individuellen Ansprüchen und allgemeinen Gerechtigkeitserwägungen Leistungen zu gewähren oder auch abzulehnen[15], kann auch eine Sprachpolitik nicht entgehen, gleichwohl aber zur Sensibilisierung und öffentlichen Debatte beitragen.

9.5 Perspektiven

Die UN-Behindertenrechtskonvention ist im Kern an den universalistischen Prämissen der Allgemeinen Menschenrechte und der unverfügbaren Menschenwürde ausgerichtet und konkretisiert diese Prinzipien für die Gruppe der Menschen mit Behinderung (vgl. Bielefeldt 2009). In einer sozialphilosophischen Perspektive ließen sich diese Postulate durch das universale Prinzip wechselseitiger *Anerkennung* (Honneth 2003), auf der Ebene der (behinderten-)politischen Agenda als *Wertschätzung von Verschiedenheit* (Diversität) und auf der Ebene gesellschaftlicher Alltagspraxis als *Haltung des Respekts* (Sennett 2004) als generalisierte Handlungsmaxime übersetzen. Aus der Anerkennung von Unterschiedlichkeit folgt auf der Ebene gesellschaftlicher Praxis weder zwangsläufig Gleichbehandlung noch ist mit

15 Im deutschen Sozialrecht ist die an die ICF der WHO angelehnte Definition von Behinderung ein pragmatischer (wenngleich unter kritischer Perspektive auch normalistischer) Kompromiss, der Behinderung funktional definiert, Rehabilitationsleistungen nach dem Finalitätsprinzip beurteilt und durch gesetzliche Vorgaben die Berücksichtigung des Selbstbestimmungs- und Wahlrechts stützt. Auch um eine ‚Ausweitung der Behinderungszone' (vgl. Felkendorff 2003) zu vermeiden, ist die sozialrechtliche Eingrenzung von Behinderung erforderlich.

einem Wegfall von Stigmatisierung und Diskriminierung oder einem Verschwinden von Diskriminierungsrisiken zu rechnen. Weil dies so ist, bedarf es beständiger gesellschaftlicher Beobachtung, um Diskriminierung zu erkennen, Ausschluss zu verhindern und Stigmatisierung zu brandmarken. Inklusion kann vor diesem Hintergrund aus Gerechtigkeitserwägungen heraus dann durchaus auch ungleiche Behandlung des Ungleichen bedeuten (vgl. Nussbaum 2010), und eine Spezialeinrichtung muss nicht zwangsläufig Exklusion bedeuten, sondern kann in besonderen Fällen etwa bei notwendiger Fürsorge auch fallspezifisch Teilhabe sichern. Kurz: Die im Umgang mit Behinderung, chronischer Krankheit und Pflege entstehenden Paradoxien (vgl. v. Kardorff & Meschnig 2008) stellen eine beständige Herausforderung für Strategien einer inklusiven, nicht stigmatisierenden Politik dar.

Literatur

Ahrbeck, B. (2011): Der Umgang mit Behinderung. Besonderheit und Vielfalt, Gleichheit und Differenz. Stuttgart.

Albrecht, G. L., Seelman, K. & Bury, M. (Hrsg.) (2001): Handbook of Disability Studies. Thousand Oaks.

Amsler, F., Baer, N. & Domingo, A. (2003): Diskriminiert. Gespräche mit psychisch kranken Menschen und ihren Angehörigen zur Qualität des Lebens. Bonn.

Angermeyer, M. C. & Matschinger, H. (1997): Social distance towards the mentally ill. Results of representative surveys in the Federal Republic of Germany. In: Psychological Medicine, 27, 131–141.

Barnes, C., Mercer, G. & Shakespeare, T. (2000): Exploring Disability. A Sociological Introduction. Cambridge.

Bellah, R., Madsen, R., Sullivan, W. et al. (1985): Habits of the heart. Individualism and commitment in American life. Berkeley.

Bieker, R. (2005): Teilhabe am Arbeitsleben. Wege der beruflichen Integration von Menschen mit Behinderung. Stuttgart.

Bielefeldt, H. (2009): Zum Innovationspotenzial der UN-Behindertenrechtskonvention. Deutsches Institut für Menschenrechte. Essay No. 5, 3. Berlin.

Blaschke, D. (1997): Problemhintergrund der Verbleibs- und Wirkungsforschung bei Behinderten und anderen Zielgruppen der Arbeitsmarktpolitik. Frankfurt am Main.

Bourdieu, P. (1987): Die feinen Unterschiede. Frankfurt am Main.

Bruner, C. F. (2005): KörperSpuren. Zur Dekonstruktion von Körper und Behinderung in biografischen Erzählungen von Frauen. Bielefeld.

Bude, H. (2008). Die Ausgeschlossenen. Das Ende vom Traum einer gerechten Gesellschaft. München.

Bundesarbeitsgemeinschaft Werkstätten für behinderte Menschen e. V.: Online im Internet: URL: http://www.bagwfbm.de/[aufgerufen am 13. 06. 2011].

Bundesministerium für Familie, Senioren, Frauen und Jugend (2006). Charta der Rechte für hilfe- und pflegebedürftiger Menschen. Online im Internet: URL: http://www.bmfsfj.de/BMFSFJ/aeltere-menschen,did=16 124.html [aufgerufen am 09. 06. 2011].

Bundesministerium für Bildung und Forschung (2007–2011): Chronische Krankheiten und Patientenorientierung. Online im Internet: URL: http://www.bmbf.de/6647.php [aufgerufen am 13. 06. 2011].

Campell, F. A. K. (2009): Contours of Ableism: The Production of Disability and Abledness. London.

Cloerkes, G. (2007): Soziologie der Behinderten. Heidelberg.

Cloerkes, G. (2008): Stigma/Vorurteil. In: Jantzen, W. & Dederich, M. (Hrsg.): Behinderung und Anerkennung. Stuttgart, 208–212.

Cloerkes, G. & Kastl, M. (2007): Leben und Arbeiten unter erschwerten Bedingungen. Heidelberg.

Dederich, M. (2007): Körper, Kultur und Behinderung. Eine Einführung. Heidelberg.

Dederich, M. (2008): Behinderung als sozial- und kulturwissenschaftliche Kategorie. In: Jantzen, W. & Dederich, M. (Hrsg.): Behinderung und Anerkennung. Stuttgart, 15–39.

Degele, N. & Winker, G. (2007): Intersektionalität als Mehrebenenanalyse. Online im Internet: URL: http://www.tu-harburg.de/agentec/winker/pdf/Intersektionalitaet_Mehrebenen.pdf [aufgerufen am 19. 05. 2011].

Degener, T. (2005): Antidiskriminierungsrechte für Behinderte: Ein globaler Überblick. In: Zeitschrift für ausländisches öffentliches Recht und Völkerrecht, 65, 887–935.

Degener, T. (2006): Menschenrechtsschutz für behinderte Menschen. Vereinte Nationen, 3, 104–110.

Deklaration von Madrid (2002): Nicht-Diskriminierung plus positive Handlung(en) bewirken soziale Integration. Online im Internet: URL: http://www.madriddeclaration.org/fr/dec/dec.htm [aufgerufen am 19. 05. 2011].

Doose, S. (2007): Unterstützte Beschäftigung: Berufliche Integration auf lange Sicht. Marburg.

Ehrenberg, A. (2004): Das erschöpfte Selbst. Depression und Gesellschaft in der Gegenwart. Frankfurt am Main.

Europäische Kommission (2008): Diskriminierung in der Europäischen Union. Wahrnehmungen, Erfahrungen und Haltungen. Eurobarometer Spezial 296. Brüssel.

Evangelische Stiftung Altersdorf & KHSB-Berlin (Hrsg.) (2010): Enabling Community. Hamburg.

Felkendorff, K. (2003): Ausweitung der Behinderungszone. Neuere Behinderungstheorien und ihre Folgen. In: Cloerkes, G. (Hrsg.): Wie man behindert wird. Texte zur Konstruktion einer sozialen Rolle und zur Situation betroffener Menschen. Heidelberg, 25–52.

Finzen, A. (2001): Psychose und Stigma. Bonn.

Flick, U. (1995): Psychologie des Sozialen. Repräsentationen in Wissen und Sprache. Reinbek.

Gaebel, W., Möller, H.-J. & Rössler, W. (Hrsg.) (2005): Stigma – Diskriminierung – Bewältigung. Der Umgang mit sozialer Ausgrenzung psychisch Kranker. Stuttgart.

Ginnold, A. (2008): Der Übergang Schule – Beruf von Jugendlichen mit Lernbehinderung. Einstieg – Ausstieg – Warteschleife. Bad Heilbrunn.

Goffman, E. (1975): Stigma. Über Techniken der Bewältigung beschädigter Identität. Frankfurt am Main.

Goffman, E. (1994): Die Interaktionsordnung: In: Goffman, E. (hrsg. von H. Knoblauch): Interaktion und Geschlecht. Frankfurt am Main, 50–104.

Hautop, W. & Scheibner, U. (2002): Die Werkstätten für Menschen mit psychischen Behinderungen. Frankfurt am Main.

Heitmeyer, W. (Hrsg.) (2002–2010): Deutsche Zustände (Folge 1–9). Frankfurt am Main.

Hoffmann, H. (2004): Berufliche Rehabilitation. In: Rössler, W. (Hrsg.): Psychiatrische Rehabilitation. Berlin, Heidelberg, 333–346.

Honneth, A. (2003): Kampf um Anerkennung. Frankfurt am Main.

Hormel, U. & Scherr, A. (Hrsg.) (2010): Diskriminierung: Grundlagen und Forschungsergebnisse. Wiesbaden.
Hughes, E.C. (1949): Dilemmas and Contradictions of Status. In: American Journal of Sociology, 50, 353–346.
Jäckel, W.H. & Bengel, J. (2008): Patientenorientierung in der Rehabilitation. In: Die Rehabilitation, 47 (2), 65–66.
Kardorff, E.v. (2009): Soziologie. In: Ahrbeck, B. & Willman, M. (Hrsg.): Pädagogik bei Verhaltensstörungen. Ein Handbuch. Stuttgart, 86–94.
Kardorff, E.v. (2010a): Gesellschaftliche Teilhabe psychisch kranker Menschen an und jenseits der Erwerbsarbeit. In: Wittig-Koppe, H., Bremer, F. & Hansen, H. (Hrsg.): Teilhabe in Zeiten verschärfter Ausgrenzung? Neumünster, 129–139.
Kardorff, E.v. (2010b): Zur Diskriminierung psychisch kranker Menschen. In: Hormel, U. & Scherr, A. (Hrsg.): Diskriminierung und Forschungsergebnisse. Wiesbaden, 279–305.
Kardorff, E.v. (2011): Wandel der Patientenrolle in der Rehabilitation. In: Hoefert, H.-W. & Klotter, C. (Hrsg.): Wandel der Patientenrolle. Göttingen, 295–313.
Kardorff, E.v. & Ohlbrecht, H. (2007): Essstörungen im Jugendalter – eine Reaktionsform auf gesellschaftlichen Wandel. In: DISKURS Kindheits- und Jugendforschung, 2, 155–168.
Kardorff, E.v. & Meschnig, A. (2008): Paradoxien: Die Pflegefalle. In: Garms-Homolova, V., Kardorff, E.v., Theis, K., Meschnig, A. & Fuchs, H. (2008): Teilhabe und Selbstbestimmung von Menschen mit Pflegebedarf. Frankfurt am Main, 285–293.
Kardorff, E.v. & Ohlbrecht, H. (2010): Erwerbsarbeit für psychisch kranke Menschen im gesellschaftlichen Wandel. In: Mecklenburg, H. & Storck, J. (Hrsg.): Handbuch berufliche Integration und Rehabilitation. Wie psychisch kranke Menschen in bezahlte Arbeit kommen und bleiben. Bonn, 18–29.
Kastl, J.M. (2010). Einführung in die Soziologie der Behinderung. Wiesbaden.
Keupp, H. (1999): Identitätskonstruktionen. Das Patchwork der Identitäten in der Spätmoderne. Reinbek.
Klug, G. (2005): Die Veränderung sozialer Netzwerke im Rahmen von Psychosen. In: Fortschritte Neurologie und Psychiatrie, 73, 66–73.
Köbsell, S. (2006): Gegen Aussonderung – für Selbstvertretung. Zur Geschichte der Behindertenbewegung in Deutschland. Online im Internet: URL: http://www.zedis.uni-hamburg.de/dokumente/Bewegungsgeschichte_HH_04–06_Vortrag.pdf [aufgerufen am 19.05. 2011].
Lee, J.H. (2010): Inklusion – eine kritische Auseinandersetzung mit dem Konzept von Andreas Hinz im Hinblick auf Bildung und Erziehung von Menschen mit Behinderungen. Oberhausen.
Link, J. (1997): Versuch über den Normalismus. Wie Normalität produziert wird. Göttingen.
Link, B.G. & Phelan, J.C. (2001): Conceptualizing stigma. In: Annual Review of Sociology, 27, 363–385.
Longmore, P.K. & Umansky, L. (2001): The New Disability History: American Perspectives. New York.
Markowetz, R. (2007): Soziale Integration, Identität und Entstigmatisierung. Heidelberg.
Maschke, M. (2007): Behindertenpolitik in der Europäischen Union. Wiesbaden.
Mecklenburg, H. & Storck, J. (2010^2): Handbuch berufliche Integration und Rehabilitation. Wie psychisch kranke Menschen in Arbeit kommen und bleiben. Bonn.
Metzger, K. & Weigel, E. (2010): Inklusion – eine Schule für alle. Berlin.
Moser, V. (2003): Konstruktion und Kritik. Sonderpädagogik als Disziplin. Opladen.
Müller, K.E. (1996): Der Krüppel. Ethnologia passionis humanae. München.
Netzwerk Artikel 3e.V.: Schattenübersetzung der UN-Behindertenrechtskonvention. Online im Internet: URL: http://www.alle-inklusive.de/?p=3204 [aufgerufen am 09.06. 2011].

Neubert, D. & Cloerkes, G. (1991): Stigmatisierung und Identität. Zur Rezeption und Weiterführung des Stigma-Ansatzes in der Behindertenforschung. In: Zeitschrift für Heilpädagogik, 42, 673–688.

Niehaus, M. & Montada, L. (Hrsg.) (1997): Behinderte auf dem Arbeitsmarkt: Wege aus dem Abseits. Frankfurt am Main.

Nussbaum, M. C. (2010): Die Grenzen der Gerechtigkeit. Behinderung, Nationalität und Spezieszugehörigkeit. Frankfurt am Main.

Palmowski, W. & Heuwinkel, M. (2010): „Normal bin ich nicht behindert!". Wirklichkeitskonstruktionen bei Menschen, die behindert werden. Dortmund.

Petersen, L. E. & Six, B. (Hrsg.) (2008): Stereotype, Vorurteile und Soziale Diskriminierung. Weinheim, Basel.

Pfahl, L. & Powell, J. W. (2010): Draußen vor der Tür: Die Arbeitsmarktsituation von Menschen mit Behinderung. In: Aus Politik und Zeitgeschichte, 23, 32–38. Online im Internet: URL: www.bpb.de/publikationen/4WXZIS.html [aufgerufen am 19. 05. 2011].

Powell, J. J. W. & Pfahl, L. (2008): Sonderschule behindert Chancengleichheit. In: WZB-Brief Bildung 04/2008, 2–7. Online im Internet: URL: http://www.wzb.eu/de/publikationen/wzbrief-bildung [aufgerufen am 09. 06. 2011].

Radtke, P. (1994): Karriere mit 99 Brüchen. München.

Rommelspacher, B. (2006): Wie wirkt Diskriminierung? Am Beispiel der Behindertenfeindlichkeit. Online im Internet: URL: http://www.birgit-rommelspacher.de/wie_wirkt_diskriminierung.pdf [aufgerufen am 19. 05. 2011].

Saal, F. (2011): Warum sollte ich jemand anders sein wollen? Erfahrungen eines Behinderten. Neumünster.

Sennett, R. (2004): Respekt im Zeitalter der Ungleichheit. Berlin.

Schildmann, U. (2008): Normalität. In: Jantzen, W. & Dederich, M. (Hrsg.): Behinderung und Anerkennung. Stuttgart, 204–208.

Schlüter, M. (2003): Das Leben von Menschen mit einer (Körper-)Behinderung – Eine Standortbestimmung. In: Dederich, M. (Hrsg.): Bioethik und Behinderung. Bad Heilbrunn, 193–209.

Schnoor, H. (Hrsg.) (2007): Leben mit Behinderungen. Stuttgart.

Schulze, B. & Angermeyer, M. (2002): Interventionen zur Reduzierung des Stigmas der Schizophrenie: Konzeptuelle Überlegungen. In: Neuropsychologie, 16, 39–45.

Spörke, M. (2008): Behindertenpolitik im aktivierenden Staat. Kassel.

Steiner, G. (2001): Wie alles anfing – Konsequenzen politischer Behindertenselbsthilfe. In: INFORUM, 20 Jahre Assistenz – Behinderte auf dem Weg zu mehr Selbstbestimmung. Berlin, 14–33. Online im Internet: URL: http://www.forsea.de/projekte/20_jahre_assistenz/steiner.shtml [aufgerufen am 19. 05. 2011].

Steinforth, T. (2002): Was heißt „drinnen", was heißt „draußen"? Eine Warnung vor allzu schlichten Exklusionstheorien. In: Blätter der Wohlfahrtspflege, 4, 133–135.

Tröster, H. (1996): Einstellungen und Verhalten gegenüber Menschen mit Behinderungen. In: Zwierlein, E. (Hrsg.): Integration und Ausgrenzung – Behinderte Mitmenschen in der Gesellschaft. Neuwied, 187–195.

UNESCO (1994): Die Salamanca Erklärung und der Aktionsrahmen zur Pädagogik für besondere Bedürfnisse. Online im Internet: URL:http://www.unesco.at/bildung/basisdokumente/salamanca_erklaerung.pdf [aufgerufen am 09. 06. 2011].

Waldschmidt, A. (2003): Die Flexibilisierung der „Behinderung" – Anmerkungen aus normalismustheoretischer Sicht, unter besonderer Berücksichtigung der „International Classification of Functioning, Disability and Health" (ICF). In: Ethik in der Medizin. Organ der Akademie für Ethik in der Medizin, 15 (3), 191–2003.

Waldschmidt, A. (2005): Ist Behindertsein normal? Behinderung als flexibelnormalistisches Dispositiv. In: Cloerkes, G. (Hrsg.): Wie man behindert wird. Texte zur Konstruktion einer sozialen Rolle und zur Lebenssituation betroffener Menschen. Heidelberg, 83–102.

Waldschmidt, A. & Schneider, W. (Hrsg.) (2007): Disability Studies, Kultursoziologie und Soziologie der Behinderung. Erkundungen in einem neuen Forschungsfeld. Bielefeld.

Wagner, H. (1997): Bildungsbiographien Lernbehinderter. Bad Bentheim.

Weber, A. (2002): Behinderte und chronisch kranke Menschen als Problemgruppen auf dem Arbeitsmarkt. Münster.

Weber, A. (2007): Tätigsein! Jenseits der Erwerbsarbeit. Bonn.

Welti, F. (2005): Behinderung und Rehabilitation im sozialen Rechtsstaat. Tübingen.

Weisser, J. (2010): Behinderung als Fall von Diskriminierung. In: Hormel, U. & Scherr, A. (Hrsg.): Diskriminierung und Forschungsergebnisse. Wiesbaden, 307–322.

Widmann, P. (2005): Vorurteile gegen sozial Schwache und Behinderte. In: Informationen zur politischen Bildung, 271. Online im Internet: URL: http://www.bpb.de/publikationen/BP3IF1,0,Vorurteile_gegen_sozial_Schwache_und_Behinderte.html [aufgerufen am 19. 05. 2011].

Wilken, U. (1995): Würde und Selbstbestimmung behinderter Menschen wahren. Ambivalente Einstellungen der Gesellschaft sind nach wie vor virulent. In: Blätter der Wohlfahrtspflege 142, 10, 252–255.

Wocken, H. (2010): Der Zeitgeist: Behindertenfeindlich? Einstellungen zu Behinderten zur Jahrtausendwende. Online im Internet: URL: http://www.hans-wocken.de/Texte/Zeitgeist.htm [aufgerufen am 19. 05. 2011].

Wuppinger, J. & Rauch, A. (2010): Wiedereingliederung in den Arbeitsmarkt im Rahmen beruflicher Rehabilitation. In: Institut für Arbeitsmarkt und Berufsforschung: Forschungsbericht 01, Nürnberg. Online im Internet: URL: http://www.iab.de/185/section.aspx/Publikation/k100113n01 [aufgerufen am 14. 06. 2011].

Zola, I. (1972): Medicine as an institution of social control. In: *Sociological Review*, 20 (4), 487–504.

10 Menschenwürde

Peter Schaber

Einleitung

Nach Artikel 1 des Grundgesetzes ist die Würde des Menschen unantastbar und ihr Schutz die Verpflichtung aller staatlichen Gewalt. Die Würde des Menschen wird von vielen auch als die Grundlage der verfassungsmäßigen garantierten Grundrechte wie auch der Menschenrechte gesehen. Sie zu verletzen, ist entsprechend die Missachtung eines Grundwerts. Eine zentrale Frage in der Diskussion um den Menschenwürdebegriff ist die Frage, welchen Wesen denn Würde zukommt. Dabei wird verschiedentlich die Meinung vertreten, es gehe dabei um die Zugehörigkeit zur Gruppe der Wesen, deren Leben schützenswert sei. Nur wer Würde hat, so die Idee, untersteht den Geboten des Lebensschutzes. Verschiedene Vorschläge zum Verständnis der Menschenwürde machen den Besitz der Würde am Vorliegen von Eigenschaften wie Autonomie und Selbstbewusstsein fest, die nicht allen Mitgliedern der menschlichen Spezies zukommen. Das betrifft, wie Markus Dederich meint,

> „einen heterogenen Kreis von Individuen: die unbefruchtete oder befruchtete Eizelle vor und nach der Nidation, den frühen Embryo, Föten, Frühgeborene, schwer geschädigte Neugeborene, nicht einwilligungsfähige Menschen, etwa Kinder, schwer geistigbehinderte oder altersdemente Menschen und Menschen im Koma" (Dederich 2004, 261).

Nach besagter Bestimmung der Menschenwürde scheinen diese Menschen keinen Lebensschutz zu genießen. Das wird oft mit der Forderung verbunden, allen Mitgliedern der menschlichen Spezies Würde zuzusprechen, und zwar ab dem Zeitpunkt der Verschmelzung von Ei- und Samenzelle. Alles andere wird als Ausschlussstrategie verstanden, die bestimmte menschliche Wesen vom allgemeinen Lebensschutz ausnimmt.

Es sind zwei Dinge, die dabei unterstellt werden: a) dass die Frage, wem Würde zukommt, unabhängig von der Frage, was Würde bedeutet, bestimmt werden kann; und b) dass der Lebensschutz ausschließlich davon abhängt, ob ein Wesen Würde besitzt oder nicht. Was die erste Unterstellung a) betrifft, so gibt es gute Gründe für die Ansicht, dass diese beiden Fragen nicht unabhängig voneinander beantwortet werden können: Wem Würde zukommt, lässt sich nicht unabhängig von der Bedeutung des Würdebegriffs bestimmen (siehe unten 4.6). Und im Blick auf die zweite Unterstellung b) lässt sich sagen, dass nicht klar ist, dass alle Gebote des Lebensschutzes von der Würde abhängen. Wie weit sich solche Gebote durch die Würde begründen lassen, hängt wiederum zum einen davon ab, was unter Würde zu verstehen ist, und zum andern auch davon, welche anderen moralischen Gesichtspunkte für die Begründung von Lebensschutzgeboten relevant sind.

In jedem Fall lässt sich vor dieser Untersuchung festhalten, dass Positionen, die Würde an Eigenschaften wie Autonomie und Selbstbewusstsein knüpfen, die Würde von behinderten Menschen nicht in Frage stellen. Ein behinderter Mensch hat nach diesen Auffassungen dieselbe Würde wie alle anderen Menschen. Fraglich kann das bloß bei den Wesen sein, die in keiner Weise in der Lage sind, ihr Leben zu gestalten, wenn Würde, wie einige meinen, von der Autonomiefähigkeit abhängig ist. In dem Sinne steht nach diesen Würdekonzeptionen außer Frage, dass eine Ungleichbehandlung aufgrund von Behinderung genauso unzulässig ist wie eine Ungleichbehandlung aufgrund der ethnischen Zugehörigkeit, des Geschlechts, der Rasse, des sozialen Status oder der Weltanschauung.

Was ist nun aber unter Menschenwürde zu verstehen? Diese Frage wird unterschiedlich beantwortet. Nicht Wenige sind gar der Meinung, dass es auf diese Frage keine befriedigende Antwort gibt, da der Begriff der Menschenwürde leer und für beliebige Zwecke verwendbar sei. Es könne deshalb auch nicht überraschen, dass dieser Begriff für die unterschiedlichsten, oft entgegengesetzten ethischen Anliegen benutzt werde (vgl. Hoerster 2002, 24). Andere vertreten die Meinung, dass der Begriff der Menschenwürde durch andere Begriffe ersetzt werden und man auf ihn in normativen Kontexten verzichten kann (vgl. Macklin 2003). Das sollte man nicht zuletzt deshalb tun, weil nie klar sei, was mit ihm im jeweiligen Kontext gemeint sei.

Liberale Autoren stehen dem Begriff manchmal auch skeptisch gegenüber, weil sie ihn als einen Begriff konservativer Technik- und Kulturkritik sehen. In der Tat argumentieren Kritiker der Forschung an Embryonen, von Abtreibung wie auch der Veränderung des Menschen durch biotechnologische Methoden oft damit, dass mit solchen Praktiken die Würde des Menschen verletzt werde. Von anderen Autoren wird wiederum suggeriert, dass der Begriff der Würde sich nur auf theologischer Basis verstehen lasse und entsprechend in einer säkularen Ethik nichts zu suchen hätte.

10.1 Der moderne Würdebegriff

Wenn in der Diskussion von Fragen der angewandten Ethik, in der Präambel der Allgemeinen Menschenrechtserklärung der Vereinten Nationen oder in den verschiedenen Verfassungen von Würde die Rede ist, dann steht jeweils eine bestimmte Form der Würde im Blick, die man als *inhärente Würde* bezeichnen kann. Was ist damit gemeint? Werfen wir zunächst einen Blick auf die Geschichte des Würdebegriffs. In der ersten Übersetzung von Ciceros De Officiis aus dem Jahr 1488 wird das Wort ‚dignitas' mit dem deutschen Begriff der ‚Wyrde' übersetzt. Für Cicero selbst ist das Wort ‚dignitas' die Übersetzung des griechischen Ausdrucks ‚axioma'. Mit ‚axioma' ist im griechischen Denken allgemein das Ansehen, die Geltung oder

der Wert eines Menschen gemeint, also kontingente Qualitäten, die Menschen aufgrund ihrer sozialen Herkunft und Stellung und auch aufgrund ihres Verhaltens, nicht aber bereits aufgrund ihres Menschseins zukommt. Cicero nimmt jedoch nicht auf dieses Verständnis Bezug, sondern auf dasjenige der Stoa. Unter ‚axioma' wird in der Stoa der innere Wert von Menschen verstanden, den sie aufgrund ihrer Vernunftbegabung besitzen. Würde wird nicht an die soziale Herkunft und Stellung, an das soziale Ansehen, auch nicht an ein bestimmtes Verhalten, sondern an eine nicht-kontingente Eigenschaft von Menschen geknüpft. Es ist dieselbe Eigenschaft, an die viel später dann auch Kant den Würdebegriff bindet. So könnte man vermuten, dass der moderne, von Kant stark geprägte Würdebegriff schon in der Antike vorlag. Dass das allerdings nicht der Fall ist, wird klar, wenn man sich den Vorschlag von Cicero genauer ansieht. Nach Cicero erlaubt es die Vernunft dem Menschen, sich von seinen Wünschen und Begierden zu distanzieren. Er muss ihnen nicht folgen. Das ist es auch, was dem Menschen nach Cicero Größe verleiht. Diese Fähigkeit ist auch die Grundlage der Würde des Menschen: Der Mensch hat Würde als Wesen, das durch seine Natur nicht bestimmt wird. Er hat Würde als Wesen mit dieser Fähigkeit und als Wesen, das sich dieser besonderen Fähigkeit würdig erweist. Würde meint ein normatives Ideal, sein Leben in einer bestimmten Weise zu gestalten. Dabei begreift Cicero die Würde als ein anti-hedonistisches Lebensideal: „[D]ass körperliches Vergnügen der erhabenen Stellung des Menschen nicht genug würdig ist und verschmäht und zurückgewiesen werden muss" (Cicero 1995, 105 f.). Würdig verhält man sich, wenn man „sparsam, enthaltsam, streng und nüchtern" (Cicero 1995, 106) lebt. Wer die Fähigkeit zur Selbstdistanzierung nicht ausübt, lebt nicht in einer Weise, die uns die menschliche Natur vorzeichnet. Da Menschen frei sind, sind sie in der Lage, diese Bestimmung zu verfehlen. Man kann die Würde entsprechend erwerben, verlieren und wiedergewinnen.

Der moderne Begriff von Würde meint kein Lebensideal. Er meint einen Anspruch, den seine Träger anderen gegenüber geltend machen können. Verfassungen schreiben uns nicht vor, unser Leben in einer bestimmten Weise zu gestalten, sondern vielmehr, andere in erster Linie in bestimmten Weisen *nicht* zu behandeln. Dieser *moralische* Begriff von Würde geht auf Immanuel Kant zurück. Nach Kant kommt Vernunftwesen Würde zu (vgl. Kant 1907/14 a, 435). Wesen, die Würde haben, müssen geachtet werden, und diese Achtung kann eingefordert werden:

> „Achtung, die ich für andere trage, oder die ein anderer von mir fordern kann, ist die Anerkennung einer Würde an anderen Menschen, d. i. eines Werths, der kein Preis hat, kein Äquivalent, wogegen das Object der Werthschätzung ausgetauscht werden kann" (Kant 1907/14 b, 462).

Kant versteht unter der Würde einen Anspruch, der geachtet werden soll und entsprechend auch verletzt werden kann.

Was ist das Objekt dieser Achtung? Die inhärente Würde sollte zunächst von Formen der Würde unterschieden werden, die dem Würdeträger aufgrund kontingenter Eigenschaften zukommen. Das gilt beispielsweise für die Würde, die an Ämter und Funktionen gebunden ist (wie z.B. die Würde des Bischofs). Im Unterschied zu diesen anderen Würdeformen kommt die inhärente Würde den Würdeträgern permanent zu; sie kann nicht gewonnen, verloren und wiedergewonnen werden. Sie kann verletzt oder angetastet werden, aber sie kann nicht verloren gehen. Wenn die Würde eines Menschen verletzt wird, dann heißt das nicht, dass er keine Würde mehr hat. Es heißt vielmehr, dass er nicht so behandelt wurde, wie es seiner inhärenten Würde entsprochen hätte. Orientierungspunkt für ein angemessenes Verständnis von inhärenter Würde ist für viele Kants Verständnis der Würde. Würde hat nach Kant ihren Grund in der Autonomie, d.h. in der Fähigkeit, sich nach Gesetzen zu bestimmen. Wer die anderen in ihrer Würde achtet, behandelt sie nach dem moralischen Gesetz. Und das heißt, er behandelt sie nie bloß als Mittel, sondern immer zugleich als Zweck an sich. Das ist interpretationsbedürftig. Es ist unklar, was es bedeutet, einen anderen als Zweck an sich zu behandeln.

10.2 Moralischer Status und Grundrechte

Nach Ansicht verschiedener Autoren wird mit der inhärenten Würde Menschen ein *moralischer* Status zugewiesen. ‚Menschen haben Würde' meint demgemäß: Menschen verdienen moralische Rücksichtnahme. Unterschiedliche Versionen einer solchen Statustheorie finden wir sowohl bei englisch- wie auch bei deutschsprachigen Autoren. Für *Joel Feinberg* hat die Würde des Menschen mit seinem Status als Rechtssubjekt, das ist, als Träger von Rechten, zu tun. Würde ist nach Feinberg kein Ensemble von Rechten und auch kein einzelnes Recht, sondern die Eigenschaft eines Menschen, Rechte zu haben und diese anderen gegenüber geltend machen zu können. Einen Menschen in seiner Würde zu achten, heißt nach Feinberg, ihn als jemanden zu sehen, der Ansprüche geltend machen kann. Dabei geht es Feinberg nicht nur darum, dass man den anderen als ein Wesen sieht, das diese Fähigkeit besitzt, sondern das man ihn als ein Wesen sieht, das berechtigt ist, Ansprüche zu erheben. Natürlich setzt die Berechtigung, Ansprüche geltend zu machen, die Fähigkeit voraus, dies faktisch auch tun zu können. Feinberg versteht dieses ‚Können' aber in einem normativen Sinn: Menschen können das nicht bloß faktisch tun, sondern sind dazu auch berechtigt. Die Achtung der Würde von Menschen wird damit von der Achtung ihrer Rechte unterschieden. Achtung der Würde bezieht sich auf den Rechtsstatus der anderen Person.

In einer ähnlichen Weise begreift Stephen Darwall die Würde als die normative Autorität, anderen Personen gegenüber gültige Forderungen stellen zu können (vgl. Darwall 2006, 14). Den anderen in seiner Würde zu achten, heißt dementsprechend, ihn als Wesen mit einer solchen normativen Autorität zu achten. Darwalls Begriff der Würde ist klar normativ gefasst: Würde haben heißt, normative

Autorität zu besitzen. Gewirth sieht die Würde als die wertvolle Fähigkeit, Zwecke zu verfolgen. Beide Begriffe von Würde sind nicht direkt mit Ansprüchen verbunden, in bestimmter Weise von anderen behandelt bzw. nicht behandelt zu werden.

Das sieht anders aus, wenn man sich an einem Begriff der Würde orientiert, wie ihn Dieter Birnbacher vorschlägt (vgl. Birnbacher 1996, 110). Die inhärente Würde zu achten, bedeutet für Birnbacher, eine Gruppe von Grundrechten zu respektieren. Er hat dabei folgende drei Grundrechte im Blick: 1) das Grundrecht auf ein Existenzminimum, 2) das Recht auf Freiheit von großen und andauernden Schmerzen, 3) das Recht auf eine minimale Freiheit und 4) das Recht auf eine minimale Selbstachtung. Nach diesem Verständnis lässt sich die Menschenwürde auf grundlegende (Menschen-)Rechte reduzieren. Der Begriff der Würde hat keine eigenständige normative Bedeutung. Er ist vielmehr ein Sammelname für Grundrechte. Wenn eines dieser Grundrechte verletzt wird, wird kein Anspruch verletzt, der diesen Rechten zugrunde liegt. Würde bezeichnet nach diesem Verständnis nichts, das Grundrechte begründen könnte.

Eine andere Auffassung des Verhältnisses von Würde und Rechten findet sich in der Schlusserklärung der Zweiten Internationalen Menschenrechtskonferenz. Danach sind alle Menschenrechte aus der inhärenten Würde des Menschen abgeleitet (vgl. Clapham 2006, 439). Ein Begründungsverhältnis zwischen Würde und Rechten liegt auch nach der Standardauffassung des Deutschen Grundgesetzes vor, wonach sich die unveräußerlichen und unverletzlichen Verfassungsgrundrechte aus der Würde jedes Menschen ergeben (vgl. Menke & Pollmann 2007, 150).

10.3 Selbstachtung

Avishai Margalit versteht die Würde des Menschen über die Selbstachtung. Menschen werden in ihrer Würde verletzt, wenn sie gedemütigt werden (vgl. Margalit 1996, 115 ff.). Wer einen anderen demütigt, achtet ihn nicht als menschliches Wesen. Demütigung ist, so Margalit, ein Angriff auf die *Selbstachtung* der betroffenen Person. Dabei ist Selbstachtung eine Einstellung, die man sich selbst gegenüber einnimmt, wenn man sich einen intrinsischen Wert zuschreibt (vgl. Margalit 1996, 120). Diese Einstellung ist wiederum abhängig von den Einstellungen, die andere einem gegenüber einnehmen. Die Demütigung anderer zielt darauf, meine Einstellung der Selbstachtung zu zerstören. Dieser Ansicht ist auch Ralf Stoecker. Durch die Demütigung anderer wird nach Stoecker das Selbst beschädigt, das einem Menschen eine akzeptable Rolle garantiert (vgl. Stoecker 2003, 142 ff.). Der Begriff der Selbstachtung steht im Zentrum dieser Auffassung von Menschenwürde. Die Frage stellt sich, welche Auffassung von Selbstachtung in diesem Zusammenhang von Bedeutung ist. Sich selbst zu achten, kann im Sinne der Selbstwertschätzung verstanden werden: Man schreibt sich selbst einen Wert zu (vgl. Rawls 1979, 440; Raz 1994, 26). Margalit meint, dass es sich bei der Selbstachtung, die durch Demütigung gefährdet wird, um eine Wertschätzung handelt, die sich nicht auf eigene Taten, sondern auf das eigene Menschsein bezieht (Margalit 1996, 24). Er meint darüber hinaus auch, dass man Selbstwertschätzung und Selbstachtung nicht gleichsetzen sollte (vgl. Margalit 1996, 44). Selbstachtung scheint demnach kein psychischer Zustand zu sein, der in unterschiedlichen Individuen in unterschiedlicher Stärke vorliegt.

Allerdings ist nicht klar, ob man Selbstachtung nicht doch als einen psychischen Zustand begreift, und damit besser von Selbstwertschätzung sprechen müsste, wenn man darunter wie Margalit etwas versteht, das durch Demütigungen bei den meisten, jedoch nicht bei allen Menschen beeinträchtigt wird (vgl. Margalit 1996, 123). Diese Auffassung von Selbstachtung wirft nicht nur die Frage auf, ob man anstatt von Selbstachtung nicht besser von Selbstwertschätzung sprechen sollte. Es stellt auch Margalits Konzeption selbst in Frage, da unklar ist, ob es die kontingente Beeinträchtigung der Selbstwertschätzung ist, die Demütigungen verwerflich und zu einer Verletzung der Würde von Menschen machen. Selbstachtung allerdings lässt sich in einem rein *normativen* Sinn verstehen. So kann man der Ansicht sein, dass eine Person sich selbst achtet, wenn sie ihre eigenen moralischen Rechte achtet (vgl. Schaber 2010, Kap. 2.4). Selbstachtung setzt nach diesem Verständnis voraus, dass andere mein Recht anerkennen, die eigenen Rechte wahrzunehmen. Demütigung zielt darauf ab, anderen dieses Recht abzusprechen, und stellt deshalb eine Verletzung der Selbstachtung dar. Dieser normativen Konzeption zufolge ist die Verletzung der Selbstachtung unabhängig von den psychischen Beeinträchtigungen, die eine Person aufgrund von Demütigungen erleidet. Demütigungen verletzen die Selbstachtung von Personen, weil mit ihnen Rechte von Personen verletzt werden, nicht weil ihre Selbstwertschätzung in Mitleidenschaft gezogen wird.

10.4 Würdezuschreibung

Wie die Frage nach der Bedeutung des Menschenwürdebegriffs ist auch die Frage, wem denn Würde zukommt, umstritten. Die Präambel der Allgemeinen Menschenrechtserklärung redet von der inhärenten Würde aller Mitglieder der menschlichen Familie. Wer ist allerdings alles Mitglied der menschlichen Familie? Alle menschlichen Wesen vom Moment der Verschmelzung von Ei- und Samenzelle an? Oder hat ein menschlicher Embryo erst Würde, wenn er Bewusstsein besitzt oder lebensfähig ist? Oder gehört man erst nach der Geburt zur menschlichen Familie? Welche Eigenschaften, wenn dafür überhaupt Eigenschaften maßgebend sind, verleihen einem Wesen eine inhärente Würde?

10.4.1 Reziproke Zuschreibung

Jürgen Habermas versteht die Würde des Menschen nicht als eine Eigenschaft, die Menschen natürlicherweise zukommt (vgl. Habermas 2001, 62). Der Menschenwürdebegriff meint eine Unantastbarkeit, von der sinnvoll nur innerhalb bestimmter sozialer Beziehungen gesprochen werden kann. Würde wird Menschen zugeschrieben, wenn sie in den gesellschaftlichen Interaktionszusammenhang aufgenommen werden. Würde ist nach dieser Auffassung keine Eigenschaft, die an anderen vorgefunden wird, sondern Resultat gesellschaftlicher Anerkennung. Habermas spricht von „reziproker Anerkennung im egalitären Umgang von Personen" (Habermas 2001, 62). So ist es möglich, Menschen Würde zuzuschreiben, ohne dies an einer Eigenschaft festzumachen, die alle teilen würden.

Der Vorschlag, Würde als Resultat reziproker Zuschreibung zu verstehen, trägt, so kann man argumentieren, dem Umstand Rechnung, dass wir Würde nicht als natürliche Eigenschaft von Personen vorfinden. Zugleich ermöglicht es uns, diejenigen Wesen als schutzwürdig zu sehen, die uns intuitiv als schutzwürdig erscheinen. Alternative Vorschläge, welche die Würde an Eigenschaften festmachen, sind nicht in der Lage, diesen moralischen Intuitionen gerecht zu werden. Wer beispielsweise Vernunft als Bedingung der Würdezuschreibung sieht, schließt Kleinkinder, schwerst geistig Behinderte und auch schwer demente Personen vom Würdeschutz aus. Dasselbe scheint auf Vorschläge zuzutreffen, für welche Willensfreiheit oder Selbstachtung maßgebend für Würdezuschreibung sind. Im Modell reziproker Anerkennung werden wir uns, so kann man sagen, auch leichter auf die normativen Vorstellungen einigen können, die wir mit der Würde verbinden: Menschen haben einen intrinsischen Wert, sie dürfen nicht gedemütigt werden und verdienen alle dieselbe Berücksichtigung. Das ist der normative Katalog, den Martina Herrmann unter dem Titel der Würde für konsensfähig hält (vgl. Herrmann 2003, 62). Es handelt sich dabei um Ansprüche, die Menschen nicht deshalb geltend machen können, weil sie vernünftig oder frei sind, sondern weil die Gemeinschaft diese Ansprüche anerkennt und nicht für weiter begründungsbedürftig hält.

Die Frage stellt sich, wieso man beispielsweise allen Mitglieder der menschlichen Spezies Würde zuschreiben soll und nicht zugleich auch anderen, nicht-menschlichen Wesen. Und es stellt sich auch zusätzlich die Frage, ob man Menschen von der Befruchtung an Würde zusprechen soll oder erst, wenn die Gehirnentwicklung beginnt oder sie lebensfähig sind, oder gar erst dann, wenn sie das Licht der Welt erblickt haben. Diese Fragen stellen sich nicht zuletzt auch deshalb, weil nicht davon ausgegangen werden kann, dass eine Gemeinschaft sich in diesen Fragen einig sein wird. Und auch wenn sie es wäre, könnte man nach Gründen der Würdezuschreibung fragen, auf die sich die Mitglieder der Gesellschaft geeinigt haben. Denn worauf auch immer sie sich geeinigt haben mögen, ihre Würdezuschreibung ist begründungsbedürftig: Wenn sie alle Menschen von der Verschmelzung von Ei- und Samenzelle weg einschließt, kann man fragen, was die Befruchtung moralisch so bedeutsam macht, und auch, weshalb man z. B. Tieren keine Würde zusprechen sollte. Das sind Fragen nach den Gründen der Würdezuschreibung, die man als Fragen nach denjenigen Eigenschaften verstehen kann, aufgrund derer wir Würde besitzen.

10.4.2 Zugehörigkeit zur Spezies

Wie schon oben gesagt, werden in der Präambel der allgemeinen Menschenrechtserklärung alle Mitglieder der menschlichen Familie als Träger von Würde bezeichnet. Ungeklärt bleibt allerdings, wer genau Mitglied der menschlichen Familie ist. Sind alle menschlichen Wesen vom Zeitpunkt der Verschmelzung von Ei- und Samenzelle an Mitglieder der menschlichen Familie? Oder gehören menschliche Wesen erst zu einem späteren Zeitpunkt dazu?

Robert Spaemann meint, hier sei allein „die biologische Zugehörigkeit zur Menschheitsfamilie“ (Spaemann 2001, 49) von Bedeutung. Ein Mensch ist das, was von Menschen gezeugt wurde. „Die befruchtete Eizelle enthält das vollständige DNA-Programm“ (Spaemann 2001, 49). Andere vertreten die Ansicht, menschliches Leben beginne erst dann, wenn der menschliche Organismus fähig ist, sich selbst zu steuern, was normalerweise innerhalb des zweiten bis vierten Tages nach der Verschmelzung von Ei- und Samenzelle geschieht (vgl. Quante 2002, 69). Erst dann, so könnte man sagen, gehört ein Wesen zur menschlichen Familie und erst dann besitzt es Würde. Doch wo immer man die Grenze zieht, die Zugehörigkeit zur menschlichen Spezies ist nach dieser Auffassung die für die Zuschreibung von Würde maßgebende Eigenschaft. Menschen haben Würde, so der Vorschlag, weil sie Menschen sind. Dabei geht es hier nicht um eine normativ aufgeladene Idee von Menschsein, sondern um ein Menschsein im biologischen Sinn. Danach sind Menschen nicht erst Menschen, wenn sie Bewusstsein oder gar Selbstbewusstsein haben. Menschen haben vielmehr Würde, weil sie Wesen sind, die zur menschlichen Spezies gehören.

Die Frage stellt sich allerdings, was am Faktum, dass ein Wesen zur menschlichen Spezies gehört, normativ bedeutsam ist. Die Zugehörigkeit zur Spezies ist ein Faktum genauso wie das Faktum, dass ein Mensch eine bestimmte Haarfarbe oder eine bestimmte Größe hat. Was aber ist am Menschsein im Unterschied zur Haarfarbe und Größe normativ bedeutsam? Dass das im Blick auf die Zuschreibung von Würde nicht klar ist, zeigt sich auch an Folgendem: Stellen wir uns Wesen vor, die keine Menschen, aber vernunftbegabt sind. Sie könnten über sich und die Welt nachdenken, ihr Handeln im Lichte von Gründen bestimmen. Hätten sie Würde? Wenn sie Würde besäßen, dann nicht deshalb, weil sie Menschen sind. Andere Eigenschaften wären für die Zuschreibung von Würde maßgebend. Wenn diese Wesen dieselbe Würde wie Menschen hätten, ist der Besitz von Würde nicht vom Menschsein abhängig. Die normative Bedeutung des Menschseins ist also erläuterungsbedürftig. Eine klassische Weise, das zu tun, besteht darin, dem Menschen eine Sonderstellung innerhalb der Natur zuzuschreiben und dabei Eigenschaften wie Vernunftbegabung oder Willensfreiheit hervorzuheben. Wenn man das tut, sieht man allerdings nicht das Menschsein als Grund der Würde, sondern vielmehr die Eigenschaften, die dem Menschen eine besondere Stellung im Kosmos verleihen.

10.4.3 Die Sonderstellung des Menschen

Die Sonderstellung des Menschen wird seit der Antike immer wieder an der Vernunftbegabung des Menschen festgemacht (vgl. Höffe 2002, 116). Diese Eigenschaft unterscheidet sie nicht nur von allen anderen uns bekannten Wesen, sondern verleiht ihnen nach dieser Auffassung auch einen besonderen Wert. Wenn man genauer hinsieht, handelt es sich bei der Vernunftbegabung um eine Eigenschaft, die nicht alle Mitglieder der menschlichen Spezies haben. Embryonen wie auch Kleinstkinder sind noch keine Vernunftwesen. Positionen, die Menschen als Würdeträger sehen und dies an der Vernunftbegabung festmachen, schreiben Würde Wesen entsprechend zu, weil sie vernunftbegabt oder zumindest *potentiell* vernunftbegabt sind. Vom Zeitpunkt der Verschmelzung von Ei- und Samenzelle sind menschliche Wesen potentiell vernünftig. Damit ist in der Regel nicht bloß gemeint, dass es möglich ist, dass eine befruchtete Eizelle sich zu einer vernünftigen Person entwickelt, so wie es möglich ist, dass aus einem unbefruchteten Ei ein Mensch werden kann. Gemeint ist dabei vielmehr, dass die befruchtete Eizelle von sich her das Potential hat, sich zu einem Vernunftwesen zu entwickeln. Das ist für Autoren wie Otfried Höffe der Grund der Zuschreibung von Würde:

> „Weil sie nicht irgendein Zellhaufen, sondern Wesen sind, die die Entwicklung zum Menschen schon in sich selbst tragen, verdienen die Früh-Embryos den Lebensschutz und ist ihnen der Rechtfertigungsgrund des Lebensschutzes, menschliche Würde, zuzusprechen" (Höffe 2002, 138).

Man unterstellt dabei, dass Potentialität normativ bedeutsam ist. Das ist umstritten (vgl. Damschen & Schönecker 2003). Der Umstand, so lautet ein bekanntes Gegenbeispiel, dass Prinz Charles der potentielle König von England ist, heißt nicht, dass er schon jetzt die Rechte hat, die er als König von England haben wird (vgl. Singer 1994, 199). In gleicher Weise gilt: Dass erwachsene Personen ein Recht auf politische Partizipation haben, bedeutet nicht, dass auch potentiell erwachsene Personen dieses Recht besitzen. Das heißt nicht, dass das Recht, das sie dereinst haben werden, nicht schon früher normativ wirksam ist. So könnte man sagen, dass man potentiell erwachsene Personen nicht so behandeln sollte, dass sie ihr zukünftiges Recht auf politische Partizipation nicht wahrnehmen können. Daraus folgt allerdings nicht, dass sie ein solches Recht schon als potentielle Personen haben. Wer potentiellen Vernunftwesen Würde zuspricht, muss zeigen, dass die Potentialität im Blick auf Vernunftfähigkeit – anders als in anderen Fällen von Potentialität – normativ bedeutsam ist.

10.4.4 Autonomie

Nach Kant haben Personen Würde, weil sie autonome Wesen sind. Allerdings lässt sich auch im Blick auf Autonomie fragen, was an ihr normativ bedeutsam ist. Eine interessante Antwort auf diese Frage findet man bei Christine Korsgaard (vgl. Korsgaard 1996, 239ff.): Wesen, die Ziele verfolgen, tun dies, weil sie diese für wertvoll halten. Was den Zielen, die wir verfolgen, Wert verleiht, hat nach Korsgaard seinen tieferen Grund darin, dass wir uns aus Gründen für sie entschieden haben. Es ist entsprechend die rationale Autonomie, welche den Dingen in der Welt Wert verleiht. Wenn das der Fall ist, müssen wir uns selbst auch einen Wert zuschreiben, denn unsere Vernunftnatur ist die Quelle aller Werte: „[R]ational nature confers value on the objects of its choices and is itself the source of all value“ (Korsgaard 1996, 241). Das heißt, sich als ein Wesen mit Würde zu begreifen. Es ist nach dieser Konzeption rationale Autonomie, die uns Würde verleiht. Für wie überzeugend man diesen Vorschlag im Detail auch immer hält, er vermag zu erklären, was an der Eigenschaft, die für die Würdezuschreibung verantwortlich sein soll, normativ bedeutsam ist: Rationale Autonomie hat als das, was Dingen Wert verleiht, selbst einen Wert.

Man kann Kant auch so verstehen, dass diejenigen Wesen Würde haben, welche die Fähigkeit besitzen, sich nach dem moralischen Gesetz zu bestimmen. Menschen können nach Gründen handeln, nach denen auch alle anderen handeln können. Wesen, welche diese Eigenschaft haben, können zugleich auch als gesetzgebende Autorität auftreten. Sie sind nicht bloß Adressaten von Forderungen, sondern selbst in der Lage, Forderungen zu erheben, die für die anderen verpflichtend sind. Wer über diese gesetzgebende Autorität verfügt, darf von anderen nicht bloß als Mittel zu ihren Zwecken, sondern muss zugleich als Zweck an sich selbst, das ist, als ein Wesen mit Würde behandelt werden.

10.4.5 Selbstachtung

Andere Autoren vertreten die Meinung, dass Wesen eine inhärente Würde haben, weil oder sofern sie die *Fähigkeit zur Selbstachtung* haben. Diese Fähigkeit wird deshalb als maßgebend für die Zuschreibung von Würde betrachtet, weil nur Wesen Würde haben können, die entwürdigt werden können. Die Fähigkeit zur Selbstachtung ist entsprechend eine notwendige Bedingung inhärenter Würde. Selbstachtung ist zudem normativ bedeutsam, weil sie für Wesen, welche über die Fähigkeit zur Selbstachtung verfügen, wichtig ist. Das zeigt sich an der tiefen Verletzung, die wir empfinden, wenn wir von anderen gedemütigt und damit in unserer Selbstachtung verletzt werden.

Wenn wir uns an den vorgeschlagenen Eigenschaften orientieren und denjenigen Wesen Würde zuschreiben, die über rationale Autonomie oder die Fähigkeit zur Moral oder zur Selbstachtung verfügen, schreiben wir nicht allen menschlichen Wesen Würde zu. Vorgeburtliches menschliches Leben wie auch Kleinstkinder und wohl auch schwerst geistig Behinderte sind dann nicht zu dem Kreis derer zu zählen, die eine inhärente Würde haben. Darin sehen viele eine Schwierigkeit dieser Positionen. Die Vorschläge sind Vorschläge zum Verständnis der Personenwürde und nicht der Menschenwürde. Nun kann man natürlich Würde als normative Eigenschaft von Personen und nicht von Menschen im biologischen Sinn verstehen und die *Schutzwürdigkeit* über andere normative Begriffe als den der Würde zu bestimmen versuchen (vgl. Nida-Rümelin 2002, 407). Leidensfähigkeit beispielsweise kann als Grund angesehen werden, Leben zu schützen. Oder man könnte hier auch ein Interesse daran, ein Leben führen zu können, geltend machen. Man kann aber auch sagen, dass der Anspruch der Würde bei Wesen normativ relevant ist, weil sie Wesen mit würderelevanten Eigenschaften dereinst sein werden. Entsprechend muss man sie schon vor diesem Zeitpunkt so behandeln, dass sie dereinst in der Lage sein werden, ein Leben in Würde führen zu können. Wenn sie einmal Würde haben werden, sind die damit verbundenen Ansprüche schon früher normativ wirksam.

10.4.6 Zuschreibung und Begriff der Würde

Welche Wesen haben eine inhärente Würde? Welchem der gemachten Vorschläge, wenn überhaupt einem, sollte der Vorzug gegeben werden? Die Frage ist nicht leicht zu beantworten, weil sich die Antwort nicht unabhängig von einer ausgearbeiteten Konzeption der inhärenten Würde formulieren lässt. Der Begriff der Würde legt auch fest, wem Würde zukommt. Die Frage nach dem, was es heißt, Würde zu haben, und die Frage, wem Würde zukommt, sind nicht zwei voneinander unabhängige Fragen. Das lässt sich an Folgendem verdeutlichen: Nehmen wir an, wir würden unter der Würde des Menschen das moralische Recht verstehen, ein autonomes Leben zu führen. Die Zuschreibung eines solchen Rechts auf Autonomie ist nur dann sinnvoll, wenn das Wesen, dem dieses Recht zugeschrieben wird, dieses auch wahrnehmen kann. Ein Wesen muss über die Fähigkeit verfügen, die ihm die Ausübung des Rechts ermöglicht. Deshalb wäre es sinnlos, einem Wesen ein Recht auf Autonomie zuzuschreiben, das nicht autonom sein kann. In diesem Sinn legt der Begriff der Würde fest, welche Wesen seine Träger sind. Wer Würde beispielsweise als Recht auf Autonomie verstehen würde, beschränkte die Träger inhärenter Würde auf diejenigen Wesen, die autonom sein können. Dabei sollte eine Fähigkeit wie die Fähigkeit zur Autonomie nicht als der Grund der Würde, sondern vielmehr als eine notwendige Bedingung der Würdezuschreibung angesehen werden. Wenn ein Wesen eine Fähigkeit besitzt, bedeutet das nicht, dass es auch ein Recht dazu hat, diese Fähigkeit auszuüben. Die Fähigkeit, grausam zu sein, liefert keinen Rechtsgrund. Fähigkeiten stellen Bedingungen dar, die erfüllt sein müssen, sollen Rechte überhaupt zugeschrieben werden können.

Der Begriff der Würde legt die notwendigen Bedingungen seiner Zuschreibung fest. Er legt auch fest, wem er zugeschrieben wird. Wenn die Würde in paradigmatischer Weise verletzt wird, wenn Wesen erniedrigt werden, dann haben all diejenigen Wesen Würde, die erniedrigt werden können. Wer erniedrigt werden kann, hat eo ipso auch Würde, weil oder sofern Würde haben mit dem Anspruch verbunden ist, nicht erniedrigt werden zu können. Wenn der Begriff etwas anderes bedeutet, werden auch die Würdeträger andere sein. Die Definition von Würde bestimmt, wer Würde hat.

10.5 Pränatale Diagnoseverfahren und Würdeverletzung

Verschiedene Autoren vertreten die Ansicht, dass pränatale Diagnoseverfahren eine Verletzung der Würde behinderter Menschen darstellen. Für die einen handelt es sich dabei um eine Verletzung des Embryos, der abgetrieben wird, weil er behindert ist (vgl. Schockenhoff 2001, 10). Für andere verletzen pränatale Diagnosen, die zu Abtreibungen führen, die Würde aller Menschen, welche dieselbe Behinderung haben. So schreibt Ralf Stoecker:

> „[E]ine konstitutive Eigenschaft der Persönlichkeit behinderter Menschen wird [...] als Grund erachtet, dass jemand besser gar nicht zur Welt kommen sollte. Das ist offensichtlich demütigend für alle Menschen, die dieselbe Eigenschaft haben [...]" (Stoecker 2002, 66).

Eine Verletzung der Würde behinderter Menschen liegt hier auch für diejenigen Konzeptionen vor, welche die Würde von Menschen – wie auch Stoecker dies tut – an Selbstachtung oder an Autonomie festmachen. Demütigend, so die Diagnose, sind die besagten Praktiken nicht für Embryonen, sondern für erwachsene behinderte Menschen, welche die Eigenschaften haben, die Abtreibungsgründe darstellen.

Die Überlegung ist in der Debatte nicht unumstritten. So wird argumentiert, dass das hier angesprochene Problem nicht durch die pränatalen Verfahren erzeugt wird, sondern vielmehr darin liegt, dass die Gesellschaft nicht bereit sei, sich mit den behinderten Menschen solidarisch zu verhalten (vgl. Quante 2005, 59). Zudem würde eine Verletzung der Würde nur bei den behinderten Menschen vorliegen, deren Selbstachtung von der Eigenschaft abhängt, die den Grund der Abtreibung nach einer pränatalen Diagnose darstellt (vgl. Quante 2005, 58). Nicht zuletzt darf man auch die Frage stellen, ob Abtreibungen aufgrund einer Behinderungsdiagnose ein Unwerturteil über eine Gruppe von Menschen darstellen. Der Einwand unterstellt, dass, wer aus solchen Gründen abtreibt, der Meinung ist, dass es solche Menschen nicht geben sollte. Es ist aber nicht klar, ob Eltern, die aus solchen Gründen abtreiben, eine Entscheidung, die sich auf ihr Leben bezieht, mit einem Urteil über eine Gruppe von Menschen verbinden müssen.

10.6 Schluss

Der Begriff der Menschenwürde spielt in der Behindertenpädagogik eine wichtige Rolle, weil er oft mit den Fragen des Lebensschutzes und der Nicht-Diskriminierung verbunden wird. Wem Menschenwürde zugeschrieben wird, gehört nach einer verbreiteten Meinung zur Gruppe der Wesen, die unter das Lebensschutzgebot fallen und auf die zudem das Diskriminierungsverbot Anwendung findet. Wie oben allerdings deutlich geworden sein sollte, können die Gebote des Lebensschutzes und der Begriff der Würde auch getrennt diskutiert werden. Viele halten das Verbot, andere zu erniedrigen, für eine moralische Norm, die sich direkt aus der Idee der Würde ergibt. Andere meinen, dass man mit der Zuschreibung von Würde Wesen Grundrechte zuschreibt. Andere wiederum verbinden mit der Würde des Menschen die Idee eines moralischen Status, wonach Würde haben heißt, moralisch um seiner selbst willen berücksichtigungswürdig zu sein. Ob pränatale Diagnoseverfahren mit der Würde behinderter Menschen kompatibel sind, wird in der Behindertenpädagogik kontrovers diskutiert. Die Frage wird die Behindertenpädagogik ohne Zweifel auch in Zukunft weiter beschäftigen.

Literatur

Antor, G. (2003): Behinderung und Menschenwürde. In: Dederich, M. (Hrsg.): Bioethik und Behinderung. Bad Heilbrunn/Opp., 49–67.

Birnbacher, D. (1996): Ambiguities in the Concept of Menschenwürde. In: Bayertz, K. (Hrsg.): Sanctity of Life and Human Dignity. Dordrecht, 107–122.

Bleidick, U. (2003): Der Personenbegriff in der Behindertenpädagogik. In: Dederich, M. (Hrsg.): Bioethik und Behinderung. Bad Heilbrunn/Opp., 20–48.

Cicero (1995): De officiis/Vom pflichtgemäßen Handeln. Übersetzt und kommentiert von H. Gunermann. Stuttgart.

Clapham, A. (2006): Human Rights Obligations of Non-State Actors. Oxford.

Damschen G. & Schönecker, D. (2003) (Hrsg.): Der moralische Status von Embryonen. Berlin, New York.

Darwall, St. (2006): The Second-Person Standpoint. Cambridge, Mass.

Dederich, M. (2004): Bioethik, Menschenwürde und Behinderung. In: Viertelsjahresschrift für Heilpädagogik und ihre Nachbargebiete, 3, 260–270.

Feinberg, J. (1970): The Nature and Value of Rights. In: Journal of Value Inquiry, 4, 243–257.

Habermas, J. (2001): Die Zukunft der menschlichen Natur. Auf dem Weg zur liberalen Eugenik? Frankfurt am Main.

Herrmann, M. (2003): Pragmatische Rechtfertigungen für einen unscharfen Begriff von Menschenwürde. In: Stoecker, R. (Hrsg.): Menschenwürde – Annäherungen an einen Begriff. Wien, 61–80.

Hoerster, N. (2002): Ethik des Embryonenschutzes. Stuttgart.

Höffe, O. (2002): Menschenwürde als ethisches Prinzip. In: Höffe, O. et al. (Hrsg.): Gentechnik und Menschenwürde. Köln, 111–141.

Kant, I. (1907/14 a): Grundlegung zur Metaphysik der Sitten. Akademie-Ausgabe. Band IV. Berlin.

Kant, I. (1907/14 b): Metaphysik der Sitten. Akademie-Ausgabe. Band VI. Berlin.

Korsgaard, Ch. (1996): The Right to Lie. Kant on Dealing with Evil. In: Koorsgaard, Ch.: Creating the Kingdom of Ends. Cambridge, 133–158.

Macklin, R. (2003): Dignity is a Useless Concept. In: British Medical Journal, 327, 1419–1420.

Margalit, A. (1996): The Decent Society. Cambridge, Mass.

Mencke, Ch. & Pollmann, A. (2007): Philosophie der Menschenrechte. Eine Einführung. Hamburg.

Nida-Rümelin, J. (2002): Wo die Menschenwürde beginnt. In: Nida-Rümelin, J.: Ethische Essays. Frankfurt am Main, 405–410.

Quante, M. (2002): Personales Leben und menschlicher Tod: Personale Identität als Prinzip biomedizinischer Ethik. Frankfurt am Main.

Quante, M. (2005): Präimplantationsdiagnostik, Stammzellenforschung und Menschenwürde. In: Gethmann-Siefert, A. & Huster, St. (Hrsg.): Recht und Ethik in der Präimplantationsdiagnostik. Bad Neuenahr-Ahrweiler, 37–66.

Rawls, J. (1979): Eine Theorie der Gerechtigkeit. Frankfurt am Main.

Raz, J. (1994): Duties of Well-Being. In: Ethics in the Public Domain. Oxford, 3–28.

Scanlon, Th. (2008): Moral Dimensions. Cambridge, Mass.

Schaber, P. (2010): Instrumentalisierung und Würde. Paderborn.

Schockenhoff, E. (2001): Einspruch im Namen der Menschenwürde. In: *Frankfurter Allgemeine Zeitung* (Ausgabe vom 23. 4. 2001).

Singer, P. (1994): Praktische Ethik. Stuttgart.

Spaemann, R. (2001): Gezeugt, nicht gemacht. Die verbrauchende Embryonenforschung ist ein Anschlag auf die Menschenwürde. In: Geyer, Ch. (Hrsg.): Biopolitik. Die Positionen. Frankfurt am Main, 41–50.

Stoecker, R. (2002): Die Würde des Embryos. In: Groß, D. (Hrsg.): Ethik in der Medizin in Lehre, Klinik und Forschung. Würzburg, 53–70.

Stoecker, R. (2003): Menschenwürde und das Paradox der Entwürdigung. In: Stoecker, R. (Hrsg.): Menschenwürde – Annäherung an einen Begriff. Wien, 133–152.

11 Inklusion als Menschenrechtsprinzip: Perspektiven der UN-Behindertenrechtskonvention

Heiner Bielefeldt

11.1 Die neue Konvention

Am 13. Dezember 2006 verabschiedete die UN-Generalversammlung die Konvention über die Rechte von Personen mit Behinderungen. Die UN-Behindertenrechtskonvention (kurz: BRK) trat im Mai 2008 international in Kraft und ist seit März 2009 auch in Deutschland rechtsverbindlich. Schon der Titel der Konvention macht deutlich, dass darin zwei Themenfelder von hoher ethischer, rechtlicher und gesellschaftspolitischer Relevanz systematisch miteinander verbunden werden: Behinderung und Menschenrechte. Die BRK ist das Ergebnis einer Bewegung von beiden Seiten her, und es steht zu erwarten, dass sie in beiden von nun an miteinander verwobenen Praxisfeldern auch weiterhin Reformimpulse geben und Veränderungen auslösen wird.

Innerhalb der Behindertenbewegung knüpfen sich weitreichende Hoffnungen an die Konvention. Auch wenn ihre umfassende Umsetzung noch aussteht und nicht ohne politische Konflikte vonstatten gehen wird, kann man hier und jetzt schon praktische Auswirkungen feststellen. Wie keine internationale Menschenrechtskonvention zuvor hat die BRK öffentliche Aufmerksamkeit gefunden und die Standards der politischen Debatte verändert. Sie steht für einen Paradigmenwechsel, der sich seit den 1970er Jahren abgezeichnet hat, aber bis heute noch keineswegs konsequent vollzogen worden ist, nämlich hin zu einer *emanzipatorischen Behindertenpolitik*, die um der Menschenwürde aller willen auf Autonomie, Barrierefreiheit und gesellschaftliche Inklusion setzt (vgl. Degener 2006).

Nicht weniger bedeutsam ist die Konvention für die Praxis und Theorie der Menschenrechte. Sie enthält eine Reihe von innovativen Elementen inhaltlicher wie institutioneller Natur, die keineswegs nur für den Kontext der Behinderung relevant sind, sondern fortan auf das Verständnis und die Infrastruktur der Menschenrechte im Ganzen ausstrahlen dürften. Die Perspektivenerweiterung auf die Erfahrungen von Menschen mit Behinderung hin macht es erforderlich, menschenrechtliche Zentralbegriffe – Autonomie, Diskriminierungsfreiheit, Partizipation – zu überdenken und präziser zu bestimmen; dafür finden sich in der BRK wichtige Ansatzpunkte. Darüber hinaus repräsentiert die Konvention auch hinsichtlich der Durchsetzungsinstrumente den aktuellen Stand der internationalen Menschenrechtsdiskussion.

11.2 Neugewinnung des menschenrechtlichen Universalismus

Die BRK wird gelegentlich als menschenrechtliche ‚Spezialkonvention' bezeichnet. Zusammen mit anderen sog. Spezialkonventionen – etwa der Antirassismuskonvention (1965), der Antifolterkonvention (1984), dem Übereinkommen zur Abschaffung aller Formen der Diskriminierung der Frau (1979) und der Kinderrechtskonvention (1989)[1] – habe sie die Funktion, den Menschenrechtsanspruch kontextspezifisch näher zu konkretisieren. Als eine ‚Spezialkonvention' unterscheide sie sich wesentlich von den beiden umfassenden internationalen Menschenrechtspakten von 1966 – dem Internationalen Pakt über wirtschaftliche, soziale und kulturelle Rechte sowie dem Internationalen Pakt über bürgerliche und politische Rechte –, die ihrerseits die Gehalte der Allgemeinen Erklärung der Menschenrechte von 1948 rechtsverbindlich ausgestalten. Die Allgemeine Erklärung der Menschenrechte und die beiden Pakte von 1966 werden gelegentlich unter dem Titel ‚*International Bill of Rights*' zusammengezogen.

Dieser übliche Sprachgebrauch gibt Anlass zu möglichen Fehldeutungen. Denn er legt eine Hierarchisierung gemäß der Rangfolge von (primärer) Grundlegung und (sekundärer) Ergänzung nahe, als sei mit der ‚*International Bill of Rights*' die allgemeine Grundlage bereits gegeben, die es im Folgenden lediglich bereichsspezifisch weiter zu konkretisieren gelte. Von einer solchen Abstufung des Allgemeinen und des Besonderen her ist der Schritt dann nicht mehr weit zu dem Missverständnis, es gehe in der Behindertenrechtskonvention um ‚Sonderrechte' für Behinderte, was nach Klientelismus, Privilegienwirtschaft und Pflege von Partikularinteressen klingt. Nichts könnte falscher sein! Die BRK ist durch und durch dem menschenrechtlichen Universalismus verpflichtet. Sie schafft kein Sonderrecht, sondern bekräftigt und konkretisiert die allgemeinen Menschenrechte, die auf diese Weise insgesamt einen Entwicklungsschub nach vorne erfahren. Deshalb sollte man den missverständlichen Begriff der Spezialkonvention lieber vermeiden.[2] Wenn es etwas ‚Spezielles' an der BRK gibt, dann sind dies die Erfahrungsperspektiven von Menschen mit Behinderungen. Das *ganze Spektrum der Menschenrechte* wird von dorther noch einmal neu durchgestaltet und weiterentwickelt.

Genau dadurch stärkt die BRK den Universalismus der Menschenrechte (vgl. Bielefeldt 1998), der überhaupt nur dann glaubwürdig vertreten werden kann, wenn die unterschiedlichen Lebenslagen von Menschen systematische Berücksichtigung finden. Wie man im historischen Rückblick deutlich erkennt, sind bei der

1 Die Aufzählung ist nicht abschließend, sondern bleibt exemplarisch. Die genannten Daten beziehen sich jeweils auf das Jahr der Verabschiedung durch die Generalversammlung, nicht das Jahr des rechtlichen Inkrafttretens.

2 Dies gilt analog mehr oder weniger auch für die anderen so bezeichneten internationalen Menschenrechtskonventionen.

Ausgestaltung der Menschenrechtsidee stets gewisse Erfahrungshintergründe privilegiert und andere weniger beachtet oder sogar völlig ausgeblendet worden. Dass beispielsweise die Lebenslagen von Frauen in der Menschenrechtsdiskussion lange Zeit marginalisiert worden sind, zeigte sich anfangs sogar in der Semantik der ‚rights of man' bzw. der ‚droits de l'homme et du citoyen', in der das Subjekt der Menschenrechte mit ungebrochener Selbstverständlichkeit als Mann imaginiert wurde (vgl. Gerhard et al. 1990). Der für die Menschenrechte per definitionem konstitutive Universalismus ist damit nicht nur in der Praxis, sondern schon auf der *Ebene der gedanklichen Vorstellung und sprachlichen Artikulation* faktisch verfehlt worden. Nur durch die Aufnahme der feministischen Kritik an der androzentrischen Verkürzung der Menschenrechte konnte der menschenrechtliche Universalismus gewahrt – genauer: neu gewonnen – werden.

Neben dem Androzentrismus sind bekanntlich auch eurozentrische Implikationen oder die Privilegierung der Lebenslage von Mittelstandsbürgern schon vor längerer Zeit aufgedeckt worden. Daraus haben sich neue Akzentsetzungen in der Gesamtanlage der Menschenrechte ergeben – etwa eine klare antirassistische und antikolonialistische Stoßrichtung sowie die Einarbeitung wirtschaftlicher und sozialer Rechte. Grundsätzlich gesagt: Ohne die Bereitschaft, die Menschenrechte aus der Erfahrungsperspektive marginalisierter Gruppen von Menschen immer wieder kritisch zu überdenken und gegebenenfalls zu revidieren, kann von menschenrechtlichem Universalismus im Ernst keine Rede sein. Die Menschenrechte drohen vielmehr andernfalls zu Instrumenten faktischer Exklusion zu degenerieren (vgl. Lohrenscheit 2009 zur Diskussion um die Rechte sexueller Minderheiten).

Die Behindertenrechtskonvention ist genau aus diesem Grund eben keine bloße ‚Spezialkonvention'. In ihr geht es um nichts weniger als den *Kern des menschenrechtlichen Universalismus,* der nie als schlicht ‚gegeben' verstanden werden darf, sondern in Antwort auf öffentlich artikulierte Unrechtserfahrungen immer wieder neu zu gewinnen ist. Dass das Subjekt der Menschenrechte bis vor kurzen fast durchgängig als ein nicht-behinderter Mensch gedacht wurde, zeigt sich exemplarisch in der nach wie vor beliebten Rede vom ‚aufrechten Gang'[3] (vgl. Münster 1977), die wie keine andere Metapher den menschenrechtlichen Empowerment-Ansatz repräsentiert. Dass eine Rollstuhlfahrerin sich durch dieses Bild kaum angesprochen fühlen kann, sondern dies eher als (sicherlich nicht-intendierte) Ausgrenzung erfahren dürfte (vgl. Rommelspacher 1999), war in der Menschenrechtsdebatte bis vor wenigen Jahrzehnten kaum präsent. Es fehlte schlicht an entsprechendem Problembewusstsein.

In der Allgemeinen Erklärung der Menschenrechte (AEMR) von 1948 und in den internationalen Menschenrechtskonventionen der 1960er und 1970er Jahre kommt das Thema Behinderung mit keinem Wort vor. Der Antidiskriminierungsartikel der AEMR führt zwar eine Reihe von Anknüpfungsmerkmalen verbotener Ungleichbehandlung auf, unter denen das Merkmal Behinderung aber bezeich-

3 Bekannt geworden ist diese Metapher vor allem durch Ernst Bloch.

nenderweise fehlt.[4] Dies ist umso erstaunlicher, als die öffentliche ‚Botschafterin' der UN-Erklärung, Eleanor Roosevelt, Witwe eines US-Präsidenten war, der in den letzten Jahren seines Lebens einen Rollstuhl benutzen musste. An einschlägigen Erfahrungen konnte es ihr also nicht gefehlt haben. Der gesellschaftliche Umgang mit dem Thema Behinderung wurde damals aber offenbar generell noch nicht als eine Menschenrechtsfrage gesehen. Auch die Kenntnisse über die gezielten Krankenmorde der Nazis, bei denen der Einsatz von Giftgas zur Massenvernichtung erstmals erprobt und praktiziert wurde (vgl. Klee 1992), änderte daran zunächst nichts[5] (vgl. Morsink 1999).

Menschenrechte, die sich faktisch am Leitbild einer gesellschaftlichen ‚Normalität' orientieren, in der die Lebenslagen von behinderten Menschen nicht vorkommen, verfehlen den Universalismus, d. h. sie sind streng genommen noch gar keine wirklichen Menschenrechte. Mit der BRK ist dieses Defizit im Menschenrechtsverständnis jedenfalls im Prinzip vorerst behoben. Die Konvention leistet dies, indem sie Forderungen der ‚Independent-Living'-Bewegung (vgl. Fleischer 2001 zur ‚Independent-Living'-Bewegung) aufnimmt und einarbeitet. Neben den zu erwartenden konkreten politisch-rechtlichen Effekten für den gesellschaftlichen Umgang mit dem Thema Behinderung besteht die historische und systematische Bedeutung der BRK genau in dieser Neu-Bestimmung und Neu-Gewinnung des menschenrechtlichen Universalismus. Sie ist deshalb nicht nur ein Element der Ergänzung des bis dato erreichten Stands im Menschenrechtsschutz, sondern *verändert die Gesamtperspektive* der Menschenrechtstheorie und -praxis. Insofern ist die BRK für das Ganze der Menschenrechte nicht weniger ‚grundlegend' als beispielsweise die beiden umfassenden UN-Menschenrechtspakte von 1966.

11.3 Die Menschenwürde als Axiom und Anspruch

Der für das Verständnis der Menschenrechte wichtigste Begriff ist der der Menschenwürde. Er ist für den Menschenrechtsansatz schlechthin tragend (vgl. Gewirth 1992). Dies zeigt sich auch in der Präambel der Allgemeinen Erklärung von 1948, die mit der „Anerkennung der allen Mitgliedern der menschlichen Familie inhärenten Würde und ihrer gleichen und unveräußerlichen Rechte" einsetzt. Dieser erste Erwägungsgrund im ersten Satz der Präambel des ersten internationalen Menschenrechtsdokuments ist mit gelegentlichen Varianten in die meisten UN-Menschenrechtskonventionen übernommen worden und symbolisiert

4 Vgl. Art. 2 Abs. 1 AEMR: „Jeder hat Anspruch auf die in dieser Erklärung verkündeten Rechte und Freiheiten ohne irgendeinen Unterschied, etwa nach Rasse, Hautfarbe, Geschlecht, Sprache, Religion, politischer oder sonstiger Überzeugung, nationaler oder sozialer Herkunft, Vermögen, Geburt oder sonstigem Stand."

5 Auch dies ist erstaunlich, wenn man bedenkt, dass die AEMR vor allem in Reaktion auf die Menschheitsverbrechen des Nationalsozialismus entstanden ist.

somit deren innere Zusammengehörigkeit. Er steht auch am Anfang der Behindertenrechtskonvention.[6]

Die Achtung der Menschenwürde hat axiomatische Bedeutung für das gesamte Feld normativer Interaktion – für Moral, Ethik und Recht. Sie bildet die zumindest implizite Voraussetzung zwischenmenschlicher Verbindlichkeiten überhaupt; denn ohne Respekt vor der Würde des Menschen können Verbindlichkeiten weder entstehen noch aufrecht erhalten werden. Die spezifische Verbindung zwischen Menschenwürde und Menschenrechten besteht darin, dass diese *implizite Prämisse* normativer Verbindlichkeiten in den Menschenrechten *explizite Anerkennung* und institutionelle Rückendeckung erfährt (vgl. Bielefeldt 2008 a). Die gebotene Achtung der Würde des Menschen gewinnt daher in den Menschenrechten ihre historisch-konkrete institutionelle Gestalt.

Die Behindertenrechtskonvention steht in dieser Hinsicht ganz in der Kontinuität des Menschenrechtsansatzes. Prägnanter als in anderen Menschenrechtskonventionen wird in ihr zugleich herausgestellt, dass die Menschenwürde nicht nur Axiom ist – und als solches den Menschenrechtsansatz insgesamt trägt –, sondern darüber hinaus auch *konkret erfahrbar* werden soll. Die Menschenrechte sollen dazu beitragen, dass die Menschen ein ‚Bewusstsein ihrer Würde' entwickeln und aufrecht erhalten können. Dieser Anspruch, einen ‚sense of dignity' zu ermöglichen, findet sich in der BRK konkret im Kontext des Rechts auf Bildung (vgl. UN-Behindertenrechtskonvention, Art. 24 Abs. 1), kann darauf aber nicht beschränkt werden.

Die Möglichkeit, ein Bewusstsein eigener Würde zu entwickeln, wird von gesellschaftlichen Einstellungen und Strukturen unterminiert, die bei den Betroffenen das Gefühl verursachen, dass man sie nicht brauche, ja dass man sich ihrer vielleicht sogar schäme (vgl. Arnade 2003). U-Bahnschächte ohne Fahrstühle, Bücherregale, die von einem Rollstuhl aus unerreichbar sind, Witze über geistig Behinderte, das fast totale Fehlen von Gebärdendolmetschern in der Universität und zahlreiche andere Barrieren vermitteln Behinderten alltäglich die Botschaft, dass sie nicht dazugehören und dass man ihr kreatives Potential nicht wahrnimmt. Am schlimmsten ist die Erfahrung mancher Menschen mit Behinderungen, dass sie selbst im Intimbereich der Familie nicht wirklich angenommen werden, weil sogar bei den eigenen Eltern und nahen Verwandten das Gefühl herrscht, dass man sich mit ihnen nicht öffentlich ‚sehen lassen' könne. Faktisch sind auch heute noch behinderte Menschen vielfach ‚invisible minorities', unsichtbare – genauer: *unsichtbar gemachte* – Minderheiten, die vom gesellschaftlichen Leben ferngehalten werden.

Der Begriff der Menschenwürde kommt in der Behindertenrechtskonvention deutlich in seiner doppelten Stoßrichtung zum Tragen: als axiomatischer Grund der Menschenrechte und zugleich in der praktischen Aufgabenstellung, den

6 Dabei findet sich zugleich insofern ein Zusatz, als mit der „Würde" des Menschen zugleich auch dessen „Wert" angesprochen wird – möglicherweise in Reaktion auf Ideologien des „unwerten Lebens".

Betroffenen zu ermöglichen, ein *Bewusstsein der eigenen Würde* aufzubauen und zu behaupten. Dies geschieht durch die Statuierung von Rechtsansprüchen auf assistierte Autonomie, Barrierefreiheit und gesellschaftliche Inklusion. Die einzelnen Gewährleistungen der BRK sind zwar in concreto so verschieden wie die Lebensbereiche, auf die sie sich beziehen – Ehe und Familie, Respekt der Privatsphäre, Schule und Bildung, Arbeits- und Wirtschaftsleben, Staatsangehörigkeit, Meinungsfreiheit und politische Partizipation, Religionsfreiheit, Gesundheitswesen, Justiz, kulturelles Leben, internationale Zusammenarbeit usw. Sie sind aber insgesamt getragen von der Idee der Menschenwürde und den grundlegenden menschenrechtlichen Prinzipien, die sich aus ihr herleiten lassen.

11.4 Neuinterpretation der menschenrechtlichen Grundprinzipien: assistierte Autonomie, Barrierefreiheit, gesellschaftliche Inklusion

Art. 1 der Allgemeinen Erklärung der Menschenrechte lautet: „Alle Menschen sind frei und an Würde und Rechten gleich geboren. Sie sind mit Vernunft und Gewissen begabt und sollen einander im Geist der Brüderlichkeit begegnen." In dieser Formulierung finden sich die Kernbegriffe der Französischen Revolution – Freiheit, Gleichheit, Brüderlichkeit –, denen man für das Verständnis der Menschenrechte seit jeher zentrale Bedeutung zuerkennt (vgl. Schwartländer 1978). Zugleich stehen sie unmittelbar im Kontext der Idee der Menschenwürde, die auf diese Weise eine erste Stufe der Konkretisierung in Gestalt der grundlegenden menschenrechtlichen Prinzipien erfährt.

Zunächst zum Prinzip der Freiheit: Die Würde des Menschen, der immer auch als ‚*Selbstzweck*' behandelt werden soll,[7] findet Rückendeckung in *Rechten freier Selbstbestimmung*; alle Menschenrechte – die bürgerlichen und politischen Rechte genauso wie die wirtschaftlichen, sozialen und kulturellen Rechte – haben insofern eine freiheitliche Orientierung. Die Freiheit verbindet sich in den Menschenrechten mit der Gleichheit: Wie die Menschen in ihrer Würde gleich zu achten sind, sollen auch die elementaren Rechte einem jeden gleichermaßen zukommen. Daher rührt die *egalitäre Komponente*, die für die Menschenrechte insgesamt charakteristisch ist und die sich vor allem im Diskriminierungsverbot manifestiert. Schließlich zum Begriff der Brüderlichkeit. Mit ihm tut man sich heute schon aufgrund der androzentrischen Formulierung etwas schwerer. Er ist aber der Sache nach unverzichtbar. Denn er steht für die Einsicht, dass die Menschenrechte nicht etwa Ansprüche eines isolierten Individuums sind, sondern nur *durch gesellschaftliche*

7 Vgl. Kants Formulierung des kategorischen Imperativs: „Handle so, dass du die Menschheit sowohl in deiner Person, als in der Person eines jeden anderen jederzeit zugleich als Zweck, niemals bloß als Mittel brauchst."

Zugehörigkeit gelebt werden können und im Gegenzug die unterschiedlichen sozialen Kontexte liberalisierend und egalisierend durchwirken.

Durch die Behindertenrechtskonvention erfährt diese Trias von Freiheit, Gleichheit und Brüderlichkeit eine Neuinterpretation, die für Theorie und Praxis der Menschenrechte fortan maßgebend ist. Aus der Freiheit leitet sich der Anspruch auf assistierte Autonomie ab, die Gleichheit wird konkretisiert auch in Richtung von Barrierefreiheit, und an die Stelle der Brüderlichkeit tritt das Prinzip der gesellschaftlichen Inklusion.

11.4.1 Assistierte Autonomie

Was die freiheitliche Grundorientierung der Menschenrechte angeht, nimmt die BRK nichts zurück. Im Gegenteil: Unter den allgemeinen Prinzipien der Konvention postuliert sie die „Achtung der dem Menschen innewohnenden Würde, seiner individuellen Autonomie, einschließlich der Freiheit, eigene Entscheidungen zu treffen, sowie seiner Selbstbestimmung" (vgl. UN-Behindertenrechtskonvention, Art. 3 a)[8]. Dass die BRK den Begriff der individuellen Autonomie aufgreift, ist zunächst alles andere als selbstverständlich. Denn gerade dieser wesentlich von Kant und der Kantischen Tradition geprägte Begriff wurde oftmals mit einem engen ‚rationalistischen' Menschenbild in Verbindung gebracht, von dem man ausgrenzende Wirkungen insbesondere für Menschen mit geistigen Behinderungen fürchtete[9] (vgl. Eurich 2008). An das Konzept der Autonomie heften sich bis heute Vorwürfe von Neoliberalismus, wenn nicht gar Sozialdarwinismus. Nicht selten wird der Verdacht geäußert, es gehe bei der Autonomie letztlich um die Propagierung individuellen Durchsetzungsvermögens, notfalls unter Einsatz der Ellenbogen.

Dagegen leistet die BRK wichtige Klarstellungen. Autonomie kann, dies ist die grundlegende Einsicht, nur gelebt werden durch gesellschaftliche Unterstützungsleistungen. Sie zielt nicht auf die ‚Autarkie' eines selbstgenügsamen, ganz in sich ruhenden Individuums, wie es dem heroischen Ideal der Stoiker entsprochen haben mag, sondern auf *selbstbestimmte Lebensführung*, die ohne fördernde und unterstützende soziale Strukturen nie gelingen kann[10] (vgl. Bielefeldt 2003). Dies gilt nicht nur für Menschen mit Behinderungen, sondern im Grunde für jeden Menschen, also auch für Nicht-Behinderte.

---

8 Zitiert wird hier und im Folgenden nach der Schattenübersetzung des Netzwerk Artikel 3 e. V. Es handelt sich dabei um eine korrigierte Fassung der zwischen Deutschland, Liechtenstein, Österreich und der Schweiz abgestimmten offiziellen Übersetzung. Im Internet abrufbar ist diese alternative Übersetzung unter www.netzwerk-artikel-3.de.

9 Eurich setzt sich kritisch insbesondere mit der Gerechtigkeitstheorie von John Rawls auseinander, der sich selbst darin bekanntlich in die Tradition Kants stellt.

10 Dies entspricht letztlich auch dem Verständnis der Kantischen Autonomie, das im Horizont der praktischen Vernunft gerade nicht Ausdruck eines einseitigen Rationalismus oder Intellektualismus ist.

Das Freiheitsprinzip erfährt somit eine Neubestimmung in Richtung ‚assistierter Autonomie' – eine Formulierung, die sich in der Konvention zwar nicht expressiv verbis findet, der Sache nach aber, wie Sigrid Graumann gezeigt hat, als Grundkonzept darin zum Tragen kommt (vgl. Graumann 2009). Nur durch diese Klarstellung lässt sich der Begriff der Autonomie überhaupt für den Menschenrechtskontext retten. Denn als Manifestation eines einseitig durchsetzungsstarken Individuums – frei nach Wilhelm Tell: „der Starke ist am mächtigsten allein" – hätte der Autonomiebegriff bei den Menschenrechten nichts verloren.

Wie der Autonomiebegriff stets im Lichte gesellschaftlicher Unterstützungsleistungen zu verstehen ist, so gilt im Gegenzug, dass die Autonomie den Maßstab angemessener Assistenz bildet. Sie stellt nicht nur ein fernes Ziel dar, sondern repräsentiert vor allem den hier und jetzt gebotenen Respekt vor den Willensentscheidungen des betroffenen Menschen auf dem Weg hin zu einem solchen Ziel. Eine Förderung (künftiger) Autonomie durch Ignorierung aktueller Willensäußerungen der betroffenen Person kann niemals legitim sein.

Innerhalb des Prinzips der assistierten Autonomie gehören deshalb beide Komponenten zueinander und beleuchten einander wechselseitig: Im Blick auf die Notwendigkeit gesellschaftlicher Unterstützungsleistungen für lebbare Freiheit verliert der Autonomiebegriff den harten ‚metallenen' Klang, der ihm in manchen neoliberalen Debattenkontexten anhaftet. Und durch die Klarstellung, dass die Selbstbestimmung der Person nicht nur das generelle Ziel bildet, sondern hic et nunc als Maßstab sinnvoller Unterstützungsmaßnahmen zur Geltung kommen muss, können paternalistische oder maternalistische Übergriffe zurückgewiesen werden. Selbst gut gemeinte Zwecke rechtfertigen keine bevormundenden, entmündigenden Mittel.

11.4.2 Diskriminierungsverbot und Barrierefreiheit

Wie erwähnt, manifestiert sich das Gleichheitsprinzip (das für den Menschenrechtsansatz nicht weniger tragend ist als das Freiheitsprinzip) insbesondere im allgemeinen Diskriminierungsverbot. Bei den Menschenrechten handelt es sich um jene elementaren Freiheitsrechte, die allen Menschen um ihrer Menschenwürde willen *gleichermaßen* – also *ohne Diskriminierungen* – zukommen. Das Diskriminierungsverbot wiederum erfährt seine Konkretisierung in Gestalt einer prinzipiell unabgeschlossenen Liste ausdrücklich verbotener Diskriminierungsmerkmale. Dass darunter auch das Merkmal Behinderung gehört, hat sich mittlerweile durchgesetzt. So wurde das Diskriminierungsverbot des Grundgesetzes im Jahre 1994 diesbezüglich ergänzt,[11] und auch die Europäische Grundrechtecharta aus dem

11 Vgl. Art. 3 Abs. 3 GG: „Niemand darf wegen seines Geschlechtes, seiner Abstammung, seiner Rasse, seiner Sprache, seiner Heimat und Herkunft, seines Glaubens, seiner religiösen oder politischen Anschauungen benachteiligt oder bevorzugt werden. Niemand darf wegen seiner Behinderung benachteiligt werden."

Jahr 2000 (in Kraft seit Dezember 2009) enthält in ihrem Antidiskriminierungsartikel selbstverständlich das Merkmal Behinderung.[12]

Unter Diskriminierungen sind nicht nur intentionale Akte bewusster oder gar böswilliger Ungleichbehandlung zu verstehen, sondern auch mentale und strukturelle Manifestationen der Gleichheitsverweigerung. Die jüngere Menschenrechtsdebatte hat das Bewusstsein dafür geschärft, dass es Formen von Diskriminierung gibt, hinter denen kein unmittelbar greifbares ‚Tätersubjekt' steht und die womöglich nicht einmal sofort in ihren diskriminierenden Auswirkungen erkannt werden: kollektive Gewohnheiten, unreflektierte Vorannahmen, stereotype sprachliche Wendungen, etablierte Selektionsstrukturen im Bildungssystem, Funktionsweisen des öffentlichen Verkehrs, Strukturen des Arbeitsmarkts oder die Gestaltung von Gebäuden. Das Erkennen und der Nachweis der manchmal offensichtlichen, manchmal aber auch eher versteckten Formen struktureller Diskriminierungen geschehen in einem Prozess gesellschaftlicher Selbstaufklärung, der vermutlich nie ganz abgeschlossen sein wird.

Die vielfältigen Barrieren, die die Präsenz behinderter Menschen im öffentlichen Leben erschweren, stellen strukturelle Diskriminierungen dar, die es zu erkennen und zu überwinden gilt. Mit der Verpflichtung zur sukzessiven Gewährleistung von Barrierefreiheit steht die BRK somit in der Kontinuität der jüngeren Menschenrechtsentwicklung, deren zunehmende Sensibilisierung für strukturelle Formen von Diskriminierungen sie zugleich weiter vorantreibt. Das Prinzip der Barrierefreiheit gewinnt damit wiederum leitbildhafte Bedeutungen auch über den unmittelbaren Anwendungskontext des Themas Behinderung hinaus.

11.4.3 Gesellschaftliche Inklusion

Während die Begriffe Freiheit und Gleichheit in der Menschenrechtstheorie ihren festen Ort haben, besteht hinsichtlich des dritten Prinzips – traditionell als ‚Brüderlichkeit' formuliert – eine gewisse Verlegenheit. Schon aufgrund der antiquierten Formulierung wird dieser Begriff in der Regel entweder ersatzlos gestrichen oder durch Surrogate wie ‚Solidarität' oder ‚Partizipation' ersetzt (vgl. Bielefeldt 2008 b). In der BRK findet sich als neuer Leitbegriff das Prinzip der ‚Inklusion', das den Konventionstext insgesamt prägt. Es bietet sich an, darin eine zeitgenössische Fassung dessen zu sehen, was früher mit ‚Brüderlichkeit' gemeint war.

Die Behindertenverbände und die Fachwelt haben sich mit guten Gründen dagegen verwahrt, dass der Begriff der Inklusion (einschließlich seiner adjektivischen Variante), der die Konvention als roter Faden durchzieht, in der offiziellen

12 Vgl. Art. 21 Abs. 1 der EU-Grundrechtecharta: „Diskriminierung insbesondere wegen des Geschlechts, der Rasse, der Hautfarbe, der ethnischen oder sozialen Herkunft, der genetischen Merkmale, der Sprache, der Religion oder der Weltanschauung, der politischen oder sonstigen Anschauung, der Zugehörigkeit zu einer nationalen Minderheit, des Vermögens, der Geburt, einer Behinderung, des Alters oder der sexuellen Ausrichtung sind verboten."

deutschen Übersetzung durchgängig mit ‚Integration' bzw. ‚integrativ' wiedergegeben wird. Sie sehen darin eine Tendenz, das kritische Veränderungspotential der Konvention zu verwässern. Nicht zuletzt deshalb haben sie eine korrigierende ‚Schattenübersetzung' erstellt (der übrigens auch die direkten BRK-Zitate im vorliegenden Text entnommen sind).[13]

Nun mag man darüber streiten, was genau der Unterschied zwischen Inklusion und Integration sein soll. Die Differenz ist schon deshalb nicht ganz leicht zu greifen, weil sich bekanntlich auch unter dem seit langem etablierten Begriff der Integration ganz unterschiedliche – enge oder weite – Verständnisse verbergen können. Sicher ist jedenfalls, dass die Konvention mit dem Leitbegriff der Inklusion weit über die herkömmliche Integrationspolitik in den verschiedenen gesellschaftlichen Feldern hinausweist. Bildhaft gesprochen geht es nicht mehr lediglich darum, innerhalb der bestehenden gesellschaftlichen Strukturen – zum Beispiel innerhalb des bestehenden Bildungssystems – die Türen zu öffnen, um nach Maßgabe des Möglichen auch für Behinderte etwas Platz zu schaffen. Vielmehr soll die Architektur der Gesellschaft im Ganzen auf den Prüfstand gestellt werden. Alle gesellschaftlichen Subsysteme sollen so verstanden und gestaltet werden, dass Behinderte *selbstverständlich dabei* sind. Es geht darum, dass die Betroffenen dauerhaft ein verstärktes Zugehörigkeitsgefühl („enhanced sense of belonging") ausbilden können, wie es in der Präambel heißt (UN-Behindertenrechtskonvention, Präambel Lit. m.).

In den Begriffen Inklusion und Zugehörigkeitsbewusstsein zeigt sich ein Paradigmenwechsel weg von einer primär institutionell-systemischen Logik hin zu einem Denken, das die Würde und Selbstbestimmungsrechte der betroffenen Menschen zum Ausgangspunkt nimmt. Es geht demnach nicht mehr nur um das Öffnen von Türen und Fenstern, sondern langfristig um die Gestaltung einer Gesellschaft, in der sich alle als selbstverständlich dazugehörig erleben können. Diese ‚selbstverständliche Zugehörigkeit' (die faktisch natürlich alles andere als selbstverständlich ist!) macht den Kern der Inklusion aus. Die *Aktion Mensch* hat dafür die treffende Formel geprägt „Dabei sein! Von Anfang an."[14] Für dieses Ziel müssen, um im Bild zu bleiben, Wände verstellt und womöglich manche Mauern eingerissen werden. In allen gesellschaftlichen Bereichen soll Behinderung als Bestandteil normalen menschlichen Zusammenlebens verstanden und akzeptiert werden. Dies gilt für den Arbeitsmarkt, das Wohnungswesen, Ehe und Familie, Kultur, Politik, das Gesundheitssystem, die Systeme der sozialen Sicherung und das Bildungssystem vom Kindergarten über die Schule bis zur Universität.

Besonders intensiv wird der Inklusionsanspruch der BRK hierzulande derzeit hinsichtlich des Rechts auf Bildung diskutiert, das in Art. 24 ausdrücklich als Rechtsanspruch auf inklusive Bildung ausgestaltet ist (vgl. Degener 2009). Was

13 Das Netzwerk Artikel 3 e. V. hat die offizielle deutsche Übersetzung kritisch modifiziert und die Veränderungen dabei markiert. Diese „Schattenübersetzung" ist abrufbar unter www.netzwerk-artikel-3.de.

14 Vgl. www.aktion-mensch.de.

daraus institutionell folgt, lässt sich vermutlich nicht auf eine sc… bringen. Das Recht auf inklusive Bildung ist nicht gleichbedeutend m… schalen Abschaffung des Förderschulwesens, und es wäre nachgerade ab… Begriff der Inklusion zum Vorwand für den Abbau sonderpädagogische… kompetenz zu nehmen. Eine Billiglösung inklusiver Bildung darf es nicht g… Da der Menschenrechtsansatz die Würde und die Selbstbestimmungsrechte … Individuums ins Zentrum stellt, müssen die *von den Betroffenen selbst vorgebrachten unterschiedlichen Interessen* und Förderbedarfe Ausgangspunkt aller Reformüberlegungen bilden. So ist es etwa denkbar, dass manche Gehörlose durchaus Wert darauf legen könnten, die Gebärdensprache in eigens dafür spezialisierten Einrichtungen in der angemessenen Intensität zu erlernen;[15] ob das wirklich der Fall ist, bleibt indessen abzuwarten. Vor allem die Förderschulen für Lernbehinderte, die oft ein Ghetto der Kinder und Jugendlichen aus bildungsfernen Familien bilden, dürften hingegen zweifellos erheblich unter Druck geraten. Strukturen faktischer Separierung gehören nicht in eine freiheitliche, barrierefreie Gesellschaft (vgl. Motakef 2006).

Ein immer wieder zu hörender Einwand gegen das Leitbild inklusiver Bildung besagt, dass es für viele Kinder und Jugendliche mit Behinderungen sinnvoll sei, einen ‚Schonraum' zu haben, in dem sie sich frei von falschem Konkurrenzdruck entwickeln können. Gewiss: Schonräume muss es geben. Die inklusive Gesellschaft, auf die die Konvention zielt, muss eine Gesellschaft sein, in der, bildhaft gesprochen, auch Nischen, Sofaecken und Ruhezonen existieren. Eine Gesellschaft ohne Schonräume wäre eine Horrorvision. Es ist aber nicht einzusehen, dass man einen Teil der Bevölkerung – nämlich Behinderte – pauschal in die Schonräume einweist und den Rest der Bevölkerung davon fernhält. Eine solche Separation wäre mit den Prinzipien von Gleichberechtigung und Inklusion völlig unvereinbar.

11.5 Zum menschenrechtlichen Verständnis von Behinderung

Die BRK ist nicht etwa eine Sonderkonvention für einen vorab definierten Kreis behinderter Menschen, sondern sie entwickelt die universalen menschenrechtlichen Standards so weiter, dass diese einen angemessenen gesellschaftlichen Umgang mit dem Thema Behinderung anleiten können. Dies zeigt sich auch im Verständnis der Behinderung (vgl. Hirschberg 2009 zur internationalen Diskussion über den Begriff Behinderung). Der BRK liegt ein Begriff von Behinderung zugrunde, in dem diese keineswegs von vornherein negativ gesehen, sondern als

15 Dafür warb leidenschaftlich ein Vertreter aus dem Kreis der gehörlosen Menschen auf dem Visionenkongress („Teilhabe braucht Visionen") des Bundesministeriums für Arbeit und Soziales, am 23. Juni 2010 in Berlin.

normaler Bestandteil menschlichen Lebens und menschlicher Gesellschaft ausdrücklich bejaht wird. Die Akzeptanz von Behinderung als Bestandteil menschlicher Normalität ist nicht zuletzt deshalb von eminenter aktueller Bedeutung, weil angesichts der wachsenden biotechnischen Möglichkeiten zur ‚Optimierung' des menschlichen Erbguts die Gefahr besteht, dass Behinderte in neuer Weise – als Produkte angeblicher elterlicher Fehlplanung – stigmatisiert und womöglich sogar in ihrem Daseinsrecht in Frage gestellt werden. Jürgen Habermas hat in seinem Essay „Die Zukunft der menschlichen Natur" eindrucksvoll aufgezeigt, welch gravierende Auswirkungen eine sich im Zuge technischer Entwicklungen immer mehr durchsetzende ‚liberale Eugenik' auf das Verständnis personaler Autonomie und gesellschaftlicher Gleichheit haben kann (vgl. Habermas 2005). Dass Menschen mit Behinderungen von gesundheitspolitischen Machbarkeitsphantasien, wie sie durch hochgeschraubte biopolitische Erwartungen genährt werden, existenziell betroffen sind, liegt auf der Hand. Dagegen stellt die Konvention das Leitbild einer Menschenwelt, in der behinderte Menschen selbstverständlich leben und sich zugehörig fühlen können.

Die Konvention beschränkt sich indessen nicht darauf, Behinderung als Bestandteil der Normalität menschlichen Lebens zu begreifen. Sie geht einen Schritt weiter, indem sie das Leben mit Behinderungen als Manifestation gesellschaftlicher Vielfalt positiv würdigt. Dieser *Diversity-Ansatz* führt konsequent dazu, dass manche Formulierungen der Konvention eine Nähe zu den Dokumenten des kulturellen Minderheitenschutzes aufweisen. Wenn beispielsweise die Staaten dazu verpflichtet werden, die „sprachliche Identität gehörloser Menschen" anzuerkennen und zu fördern (UN-Behindertenrechtskonvention, Art. 24 Abs. 3 b), erinnert dies im Wortlaut an die im Rahmen des Europarats entwickelten Standards zur Anerkennung der kulturellen Identität von nationalen Minderheiten. Dahinter steht die Einsicht, dass die eigenen Kommunikationsformen, die Menschen mit spezifischen Behinderungen – etwa gehörlose Menschen – ausgebildet haben, nicht nur ein Notbehelf sind, mit dem kommunikative ‚Defizite' kompensiert werden, sondern genuine *Kulturerrungenschaften* darstellen, die gesellschaftliche Wertschätzung und staatliche Förderung verdienen (vgl. Timmermans 2005). Daran zeigt sich der Paradigmenwechsel, den die Behindertenkonvention darstellt, besonders signifikant.

Das Verständnis von Behinderung, wie es der Konvention zugrunde liegt, geht allerdings nicht vollständig im Diversity-Ansatz auf. Komplementär dazu wird Behinderung auch durch die *sozialen Problemlagen* definiert, unter denen Behinderte leiden. Ohne diese gleichzeitige Problemorientierung stünde die Diversity-Semantik in Gefahr, zu verharmlosenden Sprachregelungen zu verflachen, in denen die Unrechtserfahrungen Behinderter keinen Ort mehr hätten.

Deshalb ist der Behinderungsbegriff der BRK auch problemorientiert. Das Problem – oder, wenn man so will: das ‚Defizit' – wird dabei allerdings nicht in den betroffenen Menschen verortet, sondern *im ausgrenzenden und diskriminierenden gesellschaftlichen Umgang* gesehen, den diese Menschen vielfach erleben. In der Präambel heißt es, dass „Behinderung aus der Wechselwirkung zwischen Menschen mit Beeinträchtigungen und einstellungs- und umweltbedingten Barrieren entsteht, die sie an der vollen und wirksamen Teilhabe auf der Grundlage der Gleichberechtigung mit anderen an der Gesellschaft hindern" (UN-Behindertenrechtskonvention, Präambel Lit. e).

Behinderung wird in dieser Definition, um es in der Sprache der Sozialwissenschaften auszudrücken, als eine *gesellschaftliche Konstruktion* verstanden. Zwar knüpft sie an bestimmte physische, psychische, mentale oder sensorische Beeinträchtigungen (‚impairments') an. Die im weitesten Sinne des Wortes ‚medizinische' Seite des Themas wird also nicht einfach ausgeblendet und schlicht durch Gesellschaftskritik ersetzt. Die Relevanz, die bestimmten Beeinträchtigungen zugeschrieben wird – einschließlich insbesondere der stigmatisierenden und diskriminierenden Konsequenzen für die Betroffenen –, ist aber gerade kein natürliches Faktum, sondern Resultat gesellschaftlichen Handelns. In diesem Sinne wird Behinderung gesellschaftlich ‚konstruiert'.

Die in der Definition enthaltene Unterscheidung zwischen ‚impairment' und ‚disability' erinnert an die in der Geschlechterforschung etablierte begriffliche Differenzierung zwischen ‚sex' und ‚gender' (vgl. Schildmann 2003 zu dieser Analogie und ihren Grenzen). Gleichsam das Analogon zum Begriff des biologischen Geschlechts (‚sex') bildet in der Definition der Begriff der Beeinträchtigung (‚impairment'); sie stellt das biologisch-natürliche Element dar, das in der Behinderung in der Regel mit präsent ist. Die Behinderung als solche wird indessen nicht in dieser natürlichen (physischen, mentalen, sensorischen usw.) Beeinträchtigung des Individuums gesehen, sondern (analog zu ‚gender') als eine *gesellschaftliche Praxis* bestimmt, die solche Beeinträchtigungen zum Anlass für Zuschreibungen aller Art nimmt.

Behinderung in diesem Sinne als gesellschaftlich konstruiert zu begreifen, bildet die Voraussetzung dafür, dass man sie als strukturelles Unrecht adressieren kann. Aus der Sicht der Betroffenen bedeutet dies den Übergang vom passiven Erleiden eines vermeintlich natürlichen Schicksals hin zur aktiven Kritik an stigmatisierenden, diskriminierenden und ausgrenzenden gesellschaftlichen Einstellungen und Strukturen. Knapp und prägnant findet diese Grundeinsicht in einer viel zitierten Formel der *Aktion Mensch* ihren Ausdruck: *„Man ist nicht behindert, man wird behindert."*

Zwischen den beiden Aspekten im Verständnis der Behinderung, wie es in der Konvention formuliert ist – der positiv konnotierten Diversity-Komponente und der kritischen Aufdeckung gesellschaftlicher Konstruktionen von Behinderung –, besteht eine gewisse Spannung. Für das menschenrechtliche Empowerment der Betroffenen sind jedoch beide Aspekte unverzichtbar. Das Vorgehen gegen strukturelles Unrecht, durch das Menschen daran gehindert werden, ihr Leben selbstbestimmt und gleichberechtigt mit anderen zu führen und ihre kreativen Möglichkeiten zu entfalten, gewinnt seine positive Zielperspektive in der selbstbewussten Forderung nach Anerkennung alternativer Lebens- und Kommunikationsformen, die den Pluralismus einer modernen, freiheitlichen Gesellschaft auch öffentlich mit prägen.

11.6 Rechtliche Geltung und Anwendbarkeit

Wie nun steht es um die praktische Umsetzung der Konvention? Handelt es sich bei der Behindertenrechtskonvention um eine allenfalls langfristig zu realisierende Idealvorstellung, vielleicht sogar um eine bloße Utopie, oder formuliert sie anwendbare Rechtsnormen, die hier und jetzt gegebenenfalls auch gerichtlich durchgesetzt werden können (vgl. Aichele 2008)?

Zunächst gibt es kein ‚Deuteln' daran, dass die Konvention für die Bundesrepublik Deutschland völkerrechtlich verbindlich ist. Nach der mittlerweile erfolgten Ratifikation sind alle staatlichen Organe an sie gebunden. Menschenrechtskonventionen gelten nicht nur für die Bundesebene, sondern binden den Staat insgesamt, also auch die Länder (vgl. Riedel 2010). Art. 4 Abs. 5 lautet: „Die Bestimmungen dieses Übereinkommens gelten ohne Einschränkung oder Ausnahme für alle Teile eines Bundesstaats." Genau deshalb war ja die Zustimmung auch des Bundesrats für die Ratifikation der Behindertenrechtskonvention erforderlich.

Von der Frage der rechtlichen Geltung zu unterscheiden ist die Frage der rechtlichen Anwendbarkeit. Vollumfänglich anwendbar wird die Konvention erst dann sein, wenn Bund und Länder Gesetze erlassen, durch die der mit der Konvention gesetzte neue Standard in konkrete innerstaatliche Rechtsnormen hinein übersetzt wird. Was etwa bezüglich des Rechts auf inklusive Bildung im Konventionstext selbst in wenigen Abschnitten festgelegt ist, bedarf einer sehr viel ausführlicheren innerstaatlichen Ausgestaltung in den Schulgesetzen, um in Administration und Rechtsprechung zur vollen Wirksamkeit zu kommen. Solche gesetzlichen Reformen durchzuführen, ist für die Bundesrepublik Deutschland – also für Bund und Länder – eine völkerrechtliche Verpflichtung (vgl. UN-Behindertenrechtskonvention, Art. 4 Abs. 1 a).[16] Nichts hindert indessen die Gerichte daran, die Konvention auch hier und jetzt schon zu Rate zu ziehen. Denn manche ihrer Normen (die insgesamt ja rechtsverbindlich gelten!) sind hinreichend präzise formuliert, so dass Gerichte sich in ihrer Entscheidungsfindung daran unmittelbar orientieren können.

Unabhängig von der Frage gerichtlicher Durchsetzung kann die Konvention als gesellschaftspolitische Berufungsgrundlage dienen. Eine entsprechende Wirkung lässt sich denn auch schon in der Praxis beobachten. Die BRK verhilft gleichsam dazu, die Argumentationspflichten grundlegend neu zu verteilen. Zwar versteht es sich von selbst, dass der hohe Anspruch einer barrierefreien, inklusiven Gesellschaft nicht mit einem Schlag verwirklicht werden kann, sondern einen gesellschaftlichen Lern- und Veränderungsprozess voraussetzt, der niemals ganz abgeschlossen sein dürfte. Manches wird auch davon abhängen, welche Ressourcen ein Staat zur Verfügung hat. Die Konvention sorgt allerdings dafür, dass die Karten

16 Um den Umsetzungsbedarf im Einzelnen zu bestimmen, hat die Bundesregierung einen Nationalen Aktionsplan beschlossen.

neu gemischt und die Argumentationslasten – zugunsten von Barrierefreiheit und Inklusion Behinderter – generell neu verteilt werden. Wie die BRK spezifisch im Blick auf die wirtschaftlichen, sozialen und kulturellen Rechte der Konvention herausstellt, ist der Staat verpflichtet, „unter Ausschöpfung seiner verfügbaren Mittel und erforderlichenfalls im Rahmen der internationalen Zusammenarbeit Maßnahmen zu treffen, um nach und nach die volle Verwirklichung dieser Rechte zu erreichen" (UN-Behindertenrechtskonvention, Art. 4 Abs. 2). Dessen ungeachtet gilt, dass Kernbereiche der BRK die Staaten hier und jetzt unmittelbar in die Pflicht nehmen und umgesetzt werden müssen. Dazu zählt insbesondere das Diskriminierungsverbot. Die soeben zitierte Formulierung zur schrittweisen Verwirklichung bestimmter Rechte unter Ausschöpfung der verfügbaren Mittel wird daher durch den Hinweis ergänzt, dass dies nur gelten kann „unbeschadet derjenigen Verpflichtungen aus diesem Übereinkommen, die nach dem Völkerrecht unmittelbar anwendbar sind" (ebd.).

11.7 Umsetzung und Monitoring

Wie alle Menschenrechtskonventionen richtet sich auch die Behindertenkonvention in erster Linie an den Staat als den Garanten des Rechts, den sie in mehrfacher Weise in die Pflicht nimmt. Der Staat ist gehalten, die Menschenrechte zunächst als *Vorgabe* staatlichen Handels zu achten; darüber hinaus hat er die betroffenen Menschen vor drohenden Rechtsverletzungen durch Dritte aktiv zu *schützen*; schließlich soll er außerdem *Infrastrukturmaßnahmen* ergreifen, damit die Menschen von ihren Rechten auch tatsächlich Gebrauch machen können (vgl. Koch 2005 zu der sog. Trias der Staatspflichten). Diese Infrastrukturkomponente ist in der Behindertenkonvention aus naheliegenden Gründen stark ausgeprägt. Denn viele der Inklusionshindernisse, unter denen Menschen mit Behinderungen leiden, hängen mit physischen oder mentalen Barrieren zusammen, deren Überwindung breit angelegte staatliche und gesellschaftliche Anstrengungen einschließlich der Bereitschaft zur Übernahme von Kosten verlangt.

In prozeduraler Hinsicht verpflichten sich die Staaten dazu, mindestens alle vier Jahre einen Bericht über die Umsetzung der Konventionsverpflichtungen zu verfassen und einem unabhängigen Sachverständigenausschuss der Vereinten Nationen (‚Committee on the Rights of Persons with Disabilities') zur Prüfung vorzulegen (UN-Behindertenrechtskonvention, Art. 35). Mit diesem Staatenberichtsverfahren knüpft die Behindertenkonvention an einen Monitoringmechanismus an, der im Rahmen anderer Menschenrechtskonventionen zum Teil schon seit Jahrzehnten existiert. Neu sind demgegenüber die Verpflichtungen, die darauf abzielen, eine systematische Überwachung der Umsetzung vor Ort – also in den einzelnen Staaten selbst – zu gewährleisten. Die Konvention folgt hier der jüngeren Tendenz, menschenrechtliche Schutzmechanismen dadurch effektiver auszugestalten, dass man die *Implementierung auf nationaler Ebene* stärkt.

Diese Verankerung nationaler Umsetzungsstrukturen geschieht, wie in dem einschlägigen Art. 33 deutlich wird, in dreifacher Hinsicht: Die Regierungen sollen die Zuständigkeiten für die Umsetzung der Konvention in einem oder mehreren ‚focal points' konzentrieren, um auf diese Weise die generelle staatliche Verpflichtung möglichst transparent und wirksam auszugestalten (Abs. 1). Außerdem sollen sie eine unabhängige Monitoringstelle einrichten, die den Umsetzungsprozess kritisch durch Expertise begleitet (Abs. 2). In Deutschland ist diese Aufgabe dem Deutschen Institut für Menschenrechte übertragen worden.[17] Schließlich werden auch zivilgesellschaftliche Organisationen, darunter die Selbsthilfeorganisationen Betroffener, ausdrücklich in ihrer kritischen und antreibenden Rolle angesprochen (Abs. 3). Das Motto der Behindertenbewegung „Nichts über uns ohne uns!" (vgl. Hermes & Rohrmann 2006) findet somit im Text der BRK seinen unmittelbaren Niederschlag. Auch hier erweist sich die Konvention als innovativ.

Ein Zusatzprotokoll zur BRK, das gleichzeitig mit der Konvention verabschiedet wurde und das auch von Deutschland ratifiziert worden ist, eröffnet die Möglichkeit einer Individualbeschwerde, für die indessen relativ hohe Hürden bestehen. So müssen Betroffene in der Regel zunächst den innerstaatlichen Rechtsweg ausgeschöpft haben, ehe sie sich mit Aussicht auf Erfolg an den genannten zuständigen UN-Ausschuss wenden können. Es ist daher nicht zu erwarten, dass in naher Zukunft Individualbeschwerden aus Deutschland vom zuständigen UN-Ausschuss angenommen und bearbeitet werden.

Anders sieht es beim Staatenberichtsverfahren aus. Bereits im Jahre 2011 muss Deutschland seinen ersten Bericht über die Umsetzung der Konventionspflichten in Genf vorlegen (die Berichte werden dann auch in Zukunft periodisch fällig sein). Bei der kritischen Prüfung dieses Berichtes ist der UN-Ausschuss für die Rechte Behinderter frei, auch Informationen aus nicht-staatlichen Quellen zu berücksichtigen – z. B. von den Behindertenverbänden und anderen zivilgesellschaftlichen Organisationen (vgl. UN-Behindertenrechtskonvention, Art. 36). Durch eine eigenständige Alternativberichterstattung (‚Schattenberichterstattung') an den UN-Ausschuss können zivilgesellschaftliche Organisationen dazu beitragen, den Reformdruck, der von der Behindertenrechtskonvention auf die Politik ausgeht, aufrecht zu erhalten und sukzessive zu präzisieren. Sie können dabei mit Unterstützung aus dem Deutschen Institut für Menschenrechte rechnen, das bei der fachlichen Begleitung zivilgesellschaftlicher Parallelberichte seit Jahren Erfahrungen sammeln konnte.

17 Informationen darüber sind abrufbar auf der Website des Instituts: www.institut-fuer-menschenrechte.de.

11.8 Fazit

Die historische und systematische Bedeutung der Behindertenkonvention kann schwerlich überschätzt werden. Einerseits weitet sie den menschenrechtlichen Empowerment-Ansatz auf das Thema Behinderung aus, und andererseits aktualisiert sie den internationalen Menschenrechtsschutz aus den Erfahrungsperspektiven von Menschen mit Behinderungen. Die in der Menschenwürde gründenden menschenrechtlichen Leitprinzipien (traditionell: ‚Freiheit, Gleichheit, Brüderlichkeit') werden in Richtung auf assistierte Autonomie, Barrierefreiheit und gesellschaftliche Inklusion in zeitgemäßer Weise neu interpretiert. Auch hinsichtlich des Monitoring setzt die BRK innovative Standards, insofern sie die Staaten zur Einrichtung einer nationalen Infrastruktur für die Umsetzung der Konvention verpflichtet. Die Behindertenrechtskonvention ist deshalb nicht etwa eine bloße ‚Spezialkonvention', sondern steht für eine Weiterentwicklung des Menschenrechtsanspruchs insgesamt, dessen universalistische Normstruktur durch beständige Revisionsbereitschaft immer wieder neu erarbeitet werden muss.

Literatur

Aichele, V. (2008): Die UN-Behindertenrechtskonvention und ihr Fakultativprotokoll. Ein Beitrag zur Ratifikationsdebatte. Policy Paper des Deutschen Instituts für Menschenrechte. Berlin.

Aktion Mensch e.V. Online im Internet: URL: http://www.aktion-mensch.de [aufgerufen am 17.02.2011].

Arnade, S. (2003): Zwischen Anerkennung und Abwertung. Behinderte Frauen und Männer im biopolitischen Zeitalter. In: Politik und Zeitgeschichte, 6, 3–6.

Bielefeldt, H. (1998): Philosophie der Menschenrechte. Grundlagen eines weltweiten Freiheitsethos. Darmstadt.

Bielefeldt, H. (2003): Symbolic Representation in Kant's Practical Philosophy. Cambridge.

Bielefeldt, H. (2008 a): Menschenwürde. Der Grund der Menschenrechte. Studie des Deutschen Instituts für Menschenrechte. Berlin.

Bielefeldt, H. (2008 b): „In a spirit of brotherhood". Die kommunitäre Dimension in den Menschenrechten. In: Bielefeldt, H., Hutter, F.-J., Kurtenbach, S. & Tessmer, C. (Hrsg.): MenschenrechtsFragen. Volkmar Deile zum 65. Geburtstag. Karlsruhe, 154–168.

Degener, T. (2006): Menschenrechtsschutz für behinderte Menschen. In: Vereinte Nationen, 3, 104–110.

Degener, T. (2009): Die UN-Behindertenrechtskonvention als Inklusionsmotor. In: Recht der Jugend und des Bildungswesens, 2, 200–219.

Deutsches Institut für Menschenrechte e.V. Online im Internet: URL: http://www.institut-fuer-menschenrechte.de [aufgerufen am 17.02.2011].

Eurich, J. (2008): Gerechtigkeit für Menschen mit Behinderung. Ethische Reflexionen und sozialpolitische Perspektiven. Frankfurt am Main.

Fleischer, D. (2001): The Disability Right Movement. Philadelphia.

Gerhard, U., Jansen, M., Maihofer, A. & Schulze, I. (Hrsg.) (1990): Differenz und Gleichheit. Menschenrechte haben (k)ein Geschlecht. Frankfurt am Main.

Gewirth, A. (1992): Human Dignity as the Basics of Rights. In: Meyer, M.J. & Parent, W.A. (Hrsg.): The Constitution of Rights. Human Dignity and American Values. Ithaca, London, 10–28.

Graumann, S. (2009): Assistierte Autonomie. Von einer Behindertenpolitik der Wohltätigkeit zu einer Politik der Menschenrechte. Publications of the Department of Philosophy Utrecht Univeristy (Vol. LVIII). Utrecht.

Habermas, J. (2005): Die Zukunft der menschlichen Natur. Auf dem Weg zu einer liberalen Eugenik? (erweiterte Fassung). Frankfurt am Main.

Hermes, G. & Rohrmann E. (2006): Nicht über uns – ohne uns! Disability Studies als neuer Ansatz emanzipatorischer und interdisziplinärer Forschung über Behinderung. Neu-Ulm.

Hirschberg, M. (2009): Behinderung im Internationalen Diskurs. Die flexible Klassifizierung der Weltgesundheitsorganisation. Frankfurt am Main.

Klee, E. (1992): „... nicht mehr Bewusstsein als ein Salatkopf". Euthanasie – neue Diskussion, alte Thesen. In: Stein, A.-D. (Hrsg.): Lebensqualität statt Qualitätskontrolle des Lebens. Berlin, 105–117.

Koch, E. (2005): Dichotomies, Trichotomies or Waves of Duties. In: Human Rights Law Reviews, 5, 81–103.

Lohrenscheit, C. (Hrsg.) (2009): Sexuelle Selbstbestimmung als Menschenrecht. Baden-Baden.

Montakef, M. (2006): Das Menschenrecht auf Bildung und der Schutz vor Diskriminierung. Exklusionsrisiken und Inklusionschancen. Studie des Deutschen Instituts für Menschenrechte. Berlin.

Morsink, J. (1999): The Universal Declaration of Human Rights: Origins, Drafting and Intent. Philadelphia.

Münster, A. (Hrsg.) (1977): Tagträume vom aufrechten Gang. Sechs Interviews mit Ernst Bloch. Frankfurt am Main.

Netzwerk Artikel 3 e.V.: Schattenübersetzung der UN-Behindertenrechtskonvention (2010). Online im Internet.: URL: http://www.netzwerk-artikel-3.de/vereinte-nationen/93-internatio-nal-schattenuebersetzung [aufgerufen am 17.02.2011].

Riedel, E. (2010): Gutachten zur Wirkung der internationalen Konvention über die Rechte von Menschen mit Behinderungen und ihres Fakultativprotokolls auf das deutsche Schulsystem. Mannheim.

Rommelspacher, B. (1999): Behindernde und Behinderte – politische, kulturelle und psychologische Aspekte der Behindertenfeindlichkeit. In: Rommelspacher, B. (Hrsg): Behindertenfeindlichkeit. Göttingen, 7–35.

Schildmann, U. (2003): Geschlecht und Behinderung. In: Aus Politik und Zeitgeschichte, 8, 29–35.

Schwartländer, J. (Hrsg.) (1978): Menschenrechte. Aspekte ihrer Begründung und Verwirklichung. Tübingen.

Timmermanns, N. (in cooperation with the Committee on the Rehabilitation and Integration of People with disabilities) (2005): The status of sign languages in Europe. Council of Europe Publications. Straßbourg

12 Selbstbestimmung durch Achtsamkeit

Elisabeth Conradi

Das Verhältnis von ‚Behinderung und Ethik' lässt sich auf unterschiedliche Weise bestimmen. Gewöhnlicherweise wird entweder ein dualistischer oder ein egalitärer Ansatz der Ethik befürwortet. Beide weisen jedoch typische Probleme auf, die dazu veranlassen, als Ansatzpunkt dieses Artikels einen dritten Vorschlag zu entwickeln, der als ‚eupraktisch' – also am gelingenden Handeln orientiert – bezeichnet werden kann (vgl. Conradi 2011; Krämer 1976, 88).[1]

Eine Ethik, die sich die *Sichtweise sozialberuflich Tätiger* zu Eigen macht, beginnt mit einem Dualismus: Auf der einen Seite stehen Menschen, die als professionell gelten, über deren Behinderung jedoch nichts gesagt wird, und auf der anderen Seite sind Menschen zu finden, die in erster Linie als behindert angesehen werden, deren Profession aber unbekannt bleibt. Ein solcher Ansatz läuft Gefahr, faktische gesellschaftliche Hierarchien bestätigend zu theoretisieren, indem überwiegend oder gar ausschließlich die Begründung des gelingenden Handelns oder richtigen Urteilens der ersten Gruppe untersucht wird.

Anders verhält es sich mit einer Ethik, die generell von der *grundlegenden Gleichheit* aller Menschen ausgeht. In ihrem stark abstrahierenden Zugang läuft sie wiederum Gefahr, Spezifika des Bedarfs von Menschen zu vernachlässigen, die etwa durch Barrieren behindert werden oder in anderer Hinsicht unter Einschränkungen stehen. Zwar bedürfen alle Menschen mindestens in der ersten Spanne ihres Lebens der intensiven Förderung bzw. Unterstützung und ähneln sich in dieser Hinsicht. Aber ein generalisierender Gleichheitsansatz verkennt unter Umständen, dass zu einer möglichst umfänglichen Entfaltung der Fähigkeiten aller Menschen eine in Intensität und Dauer verschiedenartige Förderung und Unterstützung notwendig sein kann.

Neben den dualistischen und den egalitären Zugang möchte ich als dritten Vorschlag einen eupraktischen Ansatz der Ethik stellen. Mein Vorschlag zur Bestimmung der Ethik lautet: *Ethik reflektiert, begründet und beurteilt das Handeln von Menschen mit und ohne Behinderungen als gelingend oder misslingend. Das Handeln gestaltet soziale Interaktionen und deren gesellschaftlichen Kontext. Im besten Fall wird dadurch Exklusion verringert.*

Die hier vorgeschlagene Definition erlaubt es, die Spannung zwischen Individualethik und Gesellschaft zu thematisieren. Indem die Ethik soziale Interaktionen in ihrem *gesellschaftlichen Kontext* reflektiert, begründet und beurteilt, findet ein

1 Der Ausdruck eupraktisch lehnt sich an das von Aristoteles hervorgehobene ‚gut Handeln' (eu prattein) an, das er im Unterschied zum ‚gut Leben' verwendet. Aristoteles spricht auch von misslingendem Handeln. So etwa Aristoteles: Politik. Drittes Kapitel, siebtes Buch.

Übergang vom ‚Ich' zum ‚Wir', von einem individual- zu einem sozialethischen Ansatz statt. Die Frage lautet also nicht nur, was *ich*, als sozialberuflich Tätige, tun kann und soll, sondern sie lautet, wie *wir*, die in dieser Gesellschaft leben und sie gestalten, miteinander umgehen wollen und können.

Ein solcher Übergang von der Individualethik zur Sozialethik birgt erstens eine Infragestellung des Subjekt-Objekt-Verhältnisses und damit die Chance, behinderte und nicht behinderte Menschen als *Co-Subjekte* anzusehen (vgl. Apel 1986, 25). Weiter erschließt dieser Übergang von einem individualethischen zu einem sozialethischen Ansatz zweitens das Miteinander- und Zusammen-Handeln (vgl. Arendt 1981).[2] Damit das Handeln als *gelingend* statt misslingend gelten kann, genügt nicht allein die gute Intention oder Motivlage. Es geht drittens um eine Beurteilung der Praxis im Vollzug des Handelns und vom Ergebnis her. Schließlich werden mit diesem Übergang von einem individualethischen zu einem sozialethischen Ansatz viertens auch die strukturell-organisatorische Ebene, politische Aspekte sowie ausdrücklich der gesellschaftliche Wandel in den Horizont der Ethik einbezogen. Ziel des Wandels ist die Vermeidung und Verringerung von *Exklusion* (vgl. Moser 2003, 161; Knust-Potter 2001).

Selbstbestimmung als Leitidee der sozialen Bewegung

Das Engagement für eine Vermeidung oder Verringerung der Exklusion eint eine Reihe sozialer Bewegungen. Während die amerikanische Bürgerrechtsbewegung ihren Kampf für den Rückgang von Exklusion mit dem Begriff der *Gerechtigkeit* versehen hat und die Frauenbewegung für *Gleichheit* im Sinne der Gleichberechtigung eingetreten ist, stellt die *Selbstbestimmung* die leitende Idee des Kampfes behinderter Menschen für eine unabhängigere Lebensgestaltung dar.

Seit Jahrzehnten setzen sich behinderte Menschen unter Bezugnahme auf die Idee der *Selbstbestimmung* erfolgreich für eine unabhängigere Lebensgestaltung ein, etwa im amerikanischen ‚movement for independence' körper- und sinnesbehinderter Menschen oder in der ‚Self-advocacy'-Bewegung, die Menschen mit kognitiven Beeinträchtigungen repräsentiert (vgl. Theunissen 2009, 98–124). Dabei geht es im Kern um Eigenständigkeit im Handeln in Form der *Deinstitutionalisierung*, um ein ‚independent living', also ein in die Gemeinde integriertes Wohnen (vgl. Theunissen 2009, 374–378). Daneben seien, so betont Tom Shakespeare, behinderten Menschen jene Wahlmöglichkeiten zu eröffnen, die andere Menschen für sich ganz selbstverständlich beanspruchen (vgl. Shakespeare 2000, 75), und Jenny Morris versteht Selbstbestimmung als Kontrolle darüber, wie Hilfe erbracht wird (vgl. Morris 2001, 8).

2 In ihrem Buch *Vita Activa* interpretiert Hannah Arendt den griechischen Ausdruck *praxis* wesentlich als ein „Miteinander" (Arendt 1981, 245–248) und ein „zusammen handeln" (ebd., 252), sie erwähnt „das menschliche Zusammen" (ebd., 253) sowie das „geflochtene Bezugsgewebe", das durch das Handeln zwischen Menschen entsteht (ebd., 246). Arendt plädiert für einen Politikbegriff, der das Handeln und das Zusammenhandeln der Menschen, nicht die Herrschaft, in den Mittelpunkt stellt (ebd., 281). Allerdings grenzt sich Arendt scharf gegen ein „füreinander handeln" ab.

Das *movement for independence* und die Krüppelbewegung können im Hinblick auf eine Deinstitutionalisierung eine Reihe von Erfolgen aufweisen.[3] Beispielsweise haben in Hamburg viele als geistig behindert angesehene Menschen die herkömmlichen ‚Anstalten' verlassen. Sie wohnen an verschiedenen Orten in der Stadt und im Hamburger Umland in Wohnungen oder Häusern. Auch die Assistenzverhältnisse erfuhren einen Wandel. Gerade diese Erfolgsgeschichte wirft die Frage auf, ob sich *Selbstbestimmung* als Schlüsselbegriff einer Ethik im Kontext der Behinderung ebenso eignet wie als Kampfbegriff der politischen Bewegung.

In diesem Artikel wird die Vorrangstellung der *Selbstbestimmung* gegenüber anderen Leitideen im Hinblick auf die Ethik in Frage gestellt und zu diesem Zweck eine dreifache ‚Kritik der Autonomie' dargelegt (12.1.). Alternativ wird achtsame Zuwendung (engl. ‚care') als Schlüsselbegriff vorgeschlagen und eine entsprechende Ethik in ihren Grundzügen präsentiert. Gerade im Rahmen einer philosophischen ‚Ethik der Achtsamkeit', so die These, wird Selbstbestimmung ermöglicht (12.2.). Da aber häufig ähnlich lautende Einwände gegen einen entsprechenden Ethik-Ansatz zu hören sind, wird gezeigt, dass die Ethik der Achtsamkeit weder generell bevormundend ist, noch Opfer fordert (12.3.).

12.1 Selbstbestimmung in der Kantischen Ethik

In der Ethik-Debatte der Gegenwart hat die Idee der Selbstbestimmung einen äußerst wichtigen Stellenwert. Das hat sicherlich damit zu tun, dass Immanuel Kant im ausgehenden 18. Jahrhundert den Begriff der Autonomie in besonders eindrücklicher Weise entfaltet hat. ‚Autonomie' hat bei Kant je nach Kontext unterschiedliche Bedeutungen, die teils miteinander verschränkt sind, teils einander ergänzen. Im Mittelpunkt steht für ihn die Selbstgesetzgebung im Sinne einer autonomen Bestimmung des eigenen Willens (vgl. Kant 1788, A 54, A 58).

Mit seiner Forderung, Menschen mögen die Grundsätze ihres Handelns in eigener Regie festlegen, verweist Kant erstens auf ein spezifisches *Selbstverhältnis* des Subjekts. Indem Kant die Selbstgesetzgebung in den Mittelpunkt stellt, privilegiert er zweitens auch ein bestimmtes Modell der *Intersubjektivität*, denn als Bürger sind Menschen ‚Mitgesetzgeber' und füreinander Vertragspartner. Drittens beschreibt Kant mit Autonomie zugleich auch eine Fähigkeit, die er für wesentlich

3 Im Jahr 1981 fand in Dortmund das ‚Krüppeltribunal' statt, eine von mehreren hundert Menschen besuchte Veranstaltung, die sich gegen Behinderungen und Ausgrenzung sowie für ein selbstbestimmtes Leben einsetzte. Mit dem Krüppeltribunal bündeln sich zunehmend die Kräfte der Emanzipationsbewegung (vgl. von Daniels 1983; Boll & Eckert 1985). Diese Veranstaltung konnte bereits auf eine mehrjährige Geschichte politischer Aktivitäten von körper-, seh- und mehrfachbehinderten Menschen zurückblicken, die sich als ‚Krüppelbewegung' bezeichnet.

menschlich hält. Sie wird für ihn zum *Fundament*, indem sie seine Forderung begründet, die Würde des Menschen zu achten (vgl. Kant 1785, BA 66f., BA 74).

Auf alle drei Aspekte gehe ich in Form einer dreifachen ‚Kritik der Autonomie' nunmehr ein, wobei ich die Frage untersuche, ob die von Kant entfaltete Subjektvorstellung, sein Modell der Intersubjektivität sowie seine Begründung sich als tauglich für eine Ethik im Kontext der Behinderung erweisen.

12.1.1 Selbstbestimmung als Selbstverhältnis

Kant fordert Menschen auf, die Regeln ihres Handelns selbst zu bestimmen. Diese ‚Selbstgesetzgebung' versteht er als einen Akt der Freiheit des Willens, der unabhängig von den eigenen Gefühlen vollzogen werden soll. Kant möchte, dass Menschen nicht ihren Neigungen folgen, sondern allein der Vernunft und dem daraus entwickelten moralischen Gesetz (vgl. Kant 1788, A 59). Im Zuge dessen wird der Körper mit Abhängigkeit und Verletzbarkeit, mit Gefühl und einem Mangel an Autonomie gleichgesetzt und ihm auf der anderen Seite das autonome, körperlose, vernünftige Subjekt entgegengestellt. Das Grundkonzept dieser ‚autonomen Ethik', die Moralphilosophie Kants, beruht auf einer einseitigen Bevorzugung des Geistes gegenüber dem Körper, der Vernunft gegenüber der Sinnlichkeit (vgl. Kant 1785, BA 108–110; Kant 1788, A 74f.).

Menschen, die kognitiv beeinträchtigt sind oder ihren Körper nicht umfassend disziplinieren können, finden sich im Kantischen Modell auf der ‚anderen' Seite wieder, nämlich der Seite der Neigungen, der Sinnenwelt, der Natur, dem Körperlichen bzw. Leiblichen und damit zugleich auch auf der Seite der Fremdbestimmung. Diesem Modell folgend ist es ihnen gar nicht möglich, über sich selbst zu bestimmen, denn dies ist nach Kant nur zu erreichen, wenn sich der Geist über den Körper erhebt. Insofern ist es mit Kant undenkbar, dass Menschen, die kognitiv beeinträchtigt sind, tatsächlich ‚selbstbestimmt' leben und handeln (vgl. Waldschmidt 2003, 14; Theunissen 2009, 40–41).

Daraus folgend lässt sich sagen, dass die Autonomie als Selbstgesetzgebung, wie sie in der Moralphilosophie Immanuel Kants konzipiert wurde und bis in die Gegenwart Wirkung hat, *nicht* ohne Weiteres die geeignete Subjektvorstellung und Konzeption des Selbstverhältnisses für eine Ethik im Kontext der Behinderung darstellt.

12.1.2 Autonomie als Modell vertraglicher Intersubjektivität

Ging es in der Darstellung der Konzeption Kants bislang um das mit ‚Autonomie' beschriebene *Selbstverhältnis* des Subjektes, so möchte ich nun sein Modell der *Intersubjektivität* erörtern. In seiner politischen Philosophie stellt Kant die Autonomie neben Freiheit und Gleichheit und meint die Selbständigkeit des erwachsenen, männlichen, berufstätigen (und ich möchte hinzufügen: nicht behinderten)

Bürgers, insofern er ‚Mitgesetzgeber' ist (vgl. Kant 1793, A 244–245). Der Bürger schließt mit einem ebensolchen einen Vertrag (vgl. Kant 1793, A 249). In diesem Sinne steht Autonomie bei Kant auch für ein bestimmtes Modell vertraglicher – reziprok und symmetrisch verstandener – Intersubjektivität.

Auch dieses der politischen Philosophie Kants entnommene Modell *vertraglicher* Intersubjektivität, das in der Tradition der Vertragstheorien der Neuzeit steht und bis in die Gegenwart des ‚politischen Liberalismus' reicht, erfreut sich großer Beliebtheit und ist gleichwohl als Konzept der Intersubjektivität für eine Ethik im Kontext der Behinderung *nicht* richtungweisend.

Denn mit einer solchen Überbetonung der Autonomie wird das Zwischenmenschliche unzureichend und einseitig gefasst (vgl. Pauer-Studer 1996, 74–83; Eurich 2009, 173–188). Gegen ein Vertragsmodell der Intersubjektivität weist Virginia Held darauf hin, dass die Denkfigur unabhängiger Menschen, die auf gleicher Augenhöhe miteinander Verträge schließen, irreführend sei. Sie ist nicht nur weit von realen sozialen Verhältnissen entfernt, also keineswegs repräsentativ, sondern taugt insbesondere kaum als Modell der Ethik (vgl. Held 1993, 193f.). Held hebt die große Bedeutung auch asymmetrischer, nicht reziproker Beziehungen für das gesellschaftliche Leben hervor, die sie in einer alternativen Konzeption von Intersubjektivität fasst, um damit die positive Bedeutung des sozialen Eingebundenseins für die Ethik zu verdeutlichen. Auch Eva Kittay fordert, menschliche Abhängigkeit und die sich aus ihr ergebenden Konsequenzen in das ethische Modell der Intersubjektivität zu integrieren. Darüber hinaus soll die Tatsache menschlichen Angewiesenseins auch bei der gesellschaftlichen und sozialen Organisation lebensnotwendiger Versorgung berücksichtigt werden (vgl. Kittay 1995, 13f.; Fraser & Gordon 1993, 309).

Wenn wir erstens mit Held eine alternative – asymmetrische und nicht reziproke – Konzeption von Intersubjektivität befürworten sowie mit Kittay menschliche Angewiesenheit berücksichtigen, dann wird auch die Anstrengung sichtbarer, die eine permanente Autonomieforderung birgt. Damit ‚Selbstbestimmung', so meine These, nicht eine strukturelle Überforderung darstellt, nicht in Unsicherheit oder Verlassenheit mündet, nicht zu einem Mangel an Geborgenheit und Verlässlichkeit beiträgt, bedarf es einer Ethik, die reflektiert, wie Strukturen unterstützt oder geschaffen werden können, die neben der Selbstbestimmung auch ein Umsorgtwerden und Aufgehobensein ermöglichen.

Zweitens kann eine zum Kontraktualismus alternative Vorstellung der Intersubjektivität auch da weiterführend sein, wo das Vertragsmodell auf die zeitgenössische Auffassung von Kunde und Dienstleistung, von Assistenz nach dem ‚Arbeitgebermodell' übertragen wird. Für Menschen, die ausschließlich körperlich eingeschränkt sind, ist es nachvollziehbar und begrüßenswert, dass sie ‚persönliche Assistenz' beanspruchen und dies in einem rechtlichen Vertragsverhältnis tun können. Doch inwiefern dieses Modell auch für Menschen mit kognitiven Beeinträchtigungen ohne Weiteres passend ist, bleibt fraglich. Wie kann hier Assistenz ohne ein solches – nicht für diese Situation konzipiertes – Vertragsmodell gedacht werden?

Drittens ist auch dann an eine zum Vertragsmodell alternative Vorstellung zu denken, wenn die Unachtsamkeit der Assistentin zum Problem wird. In diesem Sinne ist zu fragen, wie sich die Assistenznehmerin gegenüber einer unpünktlichen Assistentin verhalten soll, die durch ihre Verspätung dazu beiträgt, dass die Assistenznehmerin ihren beruflichen Pflichten nicht nachkommen kann oder die durch ihre Unachtsamkeit die Assistenznehmerin in Gefahr bringt (vgl. Bollag 2008). Im Falle der Pünktlichkeit kann ein solches Fehlverhalten zwar formal beansprucht werden, doch ein Mangel an achtsamer Zuwendung im Zuge der Assistenz scheint mir vertraglich nicht ohne Weiteres zu lösen sein.

12.1.3 Autonomie als Fundament

Dass die autonome Ethik, die Immanuel Kant vor rund 200 Jahren formuliert hat, zum wichtigsten Leitbild philosophischer Ethik wurde, liegt unter anderem daran, dass er – in der Tradition des Humanismus – die Achtung der Würde des Menschen in den Mittelpunkt stellte, indem er mit der sogenannten Zweckformel seines ‚kategorischen Imperativs' fordert, einen anderen Menschen niemals nur als Mittel zu gebrauchen (vgl. Kant 1785, A 66f.).

Kant gibt drei Gründe dafür an, die Würde des Menschen zu achten. Sein Verständnis von Achtung gründet erstens darin, dass Menschen autonom sind, in dem Sinne, dass sie in der Lage sind, eigenständig Entscheidungen zu treffen und ihr Leben aus sich heraus zu gestalten: Autonomie gilt für ihn als eine wesentlich menschliche Fähigkeit. Sein autonomie-ethisches Verständnis von Achtung gründet zweitens darauf, dass Menschen einander ähnlich sind bzw. einander gleichen, beispielsweise im Hinblick auf ihr Menschsein, ihre Würde oder ihre Verletzbarkeit. Es setzt drittens voraus, dass Menschen in Verhältnisse der Gegenseitigkeit eingebunden sind, dass ihr Geben und Nehmen auch von Pflege, Hilfe und Sorge ausgewogen ist. Auch Zuwendung wird als ein Akt der Gegenseitigkeit verstanden. Die Forderung der Achtung wird also mit drei Annahmen begründet, die sich auf die Begriffe Autonomie, Gleichheit und Gegenseitigkeit bringen lassen (vgl. Conradi 2001, 61–93).

Dementsprechend ist festzustellen, dass Autonomie als *Fundament* der Ethik, dem wir in Kants Moralphilosophie begegnen und das aktuell zur Begründung der Menschenwürde und der Menschenrechte beinahe stereotyp angeführt wird, in unserem Kontext eher fraglich erscheint.

Denn die drei Annahmen, dass Menschen gleich autonom, gleichwertig im Geben und Nehmen sowie gleich im Machtverhältnis sind, treffen für Interaktionen zwischen Menschen, die sich im Hinblick auf ihre Entwicklung, ihre Bildung, ihren Intellekt oder das Spezifische ihres Unterstützungs- bzw. Förderbedarfs deutlich voneinander unterscheiden, nicht unbedingt zu. Zwar sind Menschen mit kognitiven Einschränkungen und gegebenenfalls auch weiterem Unterstützungsbedarf nicht immer in der Lage, eigenständig Entscheidungen zu treffen und ihr Leben aus sich heraus oder selbständig zu gestalten, häufig brauchen sie dabei

Hilfe. Aber sowohl Menschen, die als behindert gelten, als auch Zivildienstleistende sowie Fachkräfte der Heilerziehungspflege, der Heilpädagogik, der Diakonie, der Sozialarbeit oder der Sozialpädagogik sind in vielfältiger Weise auf andere angewiesen. Außerdem gibt es im Zusammenhandeln zwischen Menschen oft ein *Ungleichgewicht der Macht*, das sich durch Unterschiede in Bildung und Entwicklung noch verstärken kann.

Auch wenn viele Menschen, die Assistenzbedarf haben, zugleich auch für andere Menschen sorgen, indem sie beispielsweise Kinder betreuen und erziehen oder ihre eigenen Eltern versorgen (vgl. Shakespeare 2000, 40), so gibt es zwischen Menschen mit erheblichem Unterstützungsbedarf und Menschen mit geringerem Unterstützungsbedarf selten ein ausgewogenes *Geben und Nehmen*, die Interaktionen sind kaum umkehrbar.

Die dreifache ‚Kritik der Autonomie' eröffnet eine gewisse Ausweglosigkeit: Weder offeriert Kant mit der einseitigen Bevorzugung des Geistes gegenüber dem Körper eine für unser Anliegen geeignete Subjektvorstellung, noch erweist sich das Modell vertraglicher Intersubjektivität als geeignet. Auch stellt es ein Problem dar, dass die Forderung, die Würde von Menschen zu achten, konzeptionell an deren Fähigkeit geknüpft wird, autonome Entscheidungen zu treffen. Dies verdeutlicht den Bedarf einer anderen Ethik, in der Achtung nicht auf dem Fundament der Autonomie, Gleichheit und Gegenseitigkeit gründet.

12.2 Die philosophische Ethik der Achtsamkeit

Nachdem ich generell die Vorrangstellung der Selbstbestimmung gegenüber anderen Leitideen und insbesondere den Kantischen Begriff der Autonomie im Hinblick auf die Ethik in Frage gestellt habe, präsentiere ich nun die Grundzüge einer philosophischen Ethik der Achtsamkeit als einen zur Autonomie-Ethik alternativen Vorschlag. Gerade im Rahmen einer philosophischen ‚Ethik der Achtsamkeit', so die These, wird Selbstbestimmung im Sinne einer Zunahme von Eigenständigkeit ermöglicht (2.1). Achtsame Zuwendung wird als Schlüsselbegriff befürwortet (2.2) und die moralische Intuition, von der die Ethik der Achtsamkeit ihren Impuls erhält, dargestellt (2.3). Eine alternative Begründung wird vorgeschlagen (2.4) und schließlich werden die Elemente einer philosophischen Ethik der Achtsamkeit unter einer Reihe von Stichworten erläutert: Präsenz, Verantwortungsübernahme und Ermutigung sowie Gabe, Resonanz auf Antworten und Wertschätzung (2.5).

12.2.1 Eigenständigkeit durch achtsame Zuwendung

Während Kant unter Autonomie eine unabhängige *Willensbestimmung* versteht, sie überbewertet und problematischerweise zum *Ausgangspunkt* der Ethik erklärt, sollte dies doch nicht dazu verleiten, Selbstbestimmung konzeptionell gänzlich außer Acht zu lassen.[4] Denn Selbstbestimmung im Sinne einer Zunahme an *Eigenständigkeit* im Handeln ist ein wichtiges *Ziel*, das auf dem Wege differenzierender Förderung und im Zuge des Zusammen-Handelns angestrebt und vollzogen wird.[5]

Wesentlich für das Ziel der Selbsttätigkeit ist in den allermeisten Fällen gerade der vielfältige Einbezug des Körpers und der Sinne, während jedoch das *Selbst-Entscheiden* nach Kant eine – im engen Sinne – rein kognitive Angelegenheit bleibt, deren Dignität sich gerade in der Disziplinierung alles Körperlich-Sinnlichen zeigt. Demgegenüber widmet sich die philosophische Ethik der Achtsamkeit den Ermöglichungsbedingungen einer größeren praktischen – auch leiblichen – Eigenständigkeit, die durchaus auch mit einer größeren Entscheidungsfreiheit einhergehen mag, aber weder auf diese beschränkt wird, noch auf ihr beruht.[6]

Um aber keine zu einfache Opposition von kognitiver Entscheidung und leiblicher Befähigung zu eröffnen, sei ausdrücklich auf zwei Aspekte hingewiesen, die hier von Bedeutung sind: Es ist nicht unbedingt erforderlich, die *Willensbestimmung* rein kognitiv zu verstehen, sie als solipsistisch zu konzeptualisieren oder eine gemeinsame Willensbestimmung nur vertragsförmig zu denken. Vielmehr ist jenseits des Kantischen Ansatzes denkbar, dass mehrere Menschen gemeinsam versuchen, Optionen zu entwickeln, die für eine Person oder mehrere Personen geeignet wären.

Auch eine Förderung der *Eigenständigkeit* im Handeln beschränkt sich im Rahmen einer Ethik der Achtsamkeit konzeptuell nicht notwendig darauf, (rehabilitierend) den Körper (wieder) alltagsfähiger werden zu lassen. Es kann sich durchaus auch um eine Stimulation der Entscheidungsfreude und -fähigkeit handeln. Überdies können lebensführungshermeneutisch gebildete (vgl. Volz 1993) und *care*-erfahrene Menschen Handlungsvollzüge interpretieren und daraus auf frühere Entscheidungen oder zumindest Präferenzen schließen. Überdies lässt sich aus

4 In der Medizinethik spielt Autonomie in ihrer Doppel Bedeutung als eine menschliche Wesensart und als Ausdruck für die Achtung der Patientin oder des Patienten eine wichtige Rolle. So ist Autonomie beispielsweise als eines der vier bioethischen Prinzipien prominent. Beauchamp und Childress unterscheiden die Autonomie der Person von der Autonomie der Wahl, wobei der Akzent eher auf der aktuellen Selbstbestimmung und weniger auf der „capacity" liegt (Beauchamp & Childress 1994, 121).

5 Zunahme an *Eigenständigkeit im Handeln* bezieht sich hier nicht nur auf das Individuum, das etwa seinen Bewegungsradius vergrößert, sondern meint eben auch eine unabhängigere Lebensgestaltung und eine zunehmende Deinstitutionalisierung, aber auch die Eröffnung von Wahlmöglichkeiten und Kontrolle darüber, wie Hilfe erbracht wird.

6 Auf die Frage, ob er schwimmen gehen möchte, kann ein junger Mann mit Lernschwierigkeiten vielleicht nicht ohne Weiteres mit ja oder nein antworten, aber durch sein Tun, indem er dann sitzen bleibt und Autos zählt oder losläuft, um das Schwimmzeug zu holen, seine Entscheidung kundtun.

positiven Reaktionen auf vollzogenes Handeln schlussfolgern, ob die fragliche Person sich besser fühlt als zuvor.[7]

Es ist eine entscheidende Pointe der ‚ethics of care', die im Folgenden ausführlich erläutert wird, dass das Ziel einer zunehmenden *Eigenständigkeit im Handeln* – einschließlich einer Anregung von mehr Entschlussfreude und Entscheidungsfähigkeit – gerade dann erreicht wird, wenn die differenzierende Förderung und das Zusammen-Handeln durch achtsame Zuwendung und ermutigendes Handeln bestimmt sind.

Selbstbestimmung ist nicht *der* Ausgangspunkt, sondern *ein* Ziel der Ethik. Das wird in einem der zwölf ‚Elemente' der Ethik der Achtsamkeit folgendermaßen ausgedrückt:

- Durch die achtsame Aktivität der Zuwendung werden die Möglichkeiten selbstbestimmten Handelns erweitert. Selbstbestimmtes Handeln ist nicht Voraussetzung, sondern ein Ergebnis der Zuwendung, Unterstützung und Hilfe (vgl. Conradi 2001, 55–56, 82–89).

12.2.2 Achtsame Zuwendung als Schlüsselbegriff

Nach wie vor verstehen viele Menschen, die in helfenden Berufen tätig sind, achtsame Zuwendung und ermutigendes Handeln (engl. ‚care') als einen wesentlichen Teil ihres professionellen Selbstverständnisses. Auch viele Auszubildende und Studierende der Pädagogik, der Sozialen Arbeit und der Pflege begründen ihre Berufswahl mit einem *ethos* der Achtsamkeit (vgl. Conradi 2010). Darüber hinaus lässt sich in Stellenanzeigen regelmäßig eine Forderung von Empathiefähigkeit als Voraussetzung für den auszuübenden Beruf finden.

Dennoch enthält die Grundlagenliteratur der Ethik helfender Berufe kaum eine Auseinandersetzung mit dieser moralischen Intuition.[8] Im Gegenteil, warnen doch die einschlägigen Lehrbücher geradezu vor einem möglicherweise vorhandenen *ethos* der Achtsamkeit und fordern vielmehr auf, sich dies zugunsten der Autonomie (als Begründung der Achtung der Menschenwürde) abzugewöhnen.[9]

7 Darauf, dass eine Frau, die sich in einem Koma-Zustand befindet, gerne am Kopf gestreichelt werden möchte, lässt sich schließen, wenn sie z. B. mit Lächeln auf die Berührung reagiert.

8 Entgegen der Bekundungen in den Einleitungen vieler Lehrbücher, die ‚Ethik als Reflexionsstufe' bestimmen, ist im Haupttext der Bücher dann nicht mehr davon die Rede, sozialberuflich Tätige möchten das je eigene *ethos* reflektieren und gegebenenfalls im Anschluss an diese Reflexion auch verändern. Vielmehr wird ihnen ganz selbstverständlich angetragen, sich auf Moralvorstellungen anderer, etwa Kant-Begeisterter, einzulassen und diese zu reflektieren, mit dem Gebot, sie als allgemeingültig und meistüberzeugend anzunehmen.

9 Die vielfach anzutreffende professionsethische Skepsis gegenüber einem *ethos* der Achtsamkeit erhält Rückenwind aus den in den *disability studies* verbreiteten Bedenken gegen Bevormundung, die fälschlicherweise mit einem *ethos* der Achtsamkeit gleichgesetzt werden (vgl. Graumann 2009).

12.2.3 Moralische Intuition

Die moralische Intuition, von der die Ethik der Achtsamkeit ihren Impuls erhält, findet eine Formulierung in dem englischen Leitspruch „not to turn away from someone in need" (Gilligan 1988, 73; siehe auch Tronto 1993, 127 f.), was sich auf die kurze Formel ‚Zuwenden statt Wegsehen' bringen lässt. Während Carol Gilligan hervorhebt, diese Intuition präge insbesondere eine individuelle *Orientierung* der Bezogenheit auf andere Menschen, sieht Joan Tronto die Intuition als Anstoß für eine bestimmte *Praxis* sorgender Aktivitäten.

Sich nicht abzuwenden, bedeutet für die Psychologin Gilligan, die andere Person nicht zu verlassen (vgl. Gilligan 1987, 32). Ihr geht es darum, *Beziehungen* zu knüpfen und zu pflegen, ein Netzwerk des Gespräches und des Kontakts zu festigen. Sie sieht Einsamkeit und Verlassenheit als Problem: Ein Mangel an Kontakt führt zu Gleichgültigkeit (vgl. Gilligan 1988, xviii). Die Politikwissenschaftlerin Tronto betont die *tätige Hilfeleistung*. Achtsame Zuwendung bedeutet, sich auf die Situation einzulassen und die eigene Aufmerksamkeit mindestens einem (anderen) Menschen zu widmen. Es ist wichtig, so betont Tronto, Bedürfnissen nachzukommen. Sie sieht eine mangelnde Wahrnehmung von Bedürfnissen und vor allem Unaufmerksamkeit als Problem und richtet sich dementsprechend gegen eine übertriebene Form der Selbstbezogenheit, aber auch gegen Strukturen, die es bestimmten Menschen erlauben, sich der Verantwortung für andere zu entziehen. Das bezeichnet sie als „Privileg der Verantwortungslosigkeit" (Tronto 1993, 121).

Diese Interpretationen führen mich zu zwei weiteren der ‚zwölf Elemente'. Denn in meinem Verständnis einer Ethik der Achtsamkeit verbinden sich diese Gesichtspunkte: Das Knüpfen und die Pflege von Beziehungen, Aufmerksamkeit für andere Menschen und die tatsächliche Zuwendung. Es ist hervorzuheben, dass die achtsame Aktivität der Zuwendung selbst zur *Verbundenheit* von Menschen beiträgt.

- Im Prozess der achtsamen Zuwendung werden Kontakte neu geknüpft und es entstehen *Beziehungen*, diese werden gepflegt und intensiviert (vgl. Gilligan 1988, xviii; Conradi 2001, 26–34, 46–48).
- Durch achtsame Zuwendung und insbesondere durch *tätige Hilfe* werden Bedürfnisse erfüllt (vgl. Tronto 1993, 118; Conradi 2001, 35–41, 48–50).

12.2.4 Achtsamkeit und Achtung

Achtsame Zuwendung bildet den Schlüsselbegriff der Ethik. Sie wird – und das ist das Neue – als eine Praxis verstanden, die nicht auf Autonomie angewiesen ist. Es ist darüber hinaus eine entscheidende Pointe der Ethik der Achtsamkeit, dass die Handelnden sich selbst in den Kreis derer einbeziehen, denen die achtsame Zuwendung und das ermutigende Handeln gilt.

- Idealerweise gibt es eine Balance der *Selbstsorge* und der Sorge für andere.

Als Aufforderung, sich anderen Menschen und auch sich selbst zuzuwenden, wird Achtsamkeit in der ‚ethics of care' anders *begründet* als die Achtung in der oben am Beispiel Kants erläuterten Ethik der Autonomie. ‚Achtsamkeit' gründet also nicht, wie etwa in autonomie-ethischen Ansätzen, in einem universellen Wesen des Menschen, das sich durch eine bestimmte Art der Willensbestimmung auszeichnet. Wenn es überhaupt einer universalisierbaren Kategorie bedarf, so bietet sich die grundlegende Angewiesenheit von Menschen aufeinander dafür eher an als deren ‚Fähigkeit', autonom zu sein. Denn bei Interaktionen der Zuwendung geht es ja häufig um die Achtsamkeit gegenüber Menschen, deren Autonomie als verschieden eingeschätzt wird.

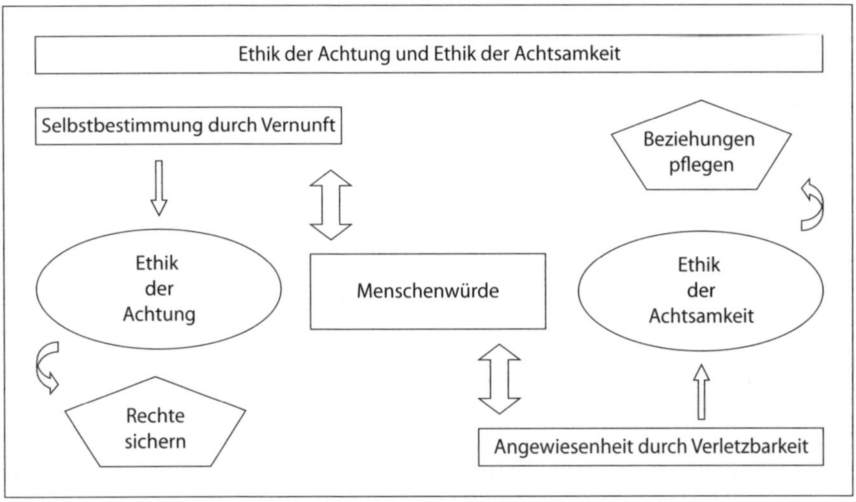

Abb. 1: Ethik der Achtung und Ethik der Achtsamkeit

Im Unterschied zum autonomie-ethischen Begriff der Achtung, der als eine Art Recht der Person begriffen wird, das einem Individuum innewohnt, ist die hier in Rede stehende Achtsamkeit sowohl prozessual als auch interaktiv zu verstehen. Achtsamkeit kann nicht einfach vorausgesetzt werden, sondern entsteht unter anderem in der Zuwendung, sie entwickelt sich zwischen den Menschen. Gerade auch im Falle eines Konfliktes ist die Annäherung der an ihm beteiligten Menschen von Bedeutung. Die Qualität der Konfliktlösung hat dabei auch mit der Qualität des Kontakts zu tun, der zwischen den Beteiligten entsteht.

12.2.5 Präsenz und Resonanz

Meinen einleitend geäußerten Vorschlag zur Bestimmung der Ethik aufgreifend, stelle ich nun eine Reihe weiterer Elemente der ‚Ethik der Achtsamkeit' dar. Unter der Überschrift *Präsenz, Verantwortungsübernahme und Ermutigung* führt der Weg von der Individualethik in Richtung Politik, während im nächsten Abschnitt unter der Überschrift *Gabe, Resonanz auf Antworten und Wertschätzung* sozialethische und gesellschaftliche Aspekte ineinander greifen.

Präsenz, Verantwortungsübernahme und Ermutigung

Alle drei Aspekte, Präsenz, Verantwortungsübernahme und Ermutigung, spielen in der ‚ethics of care' eine Rolle. Sie lassen sich von einer singulären sozialen Interaktion über die Gestaltung des gesellschaftlichen Kontextes der Interaktion bis hin zum gesellschaftlichen Wandel und zur politischen Intervention auffächern:

- Achtsame Zuwendung bedeutet, *sich einzulassen* auf die Situation und die eigene Aufmerksamkeit mindestens einem (anderen) Menschen zu widmen.
- Achtsame Zuwendung ist oft ein fortdauernder Prozess (vgl. Tronto 1993, 103; Conradi 2001, 40–41), für den auch *Verlässlichkeit* (vgl. Käppeli 2004, 282) nötig ist.
- Tätige Hilfe setzt Kompetenz voraus und die Übernahme von *Verantwortung* (vgl. Tronto 1993, 133f.; Conradi 2001, 221–225). Achtsame Zuwendung kann ein aktives Eingreifen und Sich-Einmischen bedeuten (vgl. Käppeli 2004, 282).
- Es ist auch Teil der achtsamen Zuwendung, Möglichkeiten der Ermutigung (*empowerment*) aller beteiligten Menschen zu erkennen und zu befördern.
- Achtsame Zuwendung kann auch bedeuten, für die *Rechte*, die Würde, die Bedürfnisse und Interessen der Menschen einzustehen, denen die Zuwendung gilt (vgl. Käppeli 2004, 282).

Im theologischen Kontext betont Silvia Käppeli, wie wichtig es sei, in Interaktionen der Zuwendung existentiell gegenwärtig zu sein (vgl. Käppeli 2004, 282). Dies lässt sich säkular mit ‚Präsenz' ausdrücken. Aber Käppeli betont darüber hinaus auch das aktive Eingreifen und Sich-Einmischen, das eher mit Repräsentanz oder gar Repräsentation zu bezeichnen wäre.

Gabe, Resonanz auf Antworten und Wertschätzung

Für Joan Tronto ist es von entscheidender Bedeutung, wie Menschen auf Hilfe und Unterstützung antworten (vgl. Tronto, 1993, 127). Es stellt sich die Frage, ob sie interessiert teilnehmen, ob sie eine bejahende oder ablehnende Reaktion zeigen. Achtsame Zuwendung bedeutet insofern auch, die *Antwort* auf die Hilfe und Unterstützung *zu hören* und daraus etwas folgen zu lassen.

- Die Achtsamkeit ist eine Vorgabe oder ein *Geschenk*, sie ist nicht an eine Verpflichtung zur Gegengabe gebunden (vgl. Conradi 2001, 56–57, 61–93).
- Achtsame Zuwendung bedeutet auch, die *Antwort* auf die Hilfe und Unterstützung zu hören und daraus Konsequenzen zu ziehen (vgl. Tronto 1993, 127; Conradi 2001, 41, 224).

- Die Sorgetätigkeiten und Menschen, die sie ausüben, sowie Menschen, die ihrer bedürfen, werden *wertgeschätzt*.[10] Das geht gegen den *mainstream*, da achtsame Zuwendung nonverbal sein kann, meist körperliche Berührungen einschließt und Fühlen, Denken und Handeln verbindet (vgl. Conradi 2001, 59–60, 89–93).

Der gelegentlich gegen die ‚ethics of care' erhobene Einwand, sie beschränke sich ausschließlich auf die soziale Interaktion zwischen Menschen und lasse zugleich eine politiktheoretische Perspektive vermissen (vgl. Kohlen & Kumbruck 2008, 26), trifft für die philosophische Ethik der Achtsamkeit nicht zu (vgl. Conradi 2010). Die Brücke zwischen den sozial interaktiven und den strukturell gesellschaftlich-politischen Anteilen sowie die Verbindung zwischen Ethik und politischer Theorie wird über die gesellschaftliche Praxis *care* im konzeptionellen Rahmen der ‚Ethik der Achtsamkeit' geknüpft.

12.3 Einwände gegen die Ethik der Achtsamkeit

Nachdem die Ethik der Achtsamkeit ausführlich geschildert wurde, seien hier nur kurz zwei Einwände gegen einen entsprechenden Ethik-Ansatz erwähnt. Im Zuge einer Abgrenzung gegenüber traditionelleren Formen der Fürsorge wird einerseits das Thema der Bevormundung mit Bezugnahme auf Maternalismus und Fürsorgefurcht kurz erörtert (3.1) und andererseits die Frage aufgegriffen, inwiefern die Ethik der Achtsamkeit Opfer fordert (3.2).

12.3.1 Maternalismus und die Furcht vor der Fürsorge

Während Autonomie zum Leitbegriff der politischen Bewegung für eine unabhängigere Lebensgestaltung avancierte, ist der Ausdruck Fürsorge zu einer Art Unwort geworden. Wer von ‚Fürsorge' spricht, möchte damit verdeutlichen, dass über Menschen bestimmt wird, dass sie entmündigt, bevormundet und entrechtet werden. Mancher denkt dabei an die Beteiligung von Fürsorgerinnen an der ‚Auslese und Ausmerze' im Nationalsozialismus (vgl. Lehnert 2009). Generell wird der Fürsorge unterstellt, sie sei paternalistisch.[11]

10 Die Wertschätzung von Sorgetätigkeiten ist eines von vier *Care*-Grundüberzeugungen, die Margret Urban Walker benennt: Ich habe sie frei nach folgender Textpassage übersetzt: „valuing of connection and relationship itself; and valuing of caring labor and activities" (Walker 2006, 148).

11 Siehe auch Themenschwerpunkt Paternalismus. In: Jahrbuch für Wissenschaft und Ethik, 14 (2009).

In diesem Zusammenhang müsste eine solche Mutmaßung sogar umformuliert werden in die Frage, inwiefern jene Ethik-Ansätze, die Zuwendung und Achtsamkeit in den Mittelpunkt stellen, maternalistische Züge tragen.[12] Mein Rechtschreibprogramm kennt das Wort *Maternalismus* nicht. Das überrascht nicht, denn Maternalismus – so viel ist klar, wenn man einen Blick in die Zeitung oder in die Fachliteratur verschiedener Disziplinen wirft – gilt als etwas zutiefst Negatives.[13] Während der Paternalismus (den mein Rechtschreibprogramm kennt) wenigstens Ambivalenzen birgt, indem er zwischen Bevormundung und Verantwortung oszilliert, so ist Maternalismus generell und grundsätzlich kritikwürdig. Ja, der Begriff wird eigentlich nur verwendet, um Negatives zu bezeichnen.

Für die einen steht Maternalismus historisch für eine politische Linie, die zu Beginn des 20. Jahrhunderts besondere „Ansprüche von Frauen als Mütter, Witwen und Ehefrauen" geltend machen wollte und damit Gefahr lief, eine Politik der Gleichberechtigung zu gefährden, so dass später eine solche „Politik der vorrangigen Ausrichtung an der Mutterschaft auch von konservativen und faschistischen Bewegungen und Parteien zu vereinnahmen war" (vgl. Gerhard 2005).

Für die anderen bedeutet Maternalismus in der Gegenwart eine ‚Überhöhung der Mutterrolle'. In Bezug auf die Elementarpädagogik wird diese Überhöhung als Grund dafür angesehen, dass die Ausbildung der Erzieherinnen mehrheitlich an Fachschulen statt an Hochschulen stattfindet, bezeichnet aber auch den Umstand, dass Mütter ihre Kleinkinder selbst erziehen (vgl. ‚Kindergarten-Pisa'-Studie der OECD sowie Orloff 2006).

Gegen diese Übermacht des Negativen finden sich auch einige Stimmen, die ihre Erörterung des Paternalismus zu einem (gedämpften) Lob des Maternalismus werden lassen. So spricht Klaus Dörner in Bezug auf die Rolle des männlichen Arztes positiv vom Maternalismus als das Andere des Paternalismus (vgl. Dörner 2001, 2). Und Johannes Giesinger – der den pädagogischen Paternalismus offensiv verteidigt – konstatiert:

> „Maternalistisches Handeln ist fürsorgliches Handeln, Handeln, das dem andern gewisse Güter bereitstellt. Solches Handeln entspricht oft – nicht immer – den Wünschen des Gegenübers und ist dadurch von Paternalismus und Erziehung zu unterscheiden, welche nicht auf der Zustimmung des Gegenübers beruhen" (Giesinger 2007, 122).

Obgleich der Maternalismus-Vorwurf, so unscharf er im Einzelnen sei, die Ethik der Achtsamkeit nicht trifft, sei doch darauf hingewiesen, dass in diesem Konzept ungleiche *Machtverhältnisse als veränderbar* angesehen werden. In anderen Kontexten wird oft von einer zu einseitigen Vorstellung von Macht ausgegangen. Doch eher als von einer Entgegensetzung von Macht und Ohnmacht ist von einer

12 Der überwiegende Teil von Tätigkeiten im Bereich der Assistenz, Pflege, sozialen Arbeit und Pädagogik wird nach wie vor von Frauen ausgeübt (vgl. Conradi 2001, 17–20, 26–29, 36).

13 Auch wenn es eine Tradition gibt, der zufolge Maternalismus mit einem Kampf um Partizipation gleichgesetzt wird, der insbesondere für weltweiten Frieden und Gewaltlosigkeit eintritt, wird immer wieder betont, es handle sich dabei um ein essentialistisches Konzept und dieses sei insofern indiskutabel.

Beweglichkeit der Macht auszugehen (vgl. Rommelspacher 1992, 122). Während der Sorgetätigkeiten treten verschiedene Arten von Machtunterschieden auf. Sie können sich ergänzen, aber auch zueinander in einer Spannung stehen. Eine wichtige Rolle spielt dabei die Frage, inwiefern es gelingen kann, diese Machtunterschiede tatsächlich wahrzunehmen und sie zu begrenzen. Sonst werden sie leicht auf andere Bereiche der Beziehung oder der Person verallgemeinert. Der Mangel an ganz bestimmten Fähigkeiten oder Möglichkeiten soll nicht zum ‚Wesen' einer Person erklärt werden. Das würde sie auf eine bestimmte Rolle beschränken.

Es ist auch Teil der achtsamen Zuwendung, Möglichkeiten der Ermutigung (*empowerment*) aller beteiligten Menschen zu erkennen und zu befördern. Denn es bedarf einer Veränderung institutioneller Bedingungen. So beschreibt beispielsweise Iris Marion Young die Ermutigung als ein Erkennen der Möglichkeit, gemeinsam Einfluss auf gesellschaftliche Bedingungen zu nehmen (vgl. Young 1994).

12.3.2 Achtsamkeit statt Selbstaufopferung

Neben der allgemeinen Ablehnung von Fürsorge und des Maternalismus im Besonderen gilt auch die Selbstaufopferung als ein wichtiger Anlass, sich abgeneigt gegen eine ‚ethics of care' zu zeigen. Tatsächlich gibt es auch Ansätze, zu denen entsprechende Vorbehalte passen. Die Religions- und Pflegewissenschaftlerin Silvia Käppeli erläutert *caring* als „eine in Liebe ausgeübte Pflege, die Selbstaufopferung einschließt" (Käppeli 2004, 29). Für sie steht das Mit-Leiden mit einer leidenden Patientin im Mittelpunkt.

Ganz anders, als Käppeli es vorschlägt, geht jedoch die oben skizzierte *philosophische Ethik der Achtsamkeit* nicht von einem leidenden und einem helfenden Menschen aus. Deshalb steht auch keinesfalls das Mit-Leiden, sondern Zuwendung, Ermutigung und Unterstützung im Mittelpunkt.

Ein wesentlicher Grundgedanke der philosophischen Ethik der Achtsamkeit liegt darin, die Sorge für andere und die Selbstsorge zu verbinden, im besten Fall sind Selbstsorge und die Sorge für andere ausgewogen. Deshalb ist Achtsamkeit auch nicht mit Selbstaufopferung zu verwechseln. Denn achtsame Zuwendung darf sich nicht bloß auf andere richten. Gerade Menschen, die viel für andere sorgen, müssen auf sich und ihre Bedürfnisse achten.[14]

14 Wenn vergessen wird, dass die Sorge für andere und die Selbstsorge zusammengehören, wird die Ethik der Achtsamkeit als eine ‚konventionelle Moral der Güte' missverstanden. Die ‚konventionelle Moral der Güte' hat unveränderliche Positionen von leidendem und helfendem Menschen, wobei ausschließlich die helfende Person berücksichtigt wird, sich selbst als altruistisch begreift und sich von ihrem Engagement ein moralisches Gutsein mit Aussicht auf die Erlösung aus einer als schuldbehaftet empfundenen Existenz verspricht (vgl. Conradi 2001, 16–19).

Die anfangs aufgeworfene Frage, ob Selbstbestimmung sich als Schlüsselbegriff einer Ethik ebenso eignet wie als leitende Idee einer politischen Bewegung, wurde verneint. Zugleich wurde gezeigt, dass eine rein kognitive Willensbestimmung keinen geeigneten Ausgangspunkt der Ethik darstellt. Bedeutsam sind jedoch die Steigerung der Eigenständigkeit und eine Zunahme an Handlungsmächtigkeit als Ergebnis von Interaktionen der Zuwendung im Rahmen der Ethik der Achtsamkeit: Selbstbestimmung durch Achtsamkeit.

Literatur

Apel, K.-O. (1986): Grenzen der Diskursethik? Versuch einer Zwischenbilanz. In: Zeitschrift für philosophische Forschung, 40, 3–31.

Arendt, H. (1981): Vita Activa oder Vom tätigen Leben. München, Zürich.

Beauchamp, T. L. & Childress, J. F. (1994): Principles of Biomedical Ethics (4. Auflage). New York.

Boll, S. & Eckert, B. (Hrsg.) (1985): Geschlecht: behindert, besonderes Merkmal: Frau. Ein Buch von behinderten Frauen. München.

Bollag, E. (2008): Cabaret, Cabaret. In: Orientierung. Fachzeitschrift der Behindertenhilfe, 3 (17).

Conradi, E. (2001): Take Care. Grundlagen einer Ethik der Achtsamkeit. Frankfurt am Main.

Conradi, E. (2010): Ethik und Politik. Wie eine Ethik der Achtsamkeit mit politischer Verantwortung verbunden werden kann. In: Remmers, H. & Kohlen, H. (Hrsg): Bioethics, Care and Gender. Herausforderungen für Medizin, Pflege und Politik. Osnabrück, 91–117.

Conradi, E. (2011): Kosmopolitische Zivilgesellschaft. Inklusion durch gelingendes Handeln. Frankfurt am Main.

Daniels, S. von et al. (Hrsg.) (1983): Krüppel-Tribunal. Menschenrechtsverletzungen im Sozialstaat. Köln.

Dörner, K. (2001): Der gute Arzt. Lehrbuch der ärztlichen Grundhaltung. Stuttgart.

Eurich, J. (2008): Gerechtigkeit für Menschen mit Behinderung. Ethische Reflexionen und sozialpolitische Perspektiven. Frankfurt am Main.

Fraser, N. & Gordon, L. (1993): Dekodierung von „Abhängigkeit". Zur Genealogie eines Schlüsselbegriffs des amerikanischen Wohlfahrtsstaates. In: Kritische Justiz, 26 (3), 306–323.

Gerhard, U. (2005): Identisch? Gleich! In: Die Wochenzeitung (Ausgabe vom 3. 3. 2005). Online im Internet: URL: http://www.woz.ch/artikel/2005/nr09/wissen/11473.html [aufgerufen am 13. 02. 2011].

Graumann, S. (2009): Assistierte Freiheit. Von einer Behindertenpolitik der Wohltätigkeit zu einer Politik der Menschenrechte. Utrecht.

Held, V. (1993): Non-contractual Society. In: Dies.: Feminist Morality. Transforming Culture, Society and Politics. London, 192–214.

Käppeli, S. (2004): Vom Glaubenswerk zur Pflegewissenschaft. Geschichte des Mit-Leidens in der christlichen, jüdischen und freiberuflichen Krankenpflege. Bern, Göttingen.

Kant, I. (1956 [1785]): Grundlegung zur Metaphysik der Sitten. In: Schriften zur Ethik und Religionsphilosophie. Werke in sechs Bänden. Band IV. Hg. von Wilhelm Weidschedel. Darmstadt.

Kant, I. (1956 [1788]): Kritik der praktischen Vernunft. In: Schriften zur Ethik und Religionsphilosophie. Werke in sechs Bänden. Band IV. Hg. von Wilhelm Weischedel (Hrsg.). Darmstadt.

Kant, I. (1956 [1793]): Über den Gemeinspruch: Das mag in der Theorie richtig sein, taugt aber nicht für die Praxis. In: Schriften zur Anthropologie, Geschichtsphilosophie, Politik und Pädagogik. Werke in sechs Bänden. Band VI. Hg. von Wilhelm Weischedel (Hrsg.). Darmstadt, 125–202.

Kittay, E. F. (1995): Taking Dependency Seriously: The Family and Medical Leave Act Considered in Light of The Social Organisation of Dependency Work and Gender Equality. In: Hypatia, 10 (1), 8–29.

Knust-Potter, E. (2001): Enthinderungsandragogik als Strategie zur Gemeinwesenmitgliedschaft. In: Müller, A. (Hrsg.): Sonderpädagogik provokant. Luzern.

Kohlen, H. & Kumbruck, C. (2008): Care-(Ethik) und das Ethos fürsorglicher Praxis (Literaturstudie). In: artec-paper, 151. Online im Internet: URL: www.artec.uni-bremen.de/files/papers/paper_151.pdf [aufgerufen am 08. 03. 2011].

Krämer, H. (1976): Prolegomena zu einer Kategorienlehre des richtigen Lebens. In: Philosophisches Jahrbuch, 83, 71–97.

Lehnert, E. (2003): Die Beteiligung von Fürsorgerinnen an der Bildung und Umsetzung der Kategorie „minderwertig" im Nationalsozialismus. Öffentliche Fürsorgerinnen in Berlin und Hamburg im Spannungsfeld von Auslese und „Ausmerze". Frankfurt am Main.

Morris, J. (2001): Impairment and Disability: Constructing an Ethics of Care that Promotes Human Rights. In: Hypatia 16 (4), 1–16.

Moser, V. (2003): Konstruktion und Kritik. Sonderpädagogik als Disziplin. Opladen.

Orloff, A. (2006): From Maternalism to „Employment for All": State Policies to Promote Women's Employment across the Affluent Democracies. In: Levy, J. (Hrsg.): The State after Statism. Cambridge, 230–268.

Pauer-Studer, H. (1996): Das Andere der Gerechtigkeit. Berlin.

Rommelspacher, B. (1992): Mitmenschlichkeit und Unterwerfung: Zur Ambivalenz der weiblichen Moral. Frankfurt am Main, New York.

Shakespeare, T. (2000): Help. Imagining Welfare. Birmingham.

Theunissen, G. (2009): Empowerment und Inklusion behinderter Menschen. Eine Einführung in Heilpädagogik und Soziale Arbeit (2., aktualisierte Auflage). Freiburg im Breisgau.

Volz, F. R. (1993): Lebensführungshermeneutik – zu einigen Aspekten des Verhältnisses von Sozialpädagogik und Ethik. In: neue praxis, 23 (1/2), 25–31.

Waldschmidt, A. (2003): Selbstbestimmung als behindertenpolitisches Paradigma – Perspektiven der Disability Studies. In: Bundeszentrale für politische Bildung (Hrsg.): Aus Politik und Zeitgeschichte, Beilage zu Das Parlament (Ausgabe vom 17. 02. 2003), 13–20.

Walker, M. U. (2006): The Curious Case of Care and Restorative Justice in the U. S. Context. In: Hamington, M. & Miller, D. (Hrsg.): Socializing Care. Feminist Ethics and Public Issues. Lanham, New York, 145–162.

Young, I. M. (1994): Punishment, Treatment, Empowerment: Three Approaches to Policy for Pregnant Addicts. In: Feminist Studies, 20 (1), 33–57.

13 Gerechtigkeit und Gleichheit

Christian Liesen, Franziska Felder & Peter Lienhard

Gerechtigkeit und Gleichheit zählen zu den Kernfeldern der Diskurse um Behinderung und Ethik. Sie werden im Folgenden erläutert und zueinander in Beziehung gesetzt. Im ersten Teil des Beitrags werden vier Ankerbeispiele vorgestellt. In ihnen spielen Erwägungen der Gerechtigkeit und Gleichheit in verschiedenen sonderpädagogischen Handlungskontexten eine Rolle. Im zweiten Teil werden die Begriffe der Gerechtigkeit und der Gleichheit systematisch dargestellt. Aus Gründen, die im Laufe der Lektüre deutlich werden, erhält der Gerechtigkeitsbegriff dabei die beherrschende Position. Zwei Aspekte werden genauer erörtert: Zum einen die gerechte Verteilung von Gütern und Ressourcen, zum anderen die Frage, wer als relevanter Gleicher bei der Verteilung von Gütern und Ressourcen anzuerkennen ist und wie Unterschiede zwischen als Gleichen Anerkannten festgestellt werden können. Dabei folgt die Erörterung dieser beiden Aspekte einem dreischrittigen Schema. Zuerst wird die klassische gerechtigkeitstheoretische Auffassung umrissen. Dann werden Besonderheiten dieser Auffassung im Zusammenhang mit Behinderung erläutert. Schließlich wird akzentuiert, was dies für die Sonderpädagogik bedeutet. Im dritten Teil können infolgedessen die Ankerbeispiele diskutiert werden.

13.1 Vier Ankerbeispiele

Gerechtigkeit und Gleichheit stehen für hohe ethisch-moralische Werte. Sie sind für eine demokratische Gesellschaftsordnung unverzichtbar. Deswegen werden sie in vielen öffentlichen Auseinandersetzungen angerufen. Dabei können die Vorstellungen darüber, was gerecht und ungerecht, gleich und ungleich ist, beträchtlich auseinandergehen. Für die Zwecke dieses Beitrags ist ein Gerechtigkeits- und Gleichheitsverständnis ausschlaggebend, das sich so ausdrücken lässt: Mit Gerechtigkeit und Gleichheit werden *gesellschaftliche Verhältnisse beurteilt.* Mit ihnen wird Stellung bezogen zur Frage, ob die gesellschaftlichen Verhältnisse berechtigterweise so sind, wie sie sind. Dafür ist entscheidend, wie die Normen, Werte und Rechte, auf denen sie fußen, und die Ordnungsmittel und Verfahrensweisen, in denen sie sich artikulieren, bewertet werden. So verstanden, fallen Gerechtigkeit und Gleichheit in das Gebiet der Ethik.

Ist schon die begriffliche Klärung nicht immer einfach, so sind es die eminent praktischen Probleme der Gerechtigkeit und Gleichheit noch viel weniger. Das gilt auch für den Bereich der Sonderpädagogik. Vier Beispiele mögen das erhellen. Sie dienen als Ankerbeispiele, um im Lauf des Beitrags zu verdeutlichen, dass und wie

Fragen der Gerechtigkeit und Gleichheit mit den Belangen der Sonderpädagogik verknüpft sind. Die Beispiele wurden nicht konstruiert, sondern beruhen auf tatsächlichen Vorgängen.

Beispiel (1): Dyskalkulietherapie

Durch staatliche Finanzierungsregelungen hat sich ein flächendeckendes Angebot an Dyslexietherapie zugunsten von Kindern mit Lese-Rechtschreib-Schwäche etabliert. Das Angebot wurde stärker als erwartet genutzt und sprengte das vorgesehene Budget. Die Forderung, nun auch Dyskalkulietherapie zugunsten von Kindern mit Rechenschwäche zu finanzieren, wird abgelehnt: Es stünden keine Gelder mehr zur Verfügung.
Kind A leidet unter einer Lese-Rechtschreib-Schwäche. Es erhält eine staatlich finanzierte Therapie. Kind B hat eine Rechenschwäche. Es erhält nur dann eine Therapie, wenn seine Eltern in der Lage sind, diese selbst zu bezahlen.

Beispiel (2): Persönliche Sanitärräume für Heimbewohner

Ein Heim hat sich auf Kinder und Jugendliche mit progressiver Muskelerkrankung spezialisiert. Durch den medizinischen Fortschritt erhöht sich die Lebenserwartung ins Erwachsenenalter hinein, so dass ein zusätzlicher Bau für junge Erwachsene geplant wird. Die Bewohner wünschen persönliche Sanitärräume: Obwohl sie bei der Körperpflege unterstützt werden müssen, ist ihnen diese Privatsphäre wichtig – sie wollen „nicht in einem Gemeinschafts-Badezimmer abgefertigt werden", selbst wenn es dort Trennwände habe. Es wird berechnet, dass der Einbau von rollstuhlgängigen, persönlichen Sanitärräumen einen Mehraufwand von 1,5 Mio. Schweizerfranken für zwölf Bewohner bedeutet. Der Stiftungsrat hat darüber zu befinden, ob dieser Mehraufwand als gerechtfertigt zu betrachten ist.

Beispiel (3): Gleichbetroffene im Hörbehinderteninternat

Ein gehörloses Mädchen wird als Kleinkind mit Cochlea-Implantaten versorgt und erhält eine intensive Sprachtherapie. Das intelligente, sprachbegabte Kind wird von seinen Eltern gut unterstützt. Mit audiopädagogischer Begleitung besucht es mit Erfolg den Kindergarten und die Grundschule an seinem Wohnort. Eine weitere integrative Förderung in der Sekundarstufe scheint problemlos möglich. Vor dieser Entscheidung hört sie von einem Hörbehinderteninternat. Nach einem Besuch dort ist sie begeistert und möchte die Schule dort fortsetzen. Die Eltern unterstützen diese Idee, weil sie dieses Umfeld für die Persönlichkeitsentwicklung ihrer hörbehinderten Tochter als wichtig erachten. Die audiopädagogische Begleitung würde 12000 Schweizerfranken jährlich kosten, das Internat 90000.

Beispiel (4): Optimales Förderumfeld für ein Kindergartenkind mit Down-Syndrom

Ein Junge mit Down-Syndrom kommt ins Kindergartenalter. Die Eltern lassen sich von zwei Fachpersonen beraten. Die eine empfiehlt den Kindergarten in einer Heilpädagogischen Schule. Nur hier würde der Junge die ihm zustehende spezielle Förderung erhalten: Die Gefahr, anderswo ausgegrenzt zu werden – beispielsweise, weil er seine Hosen schon vor der Toilettentür herunterlassen könnte –, sei viel zu groß. Die andere Fachperson empfiehlt den Regelkindergarten. Hier sei das Anregungspotential weit höher als im Schonraum der Heilpädagogischen Schule, sowohl sprachlich als auch vom Verhalten her. Gerade hier lerne der Junge ganz natürlich, welche Regeln die Kinder beim Toilettenbesuch befolgen. Die

Eltern stehen vor der Entscheidung, ob der spezialisiertere Schonraum oder die offenere Normalität für die Entwicklung ihres Sohnes günstiger sei.

13.2 Gerechtigkeit und Gleichheit

Alle vier Beispiele haben mit Fragen der Gerechtigkeit und Gleichheit zu tun. Mitunter ist die Gerechtigkeits- oder Gleichheitsproblematik intuitiv sofort erfassbar, mitunter nicht. Der folgende Abschnitt bietet eine *systematische Darstellung* des Gerechtigkeits- und Gleichheitsbegriffes. Er berücksichtigt dabei Besonderheiten aus sonderpädagogischer Sicht, darunter auch im Zusammenhang mit Behinderung. Aus Gründen, die im weiteren Verlauf noch klar werden, verfolgt er hauptsächlich den Gerechtigkeitsbegriff. Die vier Beispiele werden später wieder aufgegriffen.

Zum Gerechtigkeitsbegriff

Gerechtigkeit, einmal sehr allgemein gesprochen, umfasst dasjenige moralisch Richtige, das sich, bezogen auf menschliches Handeln, in Pflichten und Rechten ausdrückt und einen Mindestkanon an sozialer und gesellschaftlicher Moral trägt, der einer gerechten Gesellschaft dient. Von den Mitgliedern einer Gesellschaft wird erwartet, dass sie den in diesem Mindestkanon fixierten Normen folgen (vgl. Heyd 2006). Er ist daher durch Sanktionen abgesichert und damit einforderbar, ja erzwingbar. Gerechtigkeitsforderungen sind mithin besonders starke Forderungen, und die Feststellung, dass etwas ungerecht ist, bedeutet zugleich Aufforderung und Verpflichtung zum Handeln.

Gerechtigkeitsaussagen können vor diesem Hintergrund allgemein wie folgt charakterisiert werden (vgl. Gosepath 2004, 31 ff.):

- Gerechtigkeitsaussagen sind *präskriptiv* und *evaluativ*. Sie sind nicht deskriptiv. Das heißt, sie beschreiben nicht, sondern sie fordern und schreiben vor. Darin liegt die handlungsanleitende Rolle von Gerechtigkeit.
- Gerechtigkeitsaussagen sind *kategorisch*, das bedeutet, in ihnen liegt ein normativer Anspruch auf Richtigkeit und Objektivität. Sie sind gerechtfertigt.
- Gerechtigkeitsaussagen sind auf zwei Ebenen *unparteilich*, zum Ersten in Bezug auf die Anwendung einer gegebenen Norm (so wie der Schiedsrichter bei einem Fußballspiel), zum Zweiten hinsichtlich der Regeln selbst, die selbst unparteilich sein müssen.

Aus dem Rahmen von Gerechtigkeitsforderungen fallen damit Dinge, die zwar erwünscht sind, die aber nicht gefordert werden können. Liebe oder Freundschaft beispielsweise sind niemandem abzuverlangen. Es gibt einen ganzen Bereich sog. *supererogatorischer Handlungen*, die zu tun zwar gut, die nicht zu tun aber nicht moralisch schlecht ist und die nicht verpflichtend gefordert werden können – Beispiele dafür sind etwa Höflichkeit, Takt oder jemandem einen Gefallen zu tun (zur Supererogation vgl. Heyd 2006 und den Beitrag von Horster *Was ist Moral?* in diesem Band). Solche Handlungen gründen in bestimmten Eigenschaften einer Person; Gerechtigkeit hingegen gründet in bestimmten Eigenschaften sozialer und gesellschaftlicher Verhältnisse.[1]

Gerechtigkeit wird heute vor allem als *Verteilungsgerechtigkeit* verstanden. Eine gerechte Gesellschaft ist demnach eine Gesellschaft, die dafür sorgt, dass Güter und Ressourcen unter ihren Mitgliedern gerecht verteilt sind. Dies wird auch als *distributive Gerechtigkeit* bezeichnet. Die Pflichten und Rechte und damit der Mindestkanon an sozialer und gesellschaftlicher Moral, dem ihre Mitglieder unterliegen, dienen dem Ziel ausgewogener sozialer und gesellschaftlicher Verhältnisse und leisten damit einen elementaren Beitrag zur gesellschaftlichen Stabilität.

Die Ausführungen in diesem Beitrag fokussieren auf dieses Gerechtigkeitsverständnis der distributiven Gerechtigkeit oder Verteilungsgerechtigkeit.[2] Im Besonderen interessiert die Frage, welcher Anteil an Gütern und Ressourcen Menschen mit Behinderungen zusteht und was dies für die Sonderpädagogik – im Sinne sonderpädagogischen Denkens und Handelns – bedeutet.

Bekanntlich gibt es aber keine allseits geteilten Vorstellungen darüber, was die Richtmarken für eine gerechte Gesellschaft sind. In öffentlichen Debatten beispielsweise ist häufig leicht zu erkennen, dass Gerechtigkeit unterschiedlich verstanden wird. Es gibt jedoch Verbindungspunkte oder, mit anderen Worten, es ist möglich, ein *allgemeines Verständnis von Gerechtigkeit* zu formulieren: Ein allgemeines Gerechtigkeitsverständnis artikuliert das, was die einzelnen Auffassungen distributiver Gerechtigkeit übergreifend kennzeichnet, mögen sich die einzelnen Auffassungen auch in vielen Komponenten voneinander unterscheiden (ausführlich vgl. Rawls 1979; 2003).

1 Noch bis in die Neuzeit hinein wurde Gerechtigkeit auch als individuelle Tugend angesehen (‚der Gerechte' oder ‚ein gerechter Mensch'). Vor diesem Hintergrund sind allerdings Fragen der moralischen Motivation, des moralisch Richtigen und der Unparteilichkeit kaum mehr befriedigend zu beantworten, sobald ein individueller Nahbereich verlassen wird und komplexere gesellschaftliche Verhältnisse ins Blickfeld rücken, in denen die einzelnen Individuen in keinem direkten Austausch mehr miteinander stehen (vgl. Slote 2002). Heute spielt das Verständnis von Gerechtigkeit als individueller Tugend nur noch eine untergeordnete Rolle.

2 Es soll nicht unterschlagen werden, dass sich ein allgemeines Verständnis von Gerechtigkeit, wie es ursprünglich Aristoteles geprägt hat, immer noch hält: Was wir uns gegenseitig schulden, auch im Sinne von individuellem Verhalten. Zwar wird in der heutigen Debatte soziale Gerechtigkeit oft mit Verteilungsgerechtigkeit gleichgesetzt, dies impliziert aber oft einen sehr weiten Verteilungsbegriff. Nach Schramme (2006, 26) geht es bei sozialer Gerechtigkeit (Gerechtigkeit auf gesellschaftlicher, nicht nur individueller Ebene, vgl. hierzu Koller 2003) um mehr als um reine Verteilungsgerechtigkeit. Auch bei Verteilungsfragen ist der Aristotelische Kern der allgemeinen Gerechtigkeit, das, was wir uns gegenseitig schulden, immer noch erhalten.

In einem solch allgemeinen Sinn ist Verteilungsgerechtigkeit näherhin wie folgt charakterisiert:

(1) Es geht um die Verteilung/Allokation von Gütern und Ressourcen.
(2) Es geht um das, was jemandem zusteht, im Verhältnis zu dem, was anderen zusteht.

Freilich bleibt die Sache nicht lange so übersichtlich.

Bedingung (1) sagt aus, dass es um die Verteilung von Gütern und Ressourcen geht. Es fragt sich sofort:

(i) Um welche Güter und Ressourcen geht es und was ist als ein Gut zu bezeichnen?
(ii) Wie sollen sie verteilt werden?

Es ist mit anderen Worten zu bestimmen, welches die *relevanten* Güter und Ressourcen sind und *nach welchen normativen/präskriptiven Regeln* sie verteilt werden sollen.

Bedingung (2) sagt aus, dass es um das geht, was jemandem zusteht, relativ zu dem, was jemand anderem zusteht. Hier fragt sich:

(i) Wer zählt, wer wird in den Vergleich einbezogen?
(ii) Wie ist das Verhältnis zwischen denen, die einbezogen werden, zu *ermitteln* und wie ist es zu *beurteilen*?

Es ist mit anderen Worten zu bestimmen, wer die Adressaten der relevanten Güter und Ressourcen und der Verteilungsregel sind. Dies setzt voraus, dass Personen als Subjekte von Gerechtigkeit anerkannt werden. Erforderlich ist ein normativer Maßstab für *interpersonelle Vergleiche,* um bestimmen zu können, was jemandem im Vergleich mit anderen zusteht.

Im Folgenden werden die beiden Bedingungen (1) und (2) genauer erläutert. Zur Sprache kommen dabei jeweils

a) das klassische gerechtigkeitstheoretische Verständnis,
b) Besonderheiten, wenn die fragliche Bedingung im Zusammenhang mit Behinderung diskutiert wird,
c) eine Akzentuierung solcher Punkte, die für sonderpädagogisches Denken und Handeln wichtig sind, insbesondere für die sonderpädagogische Berufsausübung und Profession.

13.2.1 Die Verteilung von Gütern und Ressourcen

a) Klassisches gerechtigkeitstheoretisches Verständnis

(i) Um welche Güter und Ressourcen geht es?

Nicht alle Güter und Ressourcen sind gleichermaßen relevant, wenn es um Gerechtigkeitsfragen geht. Zum einen gibt es Güter und Ressourcen, die ohne Weiteres für alle ausreichend vorhanden sind, beispielsweise Luft zum Atmen: Die Frage nach einer ‚gerechten Verteilung' stellt sich bei ihnen gar nicht. Zum anderen sind nicht alle Güter und Ressourcen allen Menschen gleich wichtig. Einige aber, beispielsweise Arbeitsplätze und die Möglichkeit zum Lebensunterhalt, sind von großer Bedeutung für das Leben, das jemand in einer Gesellschaftsordnung führen kann, und für die Charakteristik dieser Gesellschaftsordnung insgesamt. Gerechtigkeitsfragen drehen sich um solche substanziellen, grundlegenden Güter und Ressourcen.

Näherhin können kontingent knappe von notwendig knappen Gütern und Ressourcen unterschieden werden (vgl. Schramme 2006, 33). *Notwendig* knappe Güter und Ressourcen sind solche, deren Sinn gerade darin liegt, dass sie knapp sind, weil sie sonst ihre Eigenschaften verlieren würden. Beispiele dafür sind Medaillen, Auszeichnungen oder Machtpositionen. *Kontingent* knappe Güter und Ressourcen sind dagegen solche, die infolge gemeinschaftlicher Entscheidungen knapp sind, ohne dass dies ihr Sinn wäre. Beispiele dafür sind die Verfügbarkeit von medizinischer Versorgung, von Arbeits- und Ausbildungsplätzen oder von Bildungschancen (vgl. O'Neill 1977). Gerade diese kontingent knappen Güter sind für Verteilungsfragen relevant, weil sie an gesamtgesellschaftliche Verteilungsfragen geknüpft sind: Eine Gesellschaft muss entscheiden, wie viel sie für solche Güter und Ressourcen aufzuwenden bereit ist.[3] Diese kontingent knappen Güter und Ressourcen, wie Arbeitsmarkt- und Bildungschancen, sind es denn auch, die für die Sonderpädagogik besonders interessant sind.

(ii) Wie sollen die relevanten Güter und Ressourcen verteilt werden?

Relevante Güter und Ressourcen können auf sehr verschiedene Weise verteilt werden. Einigkeit darüber, was relevant ist, bedeutet noch nicht Einigkeit darüber, welcher Verteilungsmodus zu wählen ist. Eine ganze Reihe klassischer gerechtigkeitstheoretischer Positionen dreht sich daher nicht nur um das *Was*, sondern auch und gerade um das *Wie* der Verteilung: Denn davon, ob man einen Verteilungsmodus als normativ gerechtfertigt akzeptiert, hängt es ab, ob man auch die Resultate und Auswirkungen der Verteilung als gerechtfertigt und legitimiert

3 Es sei allerdings erwähnt, dass auch kontingent nicht knappe Güter durchaus als knapp verstanden werden können, beispielsweise ein Mindestmaß an Schulbildung. Sie können dann ebenfalls Teil von Gerechtigkeitsüberlegungen sein.

akzeptiert, oder ob man sie als ungerechtfertigt und nicht legitimiert ablehnt. Insofern rücken die Regeln der Verteilung selbst ins Zentrum der Betrachtung. Hier kommt nun der Zusammenhang von Gerechtigkeit und Gleichheit ins Spiel. Oft wird als formale Bedingung für Gerechtigkeit angeführt, dass gleiche Fälle gleich zu behandeln seien und ungleiche Fälle ungleich (so Aristoteles' berühmtes Diktum, vgl. näherhin etwa Perelman 1967). Dies wird oft so interpretiert, dass Gerechtigkeit eine Form von Gleichheit darstellt oder impliziert – egalitaristischen Positionen zufolge ist Gleichheit gar das Ziel der Gerechtigkeit. Dies ist jedoch umstritten. Typischerweise wird Gleichheit nur ein instrumenteller Wert beigemessen, denn Gleichheit oder Ungleichheit selbst tun ja nichts dazu, ob eine Handlung oder ein Zustand oder eine Norm gut oder schlecht, gerecht oder ungerecht, wünschenswert oder nicht wünschenswert ist.[4] Gleichheit hat vielmehr damit zu tun, dass eine Gerechtigkeitstheorie *Unparteilichkeit* voraussetzt, sie kann nicht willkürlich oder parteiisch sein (vgl. überblickartig Liesen 2006, 28–48).

Dass und worin sich die verschiedenen Positionen unterscheiden, lässt sich anhand von Abbildung 1 illustrieren.[5]

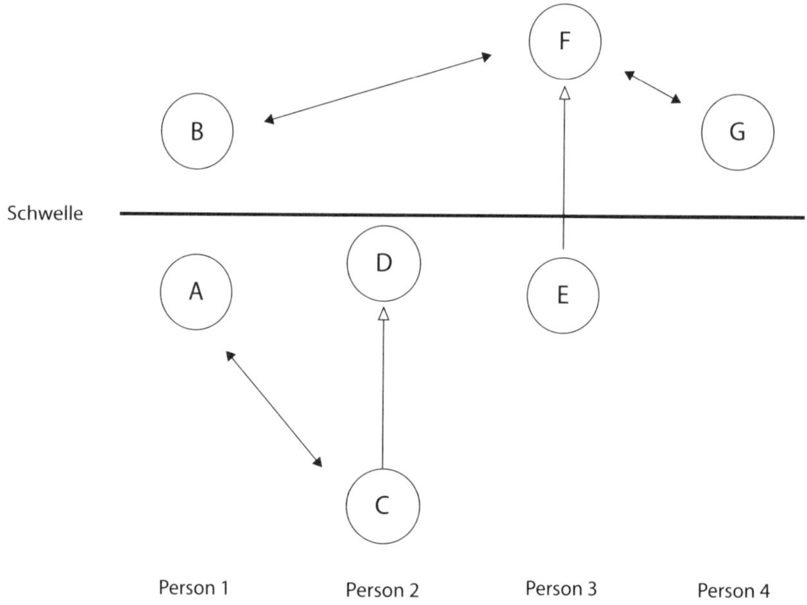

Abb. 1: Illustration verschiedener Auffassungen zum Zuwachs an Gerechtigkeit

4 Ein drastisches Beispiel, um diesen Punkt zu illustrieren, stammt von William Frankena: Wenn ein Herrscher alle seine Untertanen in siedendem Öl koche, dann sei das zwar ungerecht, es liege aber keine Ungleichbehandlung vor (vgl. dazu Westen 1990, 90).

5 Die Verfasser danken Thomas Schramme für die Anregung zu dieser Darstellung. Er verwendete 2009 anlässlich einer gemeinsamen Tagung eine Skizze ähnlicher Art.

Ein erster Diskussionspunkt ist die eingezeichnete Schwelle. Sie steht für ein Minimum an Gütern und Ressourcen, die eine Person zur Verfügung haben muss und unterhalb der die Möglichkeit für ein ausreichend gutes Leben nicht mehr gewährleistet ist (beispielsweise lässt sich hier an ein wie auch immer definiertes Existenzminimum denken). Einige Gerechtigkeitskonzeptionen nehmen eine solche Schwelle an, andere glauben dagegen nicht, dass sich befriedigende Kriterien für einen Schwellenwert finden lassen, oder sie halten die Orientierung an einem Schwellenwert für grundsätzlich nicht zielführend.

Ein zweiter Diskussionspunkt ist, inwieweit sich die Positionen der einzelnen Personen im Diagramm verbessert haben. Person 1 liegt zuerst unterhalb der Schwelle (Zustand A) und später darüber (Zustand B). Person 2 liegt ebenfalls unter der Schwelle (Zustand C) und bleibt auch später darunter (Zustand D). Person 1 war jedoch vorher bereits näher an der Schwelle, während Person 2 weit von ihr entfernt war und sich ihr in größerem Maße angenähert hat (Distanz zwischen den Zuständen A und C). Ist nun für die Sache der Gerechtigkeit mehr gewonnen, wenn Person 1 einen kleinen Sprung über einen Schwellenwert macht, oder wenn die Position von Person 2 deutlich verbessert werden konnte, gleichgültig ob nun ein Schwellenwert überschritten wurde oder nicht? Je nach gerechtigkeitstheoretischer Position wird dies unterschiedlich beurteilt. Ähnliche Fragen lassen sich im Übrigen auch oberhalb der Schwelle stellen, etwa im Vergleich von Person 1 mit Person 3: Wie ist die Distanz zwischen Zustand B und Zustand F zu werten? Stellen sich Gerechtigkeitsfragen gar nicht mehr, weil ja beide oberhalb des Schwellenwerts liegen, oder liegt in der ungleichen Größenordnung der Positionsverbesserungen von Zustand A zu B gegenüber der Verbesserung von Zustand E zu F etwas Kritikwürdiges?

Ein dritter Diskussionspunkt ist, wie und wofür knappe Güter und Ressourcen in solch einem Szenario eingesetzt werden sollten. Verschiedene gerechtigkeitstheoretische Positionen begründen dabei unterschiedliche Ziele. So mag es beispielsweise gerechtfertigt erscheinen, alle verfügbaren Ressourcen dazu einzusetzen, um Personen unterhalb der Schwelle über diese Schwelle zu bringen. Oder es mag das Ziel sein, den größtmöglichen Zuwachs an Wohlergehen zu erhalten, wofür der Schwellenwert eine Rolle spielen kann oder auch nicht. Oder es kann darum gehen, die Positionen der einzelnen Personen einander anzugleichen, damit die Unterschiede zwischen ihnen so gering wie möglich ausfallen. Vielleicht ist es auch das Ziel, dafür zu sorgen, dass jedermann Vorteile hat: Hätte Person 4 möglicherweise ihren Zustand G verbessern können, wenn die anderen Personen nicht so viele Ressourcen absorbiert hätten? Außer ihr konnten ja alle anderen ihre Positionen verbessern (Person 3 steht mit Zustand F sogar besser da als Person 4 mit Zustand G). Auch die Position der Schwelle kann zur Diskussion stehen – verschöbe man sie nach oben oder unten, so würde sich eine andere Einschätzung der Situation ergeben. Und ganz grundsätzlich lässt sich fragen, ob das, was irgendeiner der Personen in diesem Diagramm zukommt, überhaupt davon abhängt, was im Vergleich den anderen Personen zukommt, (komparative Auffassung) oder ob es davon unabhängig ist (non-komparative Auffassung).

Diese Erörterungen zu Abbildung 1 sollen einen Eindruck davon vermitteln, wo und warum die verschiedenen Gerechtigkeitsauffassungen sich hinsichtlich des *Wie* der Verteilung unterscheiden. Zu ermitteln, wer in einer Gesellschaft in relevanter Hinsicht gleich und wer ungleich gestellt ist, und zu sagen, was dann weiterhin zu tun ist und warum, ist eine komplexe Angelegenheit, bei der es zahlreiche und durchaus gut begründete Meinungsverschiedenheiten geben kann. *Die* gerechtigkeitstheoretische Position gibt es mithin nicht. Eine tiefergehende Diskussion der einzelnen gerechtigkeitstheoretischen Positionen ist im Rahmen dieses Beitrags nicht zu leisten, es sei auf die einschlägige einführende Literatur verwiesen (beispielsweise die Reihe *Blackwell Readings in Philosophy* mit Darwall 2002 a; 2002 b; 2002 c; 2002 d; vgl. auch Williams & Clayton 2003).

b) Besonderheiten im Zusammenhang mit Behinderung

Wie kann ermittelt werden, ob Menschen mit Behinderungen in einer Gesellschaft in relevanter Hinsicht gleich oder ungleich gestellt sind? Für die meisten der klassischen gerechtigkeitstheoretischen Positionen stellt sich diese Frage nicht: Sie klammern Menschen mit Behinderungen aus. Sie erscheinen ihnen nicht als aktive Träger und Subjekte des Mindestkanons an sozialer und gesellschaftlicher Moral, sondern als ein Personenkreis, der Anspruch auf *Kompensation* hat.

Die Vorstellung, auf der die Forderung nach Kompensation aufbaut, ist die des Ausgleichs unverschuldeter Nachteile. In der Feststellung, ob das Ziel sozialer Gerechtigkeit erreicht wird, kann in einem ersten Schritt negativ verfahren werden. Das heißt, man kann sich fragen, ob die Möglichkeiten zu einem guten Leben eingeschränkt oder nicht vorhanden sind und ob dies kompensiert werden kann. Damit ist die Ansicht verbunden, dass es sich bei Behinderung um ein unverschuldetes Pech, ein sog. *bad brute luck*, handelt (vgl. Dworkin 1981; 2000; 2002). Menschen mit Behinderung können, mit anderen Worten, nichts dafür, dass sie behindert sind, und weil sie aufgrund ihrer Behinderung an unverdienten Folgen leiden, sollen sie dafür kompensiert werden. Kompensationen sind Mittel gegen die unverschuldeten Nachteile einer Behinderung. Sie erlauben den Betroffenen, die Nachteile im Führen eines guten Lebens, welche der Behinderung geschuldet sind, auszugleichen. Kompensation kann einerseits dadurch geschehen, dass Mittel verändert werden, um dasselbe Ziel zu erreichen, oder aber dadurch, dass neue Ziele eröffnet werden (vgl. Goodin 1989). So können einem Menschen mit Behinderung beispielsweise Hilfsmittel zur Verfügung gestellt werden, die es ihm erlauben, dieselben Ziele wie andere Menschen zu erreichen – die Hilfsmittel können somit als Kompensation für die unverdienten Folgen einer Behinderung gesehen werden. Stattdessen könnte die Person aber auch mit einem Geldbetrag sozusagen entschädigt werden, womit sie sich dann, ähnlich wie bei einer Entschädigungszahlung nach Umweltkatastrophen, neue, andere Ziele selbst suchen kann. Forderungen der Gerechtigkeit wirken sich also zugunsten von Menschen mit Behinderungen aus, weil und insofern sie zu kompensatorischen Leistungen führen (vgl. auch den Beitrag von Horster *Was ist Moral?* in diesem Band).

Mit dieser Auffassung ergeben sich zwei Probleme.

Erstens scheint Kompensation nicht alle Gerechtigkeitsforderungen zu umfassen und kann selbst als diskriminierend erlebt werden. Über die letzten Jahre ist dazu ein bemerkenswerter Korpus an Literatur herangewachsen. So ist der Gedanke, dass sich in der kompensatorischen Sichtweise eine herablassende Haltung ausdrückt und dass daraus eine unfaire Behandlung behinderter Menschen folgt, in der gerechtigkeitstheoretischen Diskussion noch vergleichsweise jung (vgl. Anderson 1999). Im „Glücksegalitarismus“, so Andersons Argumentation, müssten Menschen mit Behinderung zuerst beweisen, dass sie keine Verantwortung dafür trügen, in dieser Lage zu sein, und deswegen ein Anrecht hätten auf angemessene Kompensation. Dies versetze Menschen mit Behinderung in die Position von Bittstellern und impliziere überdies umstrittene Annahmen über die Verantwortlichkeit für die eigene Lebenssituation, die sich in den von Dworkin diskutierten Versicherungsmodellen fatal auswirken können (Versicherungssysteme dienen bei Dworkin der Absicherung gegen *bad brute luck*). Auch richte sich der Fokus der Gerechtigkeit für behinderte Menschen damit fälschlicherweise auf sog. Kompensationsgüter – also auf solche Güter, die die unverdienten Nachteile kompensieren sollen. Die Analyse der Frage, welche externen Ressourcen Menschen aus Gründen sozialer Gerechtigkeit zugestanden werden sollen, sollte aber direkt auf das Leben gerichtet sein, das Menschen führen können. Eine solche Auffassung von Gerechtigkeit wird beispielsweise im sog. *Capability Approach* oder Verwirklichungschancenansatz von Amartya Sen und Martha Nussbaum entworfen (vgl. Sen 2009; Nussbaum 2006). Dieser richtet seinen Blick direkt darauf, was Menschen mit den Gütern, die sie erhalten, tun und sein können, sowie darauf, welche substanziellen Chancen sie haben, ein Leben ihrer Wahl führen zu können. Es zählen nicht nur die Güter und Ressourcen, die Menschen mit Behinderungen zur Verfügung stehen, sondern ihr Gebrauch: Für viele Menschen mit Behinderungen spielt nicht nur eine Rolle, ob ihr Anteil an einem Gut ‚fair‘ oder ‚gerecht‘ ist, sondern was sie damit wirklich anfangen können. Sie haben beispielsweise häufig ein Konversionsproblem, d. h., sie können mit derselben Menge an Gütern nicht gleich viel anfangen wie Menschen ohne Behinderung (vgl. Kuklys 2005; Sen 2009). Gerechtigkeit hat so gesehen nicht einfach mit der Verteilung relevanter Güter und Ressourcen zu tun, sondern mit der Freiheit zum Wohlergehen – ein Punkt, der gerade im Zusammenhang mit Behinderung besonders deutlich zutage tritt. Der *Capability Approach* fokussiert die Aufmerksamkeit also nicht nur auf Kompensationsgüter, sondern lenkt sie hin zu verschiedenen Formen externer Ressourcen. Diese sind dann nicht als kompensatorischer Ausgleich an die Folgen von Behinderung geknüpft, womit Menschen mit Behinderung tendenziell in einen inferioren Status versetzt werden, sondern direkt an die Voraussetzungen für ein gutes Leben für alle Bürger einer Gesellschaft.

Zweitens scheinen weder Kompensation noch die weitläufiger verstandene Bereitstellung von externen Ressourcen in vielen Fällen die richtige Antwort auf Ansprüche von Gerechtigkeit zu sein. Anders gesagt, es liegt nicht immer an einem Mangel an Ressourcen, wenn Menschen mit Behinderung kein gutes Leben führen können. Vielmehr scheinen in vielen Fällen der Rahmen und die Struktur der Gesellschaft selbst hinderlich zu sein. Bei Sen findet sich hier ein zweiter zentraler Aspekt, der Aspekt der Freiheit. Menschen mit Behinderung leiden in dieser Sichtweise an einer Einbuße substanzieller Freiheit, ein Leben nach ihrer Wahl führen zu können. Nur ein Teil dieses Mangels an substanzieller Freiheit ist einem Mangel an internen Ressourcen (wie beispielsweise Talent oder physischer Kraft) oder externen Ressourcen geschuldet (wie Einkommen oder Bildungschancen, vgl. Hull 2009). Zu einem bedeutenden Teil sind die Probleme, ein gutes Leben führen zu können, auch der Struktur der Gesellschaft, den Einstellungen von Menschen sowie dem Aufbau verschiedener Institutionen der Gesellschaft geschuldet. Beispielsweise sind die Zugänglichkeit von Gebäuden und Dienstleistungen und die Regeln des Zugangs zu bestimmten Angeboten und Dienstleistungen mit verantwortlich dafür, ob und wie jemand am Prozess der Verteilung von Gütern überhaupt teilnehmen kann. In den klassischen Theorien sozialer Gerechtigkeit wird häufig übersehen, dass die Wahl des gesellschaftlichen Rahmens, also die Art und Weise, wie sich eine Gesellschaft hervorbringt, selbst mitentscheidend dafür ist, wer behindert ist und wer nicht, respektive wer inkludiert ist und wer nicht.

c) Akzentuierung mit Bezug zur Sonderpädagogik

Was bedeuten die Ausführungen zur Verteilung von Gütern und Ressourcen für die Sonderpädagogik? Klar ist, die Sonderpädagogik macht sich für die Interessen behinderter Menschen stark. Gleichzeitig ist sie darauf angewiesen, selbst ausreichend Ressourcen zu erhalten, im Sinne einer Ermöglichungsbedingung für sonderpädagogisches Handeln. Gerechtigkeitsforderungen können im einen wie im anderen Fall eine Rolle spielen: Beispielsweise befinden die Institutionen des Gesundheits- und Sozialwesens darüber, welche und wie viele Güter und Ressourcen Menschen mit Behinderungen erhalten und wie deren Verteilung vor sich geht, und es werden Bedingungen geschaffen, unter denen Assistenz, Hilfe und Unterstützung, Förderung, Beratung und anderes mehr für Menschen mit Behinderungen geleistet werden können. Die Sonderpädagogik ist also von Gerechtigkeitserwägungen berührt, und es ist nicht ungewöhnlich, dass sie selbst Gerechtigkeitsforderungen formuliert. Es ist notwendig, dass sie den entsprechenden Diskurs zu führen versteht.

An ihre tatsächliche Diskursbeteiligung sind drei Fragen zu stellen: Die erste Frage lautet, ob es sich, wenn in der Sonderpädagogik Gerechtigkeitsforderungen erhoben werden, um Gerechtigkeitsforderungen handelt, die Bedingung (1) und (2) erfüllen, oder um bloße Rhetorik. Gerne wird auch in der Sonderpädagogik der Gerechtigkeitsbegriff als Schlagwort instrumentalisiert für die eigenen Ziele: Weil Gerechtigkeitsforderungen wie gesehen besonders starke Forderungen sind, evozieren sie einen starken Verpflichtungscharakter; ein Gegenüber, das mit einer Gerechtigkeitsforderung konfrontiert wird, gerät also unter Zugzwang. Die eigenen Ziele sind jedoch nicht immer die Ziele, die aus einer unparteilichen Perspektive heraus verfolgt werden sollten – und eine unparteiliche Perspektive ist eine notwendige Bedingung, wenn es tatsächlich um Gerechtigkeit gehen soll. Eine Gerechtigkeitsforderung muss eine ‚Außenperspektive' einnehmen. Übertragen auf die Sonderpädagogik heißt das, dass es nicht genügt, partikulare Interessen zu vertreten: Vielmehr muss gezeigt werden, dass und warum die erhobenen Forderungen dem Ziel ausgewogener sozialer und gesellschaftlicher Verhältnisse dienen und allen Menschen gegenüber gerechtfertigt werden können. Ein gewisses Gespür für diesen Umstand ist ohne Zweifel von Vorteil.

Die zweite Frage lautet, ob es überhaupt möglich ist, für das sonderpädagogisch interessierende Problem gerechte Verteilungsregeln zu bestimmen. Damit ist nicht gemeint, ob es möglich ist, einen Konsens über die Verteilungsregeln herzustellen – die Erläuterungen zu Abbildung 1 haben schon darauf aufmerksam gemacht, dass es diesbezüglich begründete Meinungsverschiedenheiten geben kann. Vielmehr ist hier etwas gemeint, was als „Realismus-Indexierungs-Problem“ bekannt ist (vgl. Wolff 2008, 27):

- *Realismus*: Eine realistische Theorie von Gerechtigkeit muss verschiedene Indikatoren beinhalten und komplex sein, um der Lebenswirklichkeit von Menschen nahe zu kommen.
- *Indexierung*: Es muss bestimmt werden, welche Ansprüche zentral sind und welche nicht. Verschiedene Ansprüche müssen indexiert werden, so dass eine Hierarchie im Verteilungsmodus hergestellt werden kann, von den zentralen hin zu den weniger zentralen Ansprüchen.

Das Realismus-Indexierungs-Problem ergibt sich dadurch, dass eine komplexe, realistische Gerechtigkeitstheorie die Indexierung schwierig macht. Realistische Ansprüche, die der Lebenswirklichkeit gerecht werden, sind oft nicht in der für eine Indexierung erforderlichen Reinheit zu beurteilen und zu ordnen. Zwar ist eine Indexierung auf einem gewissen Mindestniveau intuitiv eingängig – wenn jemand zum Beispiel Hunger leidet, ist klar, dass dies sehr weit oben auf die Liste der zentralen Ansprüche gehört. Die meisten Problemstellungen, über die in der Lebenswirklichkeit realiter entschieden werden muss, sind jedoch nicht so klar in eine Reihenfolge zu bringen: Man denke etwa an das eingangs dargestellte zweite Ankerbeispiel (persönliche Sanitärräume für Heimbewohner) oder an die Diskussion darüber, ob ein Fernseher zum Existenzminimum zählt oder nicht. In der Praxis stellen sich Verteilungsfragen meist gerade anhand solch schwer indexierbarer Problemstellungen, die nicht so sehr durch die Orientierung an übergeordneten Prinzipien gelöst werden können, sondern vielmehr – im weiteren Sinne des Wortes – dialogisch legitimierte Lösungen erfordern.

Die dritte Frage lautet, inwiefern der Gedanke der Kompensation – und daran anknüpfend der Gedanke des guten Lebens für Menschen mit Behinderungen – Bedeutung für die Sonderpädagogik hat. Wird der Auffassung Folge geleistet, dass auch im sonderpädagogischen Bereich die Verteilung von Gütern und Ressourcen nicht auf Kompensationen, sondern auf den Voraussetzungen für ein gutes Leben für Menschen mit Behinderungen beruhen sollte, dann muss das gute Leben zuerst einmal als Zielperspektive des fachlichen Denkens und Handelns Form annehmen (wie beispielsweise bei Hoyningen-Süess 2000; Hoyningen-Süess, Oberholzer & Stalder 2007; vgl. in diesem Zusammenhang auch Bohlken, *Anthropologische Grundlagen einer Ethik der Behindertenpädagogik*, in diesem Band). Sonderpädagogische Gerechtigkeitserwägungen ließen sich dann schwerlich anders fundamentieren. Die Auseinandersetzung mit solchen Fragen verläuft bis anhin recht zögerlich.

13.2.2 Anerkennung und interpersonelle Vergleiche

a) Klassisches gerechtigkeitstheoretisches Verständnis

(i) Wer zählt, wer wird in den Vergleich einbezogen?

In den klassischen gerechtigkeitstheoretischen Positionen wird die Frage der *Anerkennung* von Personen eher selten explizit gewürdigt. In den meisten klassischen Positionen wird davon ausgegangen, dass ein Kriterium für Anerkennung *Reziprozität* ist: Das heißt, Subjekt von Gerechtigkeit können nur Wesen sein, die selbst oder deren Handlungen als gerecht oder ungerecht beurteilt werden können. Um als Subjekte von Gerechtigkeit gelten zu können, müssen Menschen also moralische Akteure sein und gegebenenfalls auch die Pflichten zur Gerechtigkeit übernehmen können. Andernfalls fallen sie aus dem Rahmen der Gerechtigkeitserwägungen heraus und sind nicht Subjekt, vielleicht nicht einmal Adressat, der Gerechtigkeitsforderungen.

(ii) Wie ist das Verhältnis zwischen denen, die einbezogen werden, zu ermitteln und wie ist es zu beurteilen?

Anlässlich Abbildung 1 wurde bereits erörtert, dass es verschiedene Einschätzungen hinsichtlich der Positionierung der einzelnen Personen geben kann. Um das Verhältnis zwischen den Personen zu ermitteln, können unterschiedliche Kriterien herangezogen werden, in der Lebenswirklichkeit etwa Einkommensunterschiede oder Bildungsabschlüsse. Werden dabei Unterschiede festgestellt, so fragt sich, wie diese zu beurteilen sind: Können sie als gerechtfertigte Ungleichheiten gelten, oder handelt es sich um kritikwürdige Unterschiede? Sowohl die Kriterien für die Feststellung als auch die Maßstäbe für die Beurteilung können wie gesehen umstritten sein. In den klassischen gerechtigkeitstheoretischen Positionen spiegeln die herangezogenen Kriterien oftmals die für praktisch alle Mitglieder einer Gesellschaft wertvollsten Domänen wider, wie Einkommen, den sozio-ökonomischen Status oder Gesundheit. Die Maßstäbe, die bei der Beurteilung angelegt werden, haben meist mit Schwellenwerten und/oder mit normativen Überzeugungen der Gleichbehandlung zu tun.

b) Besonderheiten im Zusammenhang mit Behinderung

Ein klassisches gerechtigkeitstheoretisches Verständnis, das auf Reziprozität beruht, ist eng und schließt viele Wesen aus der Sphäre sozialer Gerechtigkeit aus. Ein Beispiel dafür ist die Auffassung, dass Gerechtigkeit immer Gerechtigkeit unter Gleichen bedeutet, die bereit sind, sich als Gleiche anzuerkennen und die das dafür erforderliche Mindestmaß an Fähigkeiten und Voraussetzungen mitbringen. Damit kommen Menschen mit schweren, vor allem geistigen, Behinderungen im klassischen Verständnis nicht vor – wenn sie bei der Verteilung von Ressourcen und Gütern berücksichtigt werden, dann geschieht dies weniger aus Gerechtigkeitserwägungen als vielmehr aufgrund von Motiven wie Mitleid oder der Kompensation unverdienter Nachteile. Dass sich darin eine herablassende Haltung ausdrücken kann, wurde bereits erörtert.

Gerade das Beispiel Behinderung verdeutlicht jedoch wie kaum ein anderes, dass die Frage der Anerkennung und der interpersonellen Vergleiche von erheblicher Relevanz und zum Kern von Gerechtigkeitsvorstellungen zu zählen ist. Dies hat weitreichende Folgen. In jüngerer Zeit finden sich zunehmend gerechtigkeitstheoretische Positionen, die sich der Frage annehmen, weshalb es so schwierig sein soll, Behinderte als Gleiche anzuerkennen (vgl. Barry 1989; Nussbaum 2006; Wolff 2009). Viele dieser inklusiven, und daher für die Sonderpädagogik umfassenderen und brauchbareren Positionen gehen davon aus, dass das Ziel sozialer Gerechtigkeit darin besteht, jedem die Möglichkeit zu einem gelungenen Leben zu geben und den Ausschluss aus der Gesellschaft zu verhindern. Dieses Ziel verschränkt den moralischen Status von Menschen mit den Zielforderungen sozialer Gerechtigkeit, namentlich der Sicherstellung der objektiven Grundbedingungen eines guten Lebens. Adressaten von Gerechtigkeitsforderungen sind in solchen Theorien alle Wesen, die substanziell leiden können, d. h., die in ihrem Wohlergehen depriviert werden können. Diese Auffassung von Gerechtigkeit ist gegenüber der klassischen Vorstellung nicht reziprozitätsorientiert, sondern subjektorientiert (vgl. Buchanan 1990). Das heißt, sie stellt den Menschen als Wesen mit bestimmten Bedürfnissen und daraus folgenden Ansprüchen auf deren Befriedigung ins Zentrum ihrer Überlegungen.

Eine solche Ausrichtung verweist auf menschliche Grundbedürfnisse. Können sie nicht befriedigt werden, ist es naheliegend anzunehmen, dass ein Gerechtigkeitsproblem vorliegt: Grundbedürfnisse kennzeichnen ja gerade den Bereich menschlichen Lebens, der grundlegend ist. Das heißt, Menschen benötigen diese Güter zu ihrer Subsistenz, zu ihrer grundlegenden Erhaltung und als Grundbedingung dafür, überhaupt ein menschliches Leben führen zu können. Grundbedürfnisse verweisen auf das, was Menschen benötigen, um überhaupt leben zu können, gesund zu sein, sich erhalten zu können – wie Nahrung, Kleidung, Obdach, Zuwendung von anderen. Die Art und Weise zur Befriedigung von Grundbedürfnissen kann nicht oder nur in begrenztem Maße frei gewählt werden. Aufgrund ihrer großen Bedeutung für das menschliche Leben entsprechen Grundbedürfnissen daher auch besonders starke moralische Pflichten: Alle Menschen haben ein Anrecht auf die Mittel, die der Deckung ihrer grundlegenden Bedürfnisse dienen. In den meisten Gesellschaftsordnungen ist diese Ansicht unbestritten, so dient ja auch der moderne europäische Wohlfahrtsstaat unter anderem dazu, Menschen mit denjenigen grundlegenden Mitteln zu versorgen, die sie benötigen, um überleben und ein minimal würdiges Leben führen zu können (obschon er sich darin natürlich nicht erschöpft, sondern einem umfassenderen, breiteren Verständnis sozialen Wohls folgt). Bei einer Behinderung besteht nun das Problem, dass Menschen nicht nur mehr, sondern vor allen Dingen auch andere Mittel zur Deckung ihrer grundlegenden Bedürfnisse benötigen. So braucht ein Mensch, der gelähmt ist, einen Rollstuhl, um sich fortbewegen zu können und damit ein Bedürfnis des Menschen nach Mobilität zu decken (vgl. Sen 2009). Um also gerade als moralisch Gleicher angenommen werden zu können, benötigt ein Mensch mit Behinderung oft Hilfe, Unterstützung und, in Art wie Menge, externe Ressourcen.

Mit dieser Ausrichtung erhält die Sphäre sozialer Gerechtigkeit eine andere Ausdehnung. Sie beginnt nicht erst dort, wo Subjekte die Kriterien für Reziprozität erfüllen, sondern bereits bei den Voraussetzungen, die für ein gutes Leben notwendig sind. Aus so gelagerten gerechtigkeitstheoretischen Vorstellungen müssen Menschen mit Behinderungen nicht zuerst ausgeklammert werden, um sie dann später über zweifelhafte Maximen wie Kompensation für unverdientes Pech oder über gerechtigkeitsfremde Motive wie Mitleid wieder zu berücksichtigen. Der Kreis der Subjekte der Gerechtigkeit schließt sie von vornherein ein. Die Antwort auf die Frage, wer als Gerechtigkeitssubjekt anzuerkennen ist, hat also weitreichende Folgen. Und in den Bereich der interpersonellen Vergleiche strahlt sie ebenfalls aus: Es sind menschliche Grundbedürfnisse einzubeziehen – und losgelöste, abstrakte Größen wie beispielsweise Einkommen sind darauf rückzubeziehen.

Eine Variante dieser Positionen sei noch gesondert erwähnt. Ein Aufgabenfeld sozialer Gerechtigkeit kann darin begründet liegen, dass dasjenige, was wir uns gegenseitig schulden, auch vor dem Hintergrund historischer Erfahrungen von Missachtung zu sehen ist (vgl. Schramme 2006, 139). Gerade aufgrund historischer Erfahrungen wie der eugenisch motivierten Verbrechen an Menschen mit Behinderungen wird heute gemeinhin von weiter verstandenen Gerechtigkeitsforderungen ausgegangen. Solchermaßen ausgerichtete Gerechtigkeitstheorien verstehen sich auch als Instrumente moralischen Fortschritts. Sie wollen aufklären und sind mit bestimmten Vorstellungen von einer humaneren, inklusiveren oder egalitäreren Gesellschaft verbunden (vgl. Wolff 2009).

Da die Frage der Anerkennung im Zusammenhang mit Gerechtigkeit, Gleichheit und Behinderung von zentraler Bedeutung ist, sei im Folgenden eine anerkennungstheoretische Position genauer dargestellt (vgl. auch den Beitrag von Moser *Kampf um Anerkennung* in diesem Band). Der Exkurs dient zur Illustration. Wem die Veranschaulichung verzichtbar erscheint, kann ihn auch überspringen.[6]

6 Eine andere höchst illustrative Möglichkeit der Veranschaulichung, die hier nicht unterschlagen werden soll, ist das Übereinkommen über die Rechte von Menschen mit Behinderungen (*Behindertenrechtskonvention*) der Vereinten Nationen (Generalversammlung der Vereinten

Ein Exkurs zur Veranschaulichung: Axel Honneth, Gerechtigkeit und Anerkennung

Axel Honneth hat eine Anerkennungstheorie entwickelt, die als Gerechtigkeitstheorie fruchtbar gemacht werden kann. Anerkennung scheint – wie gesehen – deshalb eine grundlegende Frage für Gerechtigkeitserwägungen zu sein und den engeren Bereich der Verteilung von Ressourcen zu übersteigen, weil die Verteilung von Ressourcen bereits voraussetzt, dass Ansprüche auf Ressourcen als legitim erkannt wurden. Mit anderen Worten: Die Menschen, denen Mittel zugestanden wurden, wurden bereits in relevanter Hinsicht anerkannt. Demnach ist es gerade die hohe Bedeutung von Anerkennung für das unbeschädigte Selbstverhältnis von Menschen, welche starke Pflichten der Gerechtigkeit evoziert. Ausgehend von einem Hegelschen Modell eines Kampfes um Anerkennung entwickelt Honneth (1994) ein normatives Gesellschaftsmodell, das drei Arten von Anerkennung postuliert: Liebe, Recht und Wertschätzung (oder Solidarität)[7]. Mit jeder Stufe, so Honneth, wachse die wechselseitige Achtung wie auch die subjektive Autonomie des Einzelnen (vgl. ebd., 151). Die drei Anerkennungsformen sind laut Honneth Bedingung für eine ungestörte Selbstbeziehung und daher Bedingungen dafür, Missachtung und Leiden zu verhindern.

Die Anerkennungsformen, die Honneth herausarbeitet, können in zweifacher Hinsicht als progressiv betrachtet werden. Erstens können sie als historische Kette normativer Ideale gesehen werden, die sich im Verlaufe der Menschheitsgeschichte herausgebildet haben. Damit versteht Honneth seine Theorie auch als Gesellschaftstheorie. Zweitens sind die Anerkennungsformen auch individuell und intersubjektiv aufbauend und erweitern die Freiheitsräume des Menschen. Der Begriff der Anerkennung verweist damit zum einen auf einen Prozess, in dem jeder Mensch dadurch an persönlicher Autonomie hinzugewinnt, dass die ihm zustehenden Rechte ausgeweitet werden. Gemeinschaften erweitern sich also in dem Sinn, dass das Ausmaß ihrer individuellen Freiheit zunimmt. Zum anderen steht der Begriff der Anerkennung aber auch für denjenigen Prozess, in dem existierende Rechte auf einen immer größeren Kreis von Personen übertragen werden, so beispielsweise auch auf Menschen mit Behinderung (vgl. ebd., 137f.). Die Gemeinschaft erweitert sich somit in einem sozialen Sinn, indem einer wachsenden Anzahl von Individuen Rechtsansprüche zuerkannt werden. Von diesen ersten beiden Prozessen muss aber noch ein dritter unterschieden werden. Es muss nämlich, so Honneth, mit Impulsen der Menschen gerechnet werden, wonach sie sich nicht nur als Gleiche unter Gleichen bewegen möchten und damit mit denselben Rechten ausgestattet werden sollen, sondern auch, dass sich Individuen

---

Nationen 2006). Es stellt die Partizipation und Teilhabe von Menschen mit Behinderungen in den Mittelpunkt und macht deutlich, wie Anerkennung als treibende Kraft in vielerlei Lebensbereichen einen Effekt haben kann. Vgl. dazu auch Bielefeldt *Inklusion als Menschenrechtsprinzip* in diesem Band.

7 Honneth gebraucht die Begriffe Wertschätzung und Solidarität wechselweise.

von anderen unterscheiden möchten, um zu einem Bewusstsein individueller Einzigartigkeit zu gelangen. Dies bezeichnet Honneth mit dem Drang nach Selbstverwirklichung.

In Honneths Modell von Anerkennung finden Menschen in einer ersten Sphäre interpersonelle Anerkennung in Form von Liebe. Diese fasst er weit und versteht darunter sämtliche primären, engen interpersonellen Beziehungen zwischen Menschen, welche auf gegenseitigem Vertrauen und Rücksichtnahme beruhen. In der wechselseitigen Erfahrung liebevoller Zuwendung und Fürsorge erfahren diese Subjekte, dass sie in der Erfüllung bestimmter affektiver Bedürfnisse voneinander abhängig sind. Liebe ist nach Honneth die Grundlage von Selbstvertrauen. Die zweite Anerkennungssphäre ist dadurch geprägt, dass sich gleichgestellte Personen mit denselben Rechtsansprüchen wechselseitig achten oder respektieren. In ihr ist die rechtliche Anerkennung, ein Gleicher unter Gleichen zu sein, abgesichert. Dem Individuum gelingt es durch Rechte, seine Selbstachtung abzusichern. In der dritten Sphäre erfahren Individuen soziale Wertschätzung, indem sie für ihre individuellen Charakteristiken, Begabungen und Fähigkeiten geschätzt werden. Diese Form der Anerkennung ist laut Honneth eine Bedingung für den Aufbau und die Erhaltung von Selbstschätzung.

Während nun die erste und die dritte Ebene der Anerkennung partikularistisch sind, d. h., bestimmten konkreten Individuen entgegengebracht werden, ist die zweite Ebene eine Form der Anerkennung, die Menschen im Sinne eines generalisierten Anderen entgegengebracht wird. Damit vollzieht sich in dieser Sphäre, was üblicherweise mit moralischer Gleichheit unter Personen bezeichnet wird. Moralische Gleichheit kommt Menschen universell zu und ist nicht partikularistisch zu verstehen (vgl. auch den Beitrag von Horster *Was ist Moral?* in diesem Band).

Da Gerechtigkeit eine universalistische Forderung ist, scheint es nun auf den ersten Blick so zu sein, dass nur Anerkennung in Form von Rechten eine Gerechtigkeitsforderung wäre. Dieser Schluss ist aber vorschnell. Denn versteht man Anerkennung als konstitutiv für den Aufbau einer ungestörten Selbstbeziehung, die interpersonell geprägt ist, so sind beim Entzug von Liebe wie sozialer Wertschätzung resultierende Leiden von Menschen anzunehmen. Tritt substanzielles Leiden ein, ist die Führung eines guten Lebens gefährdet oder gar verunmöglicht. Das Paradox, das sich nun aber eröffnet, ist folgendes: Die *partikularen* Ansprüche, geliebt und sozial wertgeschätzt zu werden, können an sich keine *universalistischen* Gerechtigkeitsforderungen sein. Beides sind Gefühle, die wir nicht allgemein Anderen, sondern konkreten Anderen schulden. Damit ist nicht zuletzt die Freiwilligkeit des Handelns angesprochen: Liebe wird eben nicht irgendjemandem entgegengebracht, sondern jenen bestimmten Menschen, die man liebgewonnen hat. Eine Pflicht zur Liebe ist nicht einforderbar. Es kann also auf Liebe wie auf soziale Wertschätzung nicht in engerem Sinn ein Recht geben – wohl aber, und das ist die Pointe an Honneths Auffassung, auf die objektiven Ermöglichungsbedingungen sozialer Wertschätzung. Dies kann etwa folgendermaßen aussehen: Menschen benötigen ein Umfeld, in welchem der Aufbau und das Entgegenbringen von

Liebe wie auch sozialer Wertschätzung möglich ist. Dies kann einerseits durch die Förderung bestimmter Kontexte ermöglicht werden, beispielsweise in der Unterstützung von Familien. Damit wird ein förderliches Umfeld – respektive eine Voraussetzung für ein gedeihliches Klima – für die partikularen Formen von Anerkennung geschaffen. Andererseits besteht die Möglichkeit der Förderung dieser Formen von Anerkennung in Form von Bildung. Mit ihr können nicht nur Formen zwischenmenschlichen Verhaltens (beispielsweise die Klassenkultur in einer Schulklasse), sondern auch individuelle Stärke und Selbstvertrauen von Individuen als Basis für weitere Formen sozialer Anerkennung ausgebildet und gestärkt werden.

Wie auch immer die Schlussfolgerungen für die Allokation von Gütern und Ressourcen qua Anerkennung im Einzelnen aussehen mögen – Unterstützung von Familien, Bildung und weitere –, es ist offensichtlich, dass Menschen mit Behinderungen in einer so verstandenen Gerechtigkeitstheorie auf andere Weise Berücksichtigung finden als in den klassischen gerechtigkeitstheoretischen Positionen. Nicht Kompensationen für unverdiente Nachteile, sondern die Formen sozialer Wertschätzung im Sinne der Bedingungen für ein gelingendes Leben stehen dann im Blickpunkt. Auch wenn sich deren Leistungsfähigkeit für Verteilungsfragen nicht sofort vollumfänglich erschließen mag, ist es aus sonderpädagogischer Sicht ein essenzieller Vorteil, dass darauf verzichtet werden kann, bestimmte Personengruppen aus der Sphäre der Gerechtigkeit zunächst auszuschließen.

c) Akzentuierung mit Bezug zur Sonderpädagogik

Da die Frage der Anerkennung von Menschen mit Behinderungen bei Gerechtigkeitserwägungen mit der Frage der Verteilung von Gütern und Ressourcen verknüpft ist, wird die Sonderpädagogik hier erneut auf die Bedeutung der Zielperspektive des guten Lebens verwiesen. Die Veränderung der Struktur der Gesellschaft als Gerechtigkeitsanliegen ist somit, anders gesagt, ein Kampf um gesellschaftliche Inklusion. Durch diese Kämpfe versuchen Menschen, den Rahmen der Gesellschaft und die Spielregeln, die innerhalb der Gesellschaft gelten, zu verändern (vgl. Buchanan et al. 2000, 288). Inklusion erhält somit eine Grundlage, um als Anerkennungsfrage (mit weitreichenden Folgen) begriffen zu werden.

Damit sind auch Fragen der Macht und (struktureller) Ungleichheit angesprochen. Iris Marion Young ist eine der Gerechtigkeitstheoretikerinnen, welche Fragen von Gerechtigkeit vor allem unter dem Aspekt von Macht und struktureller Ungleichheit behandelt. Ihrer Ansicht nach stellen Menschen mit Behinderungen eine strukturell benachteiligte Gruppe innerhalb der Gesellschaft dar (vgl. Young 2008). Sie erleiden demnach Ungerechtigkeit aufgrund ihrer sozialen Positionierung in der Gesellschaft. Durch die Art und Weise, wie verschiedene Institutionen und Praktiken der Gesellschaft funktionieren, sind die Möglichkeiten behinderter Menschen beim Erreichen von Wohlergehen eingeschränkt. Versteht man die Herausforderungen, denen Menschen mit Behinderung in der Führung eines guten Lebens gegenüberstehen, als mangelnde Übereinstimmung zwischen den

Attributen der Personen (wie ihren Talenten oder körperlichen wie psychischen Fähigkeiten) und der dominanten sozialen Struktur der Gesellschaft, ihren Praktiken, Normen und ästhetischen Standards, dann rücken gerade auch Letztere in den Fokus von Gerechtigkeitsüberlegungen. Die Beseitigung von Ungerechtigkeit beinhaltet laut Young denn auch das Herausfordern von Normen und Regeln von Institutionen, welche die Lebenschancen von Menschen prägen und die Lebenswirklichkeit betroffener Menschen als strukturell abweichend charakterisieren.

Eine Theorie, welche auf die substanziellen Freiheiten von Menschen zum Erreichen von Wohlergehen fokussiert, muss damit auch die substanziellen Möglichkeiten zur Entwicklung persönlicher Fähigkeiten und Fertigkeiten fokussieren und auf die Frage, wie und in welcher Weise diese gesellschaftlich-strukturell geprägt werden. Hier ist auch sonderpädagogisches Denken und Handeln gefordert. Dabei scheint wiederum im Besonderen der Frage der Anerkennung eine hohe Bedeutung zuzukommen. Die Anerkennung von Menschen vollzieht sich auf verschiedenen Ebenen – interpersonellen wie institutionellen – und ist, wie schon gesagt, unter anderem Voraussetzung für ein positives Selbstverhältnis von Menschen. Sonderpädagogisches Denken und Handeln trägt aus einer Perspektive der Gerechtigkeit heraus dazu bei, dass Menschen mit Behinderungen ein gelingendes Leben führen können. Es ist nur solange legitimiert, wie es dies tut. Schon deswegen kann die Sonderpädagogik nicht einfach Gerechtigkeitsforderungen erheben, sondern sie muss, erstens, sich selbst beobachten und sie kann, zweitens, nicht zugunsten von im weiteren Sinne des Wortes ‚politischen' Forderungen auf Theorien der Erziehung und Bildung von Menschen mit Behinderungen verzichten.

13.3 Diskussion der Ankerbeispiele

Im Licht der Ausführungen zum Gerechtigkeitsbegriff können nun die vier Ankerbeispiele diskutiert werden. Dies kann und soll weder erschöpfend noch endgültig erfolgen. Vielmehr sind einige zentrale Punkte zu beleuchten und die realen Problemstellungen zu illustrieren, mit denen die sonderpädagogische Praxis konfrontiert ist, wenn Gerechtigkeit und Gleichheit Genüge getan werden soll.

Beispiel (1): Dyskalkulietherapie

Im ersten Beispiel wurden für Dyslexietherapien so viele Ressourcen aufgewendet, dass für Dyskalkulietherapien keine Gelder mehr zur Verfügung stehen. Dieses Szenario zeigt die Grundprinzipien auf, um die es bei Fragen der Gerechtigkeit und Gleichheit geht. Bei Kindern mit durchschnittlich intellektuellem Potential sind Teilleistungsschwächen im Bereich der Sprache und solche im Bereich der Mathematik gleichermaßen einschneidend für ihr Lernen. Entsprechend sind diese beiden Gruppen als vergleichbar zu betrachten. Ebenso vergleichbar ist das Recht auf eine mögliche Therapie einzuschätzen. Unter dem Gleichheitsaspekt ist also einsichtig: Es liegt eine Ungleichbehandlung relevanter Gleicher vor. Und unter dem Gerechtigkeitsaspekt ist klar: Beide Bedingungen dafür, dass es um Verteilungsgerechtigkeit geht, sind erfüllt. Erstens geht es um die Verteilung und Allokation von Gütern und Ressourcen, die kontingent knapp sind, in diesem Fall um finanzielle Mittel für spezifische Therapieangebote. Und zweitens geht es um das, was jemandem zusteht – Kindern mit Dyslexie – im Verhältnis zu dem, was anderen zusteht – Kindern mit Dyskalkulie. Eine unparteiliche Außensicht ist hier leicht formulierbar. Dass Kinder mit einer Dyslexie eine Therapie in Anspruch nehmen können, Kinder mit Dyskalkulie hingegen nicht, und dies einzig aus dem Grund, dass die verfügbaren Gelder nur der einen Gruppe zugeschrieben wurden, ist ungerecht. Ein Vergleich der Ansprüche wurde offenbar nicht einmal in Erwägung gezogen.

Die realistische Konsequenz daraus dürfte sein, dass es mittelfristig zu einer veränderten Vergabe der Mittel kommen wird. Der Anspruch der Ungleichbehandlung und ungerechtfertigten Bevorzugung wiegt zu schwer, als dass die Situation einfach ignoriert werden könnte. Die zuständigen Stellen sind verpflichtet, etwas zu unternehmen, zumal sie dazu ohne Weiteres in der Lage sein sollten. Sie werden vielleicht, wenn die verfügbaren Geldmittel nicht steigen oder umgekehrt die gepoolten Therapieansprüche nicht sinken, einen veränderten Allokationsmechanismus ersinnen müssen, beispielsweise ein Abklärungsverfahren, das den Grad der Therapiebedürftigkeit einschätzt, so dass nur die Kinder mit einem gewissen Grad der Therapiebedürftigkeit die Therapie erhalten. Oder sie werden vielleicht die Effektivität der Therapie in den Blick nehmen, um langfristig mehr therapeutische Arbeit mit dem gleichen Budget finanzieren zu können. Schwer vorstellbar ist jedenfalls, dass sie der Situation keine Beachtung schenken. Es liegt auf der Hand, hier eine gerechtere Behandlung zu verlangen, und wie so oft im Zusammenhang mit Gerechtigkeit ist es die Empörung über Ungleichheit und Ungerechtigkeit, die als Motor wirkt, um die Dinge in Bewegung zu setzen.

Beispiel (2): Persönliche Sanitärräume

Im zweiten Beispiel geht es um die Frage, ob für zwölf Bewohner eines Heims, die bei der Körperpflege Unterstützung benötigen, im Zuge eines Umbaus durch die Stiftung teure persönliche Sanitärräume gebaut werden sollen oder ob die bisherigen Gemeinschafts-Sanitärräume ausreichen. Offenkundig ist, dass es dabei erstens um die Rechtfertigung eines Mehraufwandes an Ressourcen geht. Weniger offenkundig mag zunächst scheinen, ob es hier zweitens aber auch darum geht, was jemandem im Vergleich mit jemand anderem zusteht. Ein wenig Nachdenken zeigt jedoch schnell, dass das der Fall ist und hier wohl die entscheidende Rolle spielt. Die Bedürfnisse nach Privatheit sowie nach körperlicher Integrität und Intimität sind breit anerkannt und unbestritten. Bei Personen mit einer Duchenne-Muskeldystrophie im Alter ab rund 18 Jahren stellen diese Bedürfnisse eine besondere Herausforderung dar, weil Körperpflege und Toilettengang immer mit der Hilfe einer zusätzlichen Person verbunden sind. Bei der Frage, ob grundsätzlich ein Anrecht auf einen privaten Sanitärraum besteht, sind die folgenden Überlegungen anzustellen:

- Eine professionelle und würdige Pflege ist grundsätzlich sowohl in persönlichen Sanitärräumen als auch in zentral gelegenen, optisch und akustisch abgeschotteten Sanitärräumen möglich.
- Gleichaltrige Menschen ohne Behinderung leben durchaus in Wohnsituationen, in denen sie keinen persönlichen Sanitärraum haben; sie wohnen beispielsweise noch zuhause oder in einer Wohngemeinschaft.
- Der Bau von persönlichen Sanitärräumen in einem Wohnheim für Muskeldystrophiker ist mit hohen Kosten verbunden. Angesicht des begrenzten Budgets für Leistungen zugunsten von Menschen mit Behinderung würden diese Ausgaben Leistungen zugunsten von Menschen mit anderen Behinderungen verringern – Leistungen, die vielleicht mit weniger finanziellem Aufwand eine hohe Wirkung bezüglich deren Entwicklungsförderung und Lebensqualität zeigen könnten.

Insgesamt scheint es hier schwieriger zu sein, eine unparteiliche Außenperspektive einzunehmen. Auch die Frage der gleichen oder ungleichen Behandlung ist schwieriger zu beantworten. Aber gerade das zeigt, dass es entscheidend sein kann, wie eine relevante Vergleichsgruppe bestimmt wird. Sind es in diesem Fall andere junge Menschen gleichen Alters, sind es die anderen Menschen mit Behinderungen oder sind es vielleicht nur die anderen Heimbewohner in der Stiftung (interner Vergleich) oder sonst im organisierten Behindertenwesen (externer Vergleich mit Heimwesen, klinischem Bereich, ganzem Sozialwesen)? Der Verpflichtungsgrad, der Forderung zu entsprechen, scheint zudem vergleichsweise hoch, weil ein menschliches Grundbedürfnis nach Privatsphäre unterstellt werden kann. Dass diesem entsprochen werden soll, steht denn auch gar nicht zur Diskussion – aber in welchem Grad?

Die realistische Konsequenz dürfte sein, dass die persönlichen Sanitärräume nicht gebaut werden. Das Bedürfnis der Bewohner nach einem eigenen Sanitärraum ist legitim, die Pflege kann jedoch auch anderweitig würdig gestaltet werden. Die Bewohner müssen sich damit abfinden, keine gänzliche Privatheit bei der Körperpflege zu haben. – Wie dem auch sei: Was dieses Beispiel vor allen Dingen zeigt, ist die Notwendigkeit, dialogisch um die Interpretation von Gerechtigkeitserwägungen zu ringen. Die Entscheidung selbst kann je nach Auffassung sehr verschieden ausfallen: Zählt das Bedürfnis nach Privatheit so stark, dass es über andere Erwägungen obsiegt, oder zählt, welche Wirkungen sich mit den verfügbaren Mitteln für möglichst viele Menschen erzielen lassen? Hinter beiden Überlegungen stehen durchaus universalisierbare, unparteiliche Prinzipien, es ist aber nicht evident, wie sie gewichtet werden sollen. Es liegt ein Realismus-Indexierungs-Problem vor. Die Verteilungsfrage bleibt dabei bestehen, sie muss entschieden werden. Es ist in diesem Fall – wie auch in sehr vielen anderen Fällen im wirklichen Leben – eine Güterabwägung vorzunehmen. Die praktische Konsequenz daraus ist, dass zumindest die Darlegung der Entscheidungsgründe gefordert ist. Das wird heute unter dem Stichwort Priorisierung diskutiert (vgl. Buyx 2011, 57–60). Situationen, in denen das Realismus-Indexierungs-Problem gilt, erfordern dialogisch legitimierte Lösungen.

Beispiel (3): Hörbehinderteninternat

Im dritten Beispiel möchte ein gehörloses Mädchen ein Hörbehinderteninternat besuchen, statt weiterhin am – erheblich kostengünstigeren – integrativen Unterricht der weiterführenden Schule teilzunehmen. Ähnlich wie im zweiten Beispiel rücken die Beurteilungsgründe in den Fokus, zumal hier kein direkt bezifferbarer Ressourcentopf vorhanden ist, der verteilt werden muss. Das Bedürfnis, in einem sozialen Umfeld leben und lernen zu können, in dem man von Gleichgesinnten und Gleichbetroffenen umgeben ist, lässt sich nachvollziehen. Unklar ist, inwieweit die Umgebung des Schwerhörigeninternats für die Persönlichkeitsentwicklung des Mädchens als eher zwingend oder als eher optional zu betrachten ist. Umgekehrt ist einzuschätzen, ob das bisherige integrative Umfeld bei einer Weiterführung eine deutlich hemmende oder gar schädliche Wirkung auf die Lern- und Persönlichkeitsentwicklung dieses Mädchens hätte. Es geht also um die Abschätzung der tatsächlich zu erwartenden Wirkungen dieser beiden Settings auf das Mädchen. Käme man bei dieser Abschätzung zum Schluss, dass das Mädchen bei einer Weiterführung der integrativen Beschulung für ihr weiteres Leben bedeutsame Einschränkungen in Lernen und Entwicklung hinnehmen müsste, wäre eine Entscheidung für das kostenintensive Internat angezeigt. Würde die Einschätzung dazu führen, dass die Internatslösung zu gleichwertigen oder zu lediglich leicht günstigeren Lern- und Entwicklungsmöglichkeiten führen würde, wäre die Internatslösung abzulehnen, weil eine solche Lösung eine ungerechtfertigte Bevorzugung dieses Mädchens gegenüber anderen Schülerinnen und Schülern bedeuten würde.

Die realistische Konsequenz kann also so oder so aussehen, je nachdem, welche Wirkungen erwartet werden. Auch wenn die Gründe sorgfältig dargelegt werden, bleibt dies eine diffizile Entscheidung, weil die Grundlagen für eine gerechte Forderung schwer benennbar bleiben und das interpretatorische Ringen um eine Lösung noch schwieriger ausfällt. Deswegen ist in diesem Beispiel auch der Verpflichtungscharakter vergleichsweise geringer. Eine Volte besteht noch darin, dass ein verzwickter Fall von Diskriminierung denkbar ist: Ein ehemals gleicher Anspruch auf gleiche Behandlung mit anderen gehörlosen Kindern ist über die Lebensjahre verloren gegangen, weil die Eltern früh ein integratives Setting statt wie andere Eltern eine Sonderbeschulungs- oder Internatslösung gewählt haben. Die Bezugskategorie der Vergleichsgruppe ist also auch hier nicht ohne Weiteres klar: Sind es andere zehnjährige Mädchen (sie haben typischerweise keinen Anspruch auf einen Internatsplatz) oder andere gehörlose Mädchen (dann hätte zumindest früher ein Anspruch bestanden) oder sind es alle Kinder, bei denen bedeutsame Einschränkungen in Lernen und Entwicklung zu erwarten sind (für diese soll grundsätzlich eine breite Palette an Maßnahmen und Optionen zur Verfügung stehen)? Festzuhalten ist anhand dieses Beispiels, dass auch dann, wenn kein Realismus-Indexierungs-Problem vorliegt, die Entscheidungsgrundlagen schwierig sein können: Dann, wenn nicht klar ist, was jemandem im Vergleich mit jemand anderem zusteht oder mit anderen Worten, wie eine relevante Vergleichsgruppe zu bestimmen ist.

Beispiel (4): Förderumfeld für Kindergartenkind mit Down-Syndrom
Im vierten und letzten Beispiel stehen die Eltern eines Jungen mit Down-Syndrom vor der Frage, ob sie ihr Kind in den Schonraum einer heilpädagogische Schule oder in die Normalität einer Regelschule geben sollen, und sie erhalten für jede der beiden Optionen Unterstützung von Fachpersonen. In diesem Beispiel stehen Güter im Fokus, nicht Ressourcen im Sinne von Geld, und es illustriert, dass die Fragen „Was soll verteilt werden?", „Wie soll es verteilt werden?" und „Was steht jemandem im Vergleich mit anderen zu?" nicht immer ausreichen, sondern dass Anerkennungsfragen und der Sinn, in dem Personen als Gleiche anerkannt werden, eine fundamentale Rolle spielen. In diesem Fall herrschen bezüglich des Bedürfnisses, um das es hier geht, grundsätzlich unterschiedliche Ansichten:

- Die eine Position stellt das Bedürfnis nach geschützter, in möglichst jeder Situation professionell optimierter Förderung in den Vordergrund. Dies soll in einem Umfeld ‚unter Seinesgleichen' geschehen.
- Die andere Position fokussiert auf das Bedürfnis nach Normalität sowie nach breiter Anregung und Auseinandersetzung. Eine spezifische Förderung soll auch in diesem Setting erfolgen, doch wird sie zugunsten des Voneinander- und Miteinander-Lernens weniger stark gewichtet.

Es handelt sich letztlich um unterschiedliche Ansichten und Überzeugungen, was denn ein gutes Leben eines Down-Syndrom-Kindes im Einschulungsalter ausmacht. Daraus ergeben sich unterschiedliche Gerechtigkeitsanforderungen, die nur prozedural gelöst werden können, wobei den Intentionen und Zielsetzungen der Eltern des betreffenden Kindes zentrales Gewicht beizumessen ist.

Die realistische Konsequenz kann hier nur so aussehen, dass der Diskurs, Meinungsbildung und Willensbildung in den Vordergrund treten. Erkennbar wird, wie stark die Auffassung von Anerkennung und menschlichen Grundbedürfnissen auf Gerechtigkeitsfragen ausstrahlt: Nicht nur über Verteilungsregeln und die Verfahren zur Beurteilung interpersoneller Vergleiche kann es begründete Meinungsverschiedenheiten geben, sondern auch darüber, was Grundbedürfnisse sind, wie sie zu gewichten sind und welche in einem konkreten Fall zugrunde gelegt werden sollen. Man beachte in diesem Fall auch die Rolle der Reziprozität. In diesem Beispiel geht es also weder direkt um die Verteilung von Ressourcen, noch liegt ein Realismus-Indexierungs-Problem vor, noch ist die Frage relevant, was anderen im Vergleich zusteht – aber es gibt zwei verschiedene Optionen in der Auffassung von Grundbedürfnissen, welche diese Fragen auf unterschiedliche Weise sofort und unmittelbar gerechtigkeitsrelevant beantworten. Es ist essenziell, dass, wer sich für Gerechtigkeit und Gleichheit von Menschen mit Behinderungen interessiert, sich auch für die Begründung und Anerkennung von Grundbedürfnissen und die Entwicklung klarer Vorstellungen von einem gelingenden Leben für Menschen mit Behinderungen interessiert.

13.4 Fazit

Mit Gerechtigkeit und Gleichheit werden, wie eingangs formuliert, gesellschaftliche Verhältnisse beurteilt. Wie im Beitrag deutlich wurde, stellt der Themenkreis Behinderung für eine gerechtigkeitsorientierte Beurteilung eine Herausforderung dar. Nicht nur werden Menschen mit Behinderungen in den klassischen Gerechtigkeitstheorien zumeist nicht berücksichtigt, obwohl doch gerade Behinderung ein Anwendungsfall der Gerechtigkeit sein sollte. Auch die Lösung praktischer Probleme der Gerechtigkeit ist nicht unkompliziert, das haben die vier Ankerbeispiele illustriert. Das dialogische Aushandeln und Ringen um die Interpretation von Gerechtigkeitsgrundsätzen hat dabei für die Sonderpädagogik eine substanzielle Dimension: Es gibt einen sonderpädagogischen Auftrag, sich damit zu beschäftigen. Die Dialog- und Interpretationsleistung kann weder von anderen gefordert noch an diese delegiert werden, das Fach muss selbst seine Zielperspektiven und kriterialen Grundlagen entfalten.

Während sich dies mehr an die Sonderpädagogik als Wissenschaft richten mag, ist hinsichtlich der Sonderpädagogik im praktischen Beruf der Hinweis angebracht, dass Fragen der gerechten Verteilung, aber auch Fragen der Anerkennung nicht oder nicht nur mit einer bestimmten ‚Haltung' oder ‚Gesinnung' zusammenfallen und schon gar nicht mit diesen gleichzusetzen sind – auch dies illustrieren die Ankerbeispiele. Maßgeblich sind vielmehr wohlbegründete Vorstellungen bezüglich der Formen sozialer Wertschätzung im Sinne der Bedingungen für ein gelingendes Leben für Menschen mit Behinderungen. Dies ist zugleich die Konsequenz aus einer anerkennungsorientierten Perspektive. Mit anderen Worten: Im Berufsalltag stellen sich regelmäßig gerechtigkeitsrelevante Fragen. Dabei ist es erstens wichtig, Forderungen der Gerechtigkeit von reiner Rhetorik unterscheiden zu können. Die Ausführungen in diesem Beitrag sollten dazu eine Handhabe liefern. Zweitens ist es wichtig, dialogisch legitimierte Lösungen erarbeiten zu können, denn in der Lebenswirklichkeit erlauben die meisten gerechtigkeitsrelevanten Entscheidungssituationen keine klare und eindeutig geordnete Beurteilung. Gerechtigkeit und Gleichheit sind und bleiben dabei, verbunden mit der Zielperspektive einer gelingenden Entwicklung und eines gelingenden Lebens, unverzichtbare Bezugsgrößen jeder ernstzunehmenden sonderpädagogischen Beurteilung.

Literatur

Anderson, E. (1999): What is the Point of Equality? In: Ethics, 109, 287–337.

Barry, B. (1989): Theories of Justice. Berkeley.

Buchanan, A. (1990): Justice as Reciprocity versus Subject-Centered Justice. In: Philosophy and Public Affairs, 19 (3), 227–252.

Buchanan, A., Brock, D.W., Daniels, N. & Wikler, D. (2000): From Chance to Choice. Genetics and Justice. Cambridge, MA.

Buyx, A. (2011): Verteilungsgerechtigkeit im Gesundheitswesen. In: Ach, J. et al. (Hrsg.): Grundkurs Ethik. Band II: Anwendungen. Paderborn, 49–65.

Darwall, S. (2002 a): Consequentialism. Oxford.

Darwall, S. (2002 b): Contractarianism/Contractualism. Oxford.

Darwall, S. (2002 c): Deontology. Oxford.

Darwall, S. (2002 d): Virtue Ethics. Oxford.

Düwell, M., Hübenthal, C. & Werner, M. (Hrsg.) (2006): Handbuch Ethik (2., aktualisierte und erweiterte Auflage). Stuttgart.

Dworkin, R. (1981): What is Equality? Part 2: Equality of Resources. In: Philosophy and Public Affairs, 10 (4), 283–345.

Dworkin, R. (2000): Sovereign Virtue. The Theory and Practice of Equality. Cambridge, MA.

Dworkin, R. (2002): Sovereign Virtue revisited. In: Ethics, 113, 106–143.

Generalversammlung der Vereinten Nationen (2006): Übereinkommen über die Rechte von Menschen mit Behinderungen (Convention on the Rights of Persons with Disabilities). Online im Internet: URL: www.un.org/disabilities/convention/[aufgerufen am 28.03. 2010].

Goodin, R. (1989): Theories of Compensation. In: Oxford Journal of Legal Studies, 9 (1), 56–75.

Gosepath, S. (2004): Gleiche Gerechtigkeit. Grundlagen eines liberalen Egalitarismus. Frankfurt am Main.

Heyd, D. (2006): Supererogation. In: Zalta, E.N. (Hrsg.): Stanford Encyclopedia of Philosophy (Fall 2008 Edition). Online im Internet: URL: http://plato.stanford.edu/archives/fall2008/entries/supererogation/[aufgerufen am 13.04. 2010].

Honneth, A. (1994): Kampf um Anerkennung. Zur moralischen Grammatik sozialer Konflikte. Frankfurt am Main.

Hoyningen-Süess, U. (2000): Zum Begriff der Lebensqualität als Grundlage sonderpädagogischen Denkens und Handelns. In: Bürli, A. (Hrsg.): Voneinander lernen: Hauptreferate des Schweizer Heilpädagogik-Kongresses 1999. Luzern, 53–66.

Hoyningen-Süess, U., Oberholzer, D. & Stalder, R. (2007): Lebensqualität als Zielperspektive sonderpädagogischen Handelns: Das Modell „sensiQoL". In: Heilpädagogische Forschung, 33 (2), 88–96.

Hull, R. (2009): Disability and Freedom. In: Kristiansen, K., Vehmas, S. & Shakespeare, T. (Hrsg.): Arguing about Disability – Philosophical Perspectives. London, 93–104.

Koller, P. (2003): Soziale Gerechtigkeit – Begriff und Begründung. In: Erwägen, Wissen, Ethik, 14 (2), 237–250.

Kuklys, W. (2005): Amartya Sen's Capability Approach. Theoretical Insights and Empirical Applications. Berlin.

Liesen, C. (2006): Gleichheit als ethisch-normatives Problem der Sonderpädagogik. Dargestellt am Beispiel „Integration". Bad Heilbrunn.

Nussbaum, M. (2006): Frontiers of Justice: Disability, Nationality, Species membership. Cambridge, MA.

O'Neill, O. (1977): How do we know when opportunities are equal? In: Vetterling-Braggin, M., Elliston, F.A. & English, J. (Hrsg.): Feminism and Philosophy. Totowa, NJ, 177–189.

Perelman, C. (1967): Über die Gerechtigkeit. München.

Rawls, J. (1979): Eine Theorie der Gerechtigkeit (16. Auflage). Frankfurt am Main.

Rawls, J. (2003): Politischer Liberalismus (3. Auflage). Frankfurt am Main.

Schramme, T. (2006): Gerechtigkeit und soziale Praxis. Frankfurt am Main.

Sen, A. (2009): The Idea of Justice. Cambridge, MA.

Slote, M. (2002): Justice as a Virtue. In: Zalta, E.N. (Hrsg.): Stanford Encyclopedia of Philosophy (Fall 2008 Edition). Online im Internet: URL: http://plato.stanford.edu/archives/fall2008/entries/justice-virtue/[aufgerufen am 20. 01. 2010].

Westen, P. (1990): Speaking of Equality. An Analysis of the Rhetorical Force of Equality in Moral and Legal Discourse. Princeton.

Williams, A. & Clayton, M. (2003): Social Justice. Oxford.

Wolff, J. (1992): Not Bargaining for the Welfare State. In: Analysis, 52 (2), 118–125.

Wolff, J. (2008): Social Justice and Public Policy: A View from Political Philosophy. In: Craig, G., Burchardt, T. & Gordon, D. (Hrsg.): Social Justice and Public Policy. Bristol, 17–31.

Wolff, J. (2009): Disability Among Equals. In Brownlee, K. & Cureton, A. (Hrsg.): Disability and Disadvantage. Oxford, 114–137.

Young, I.M. (2008): Structural Injustice and the Politics of Difference. In: Craig, G., Burchardt, T. & Gordon, D. (Hrsg.): Social Justice and Public Policy. Bristol, 77–104.

Über die Autoren

Heiner Bielefeldt ist seit Anfang der 1980er Jahre in der Menschenrechtsarbeit aktiv. Von 2003 bis 2009 leitete er das Deutsche Institut für Menschenrechte Berlin. Seit dem Wintersemester 2009/2010 hat er den neu gegründeten Lehrstuhl für Menschenrechte und Menschenrechtspolitik an der Universität Erlangen-Nürnberg inne. Seit August 2010 fungiert er als Sonderberichterstatter der Vereinten Nationen für Religionsfreiheit.

Eike Bohlken ist Privatdozent für Philosophie an der Eberhard Karls Universität Tübingen und wissenschaftlicher Assistent am Forschungsinstitut für Philosophie Hannover. Jüngste Buchveröffentlichungen: „Handbuch Anthropologie. Der Mensch zwischen Natur, Kultur und Technik“, Stuttgart 2009 (gemeinsam herausgegeben mit Christian Thies) und „Die Verantwortung der Eliten“, Frankfurt am Main 2011.

Elisabeth Conradi ist Professorin für Philosophie und Gesellschaftstheorie an der Dualen Hochschule Baden-Württemberg Stuttgart und lehrt als habilitierte Politikwissenschaftlerin an der Universität Göttingen. Jüngste Buchveröffentlichung: „Kosmopolitische Zivilgesellschaft. Wandel zur Weltgesellschaft durch gelingendes Handeln“, Frankfurt am Main 2011.

Franziska Felder ist Studienleiterin des Bereichs „Gesellschaft und Behinderung“ an der Paulus-Akademie Zürich. Ihre Dissertation zu moralischen Rechten auf Inklusion erscheint 2011.

Detlef Horster war mit Unterbrechungen durch Gastprofessuren, unter anderen, in der Schweiz und in Südafrika, von 1984 bis 2007 Professor für Sozialphilosophie an der Leibniz-Universität Hannover. Die jüngsten Buchpublikationen sind: „Sozialphilosophie“, Leipzig 2005, „Ethik“, Stuttgart 2009, und „Wissenschaftstheorie“ (= Band 1 des Enzyklopädischen Handbuchs der Behindertenpädagogik), Stuttgart 2010 (zusammen mit Wolfgang Jantzen herausgegeben).

Ernst von Kardorff ist Professor für Soziologie der Rehabilitation, Rehabilitationsrecht und Berufliche Rehabilitation an der Humboldt-Universität zu Berlin. Seine Arbeitsschwerpunkte sind die Bewältigung des Lebens mit chronischen Krankheiten, Abweichung, Soziale Netzwerke und Selbsthilfe, Arzt-Patient-Verhältnis, Berufliche Rehabilitation psychisch behinderter Menschen und Qualitative Forschungsmethoden. Zahlreiche Veröffentlichungen zu diesen Themen, zuletzt: „Diskriminierung psychisch Kranker“. In: Hormel, U. & Scherr, A. (2010): Diskriminierung. Grundlagen und Forschungsergebnisse. Wiesbaden, S. 279–306; „Soziale Netzwerke in der Rehabilitation und im Gesundheitswesen“. In: Stegbauer, C. & Häußling, R. (Hrsg.) (2010): Handbuch Netzwerkforschung. Wiesbaden: 715–724; „Wandel der Patientenrolle in der Rehabilitation“. In: Hoefert, H.-W. & Klotter, C. (Hrsg.) (2011): Wandel der Patientenrolle. Neue Interaktionsformen im Gesundheitswesen. Göttingen: 295–314.

Andreas Kuhn ist wissenschaftlicher Mitarbeiter im Bereich pädagogische und soziale Rehabilitation am Institut für Sonderpädagogik der Universität Koblenz-

Landau. Er befasst sich in seiner Dissertation sowie in unterschiedlichen Publikationen mit dem Verhältnis von Pädagogik und Behinderung sowie der Möglichkeit einer pädagogischen Begründung der Sonderpädagogik.

Vera Moser ist Professorin für Pädagogik bei Beeinträchtigungen des Lernens und Allgemeine Rehabilitationspädagogik an der Humboldt-Universität zu Berlin. Ihre wichtigsten Buchpublikationen sind „Die Ordnung des Schicksals. Zur ideengeschichtlichen Tradition der Sonderpädagogik", Butzbach 1995, „Konstruktion und Kritik. Sonderpädagogik als Disziplin", Opladen 2003, „Theorien der Behindertenpädagogik" (gemeinsam mit Ada Sasse), München 2008.

Peter Lienhard ist Professor an der Interkantonalen Hochschule für Heilpädagogik in Zürich. Seine Schwerpunkte sind die Entwicklung von diagnostischen Verfahren sowie die Konzeptualisierung und Steuerung von sonderpädagogischen Angeboten. Seine jüngste Buchpublikation ist „Rezeptbuch schulische Integration. Auf dem Weg zu einer inklusiven Schule", Bern 2011.

Christian Liesen leitet den Forschungsschwerpunkt „Systemische und institutionelle Fragen zur Heilpädagogik" an der Interkantonalen Hochschule für Heilpädagogik Zürich. Seine wichtigste Buchpublikation ist „Gleichheit als ethisch-normatives Problem der Sonderpädagogik", Bad Heilbrunn 2006.

Michael Quante ist seit 2009 Professor für Praktische Philosophie an der Westfälischen Wilhelms-Universität Münster. Seine wichtigsten Buchpublikationen im Themenfeld sind „Personales Leben und menschlicher Tod", Frankfurt am Main 2002, „Person", Berlin 2007, und „Menschenwürde und personale Autonomie", Hamburg 2010.

Peter Schaber ist seit 2005 Professor für Angewandte Ethik am Ethik-Zentrum der Universität Zürich. Seine wichtigsten Buch-Publikationen sind „Moralischer Realismus", Freiburg/München 1997, und „Instrumentalisierung und Würde", Paderborn 2010.

David P. Schweikard ist Akademischer Rat im Philosophischen Seminar der Westfälischen Wilhelms-Universität Münster. Er ist Mitherausgeber des Bandes „Kollektive Intentionalität", Frankfurt 2009, und Autor von „Der Mythos des Singulären – Eine Untersuchung der Struktur kollektiven Handelns", Paderborn 2011.

Jörg Zirfas ist Professor für Pädagogik an der Friedrich-Alexander-Universität Erlangen-Nürnberg und Vorsitzender der Gesellschaft für Historische Anthropologie an der Freien Universität Berlin. Seine wichtigsten Buchpublikationen im Themenfeld sind: „Die Lehre der Ethik. Zur moralischen Begründung pädagogischen Denkens und Handels", Weinheim 1999, und „Pädagogik und Anthropologie. Eine Einführung", Stuttgart 2004.